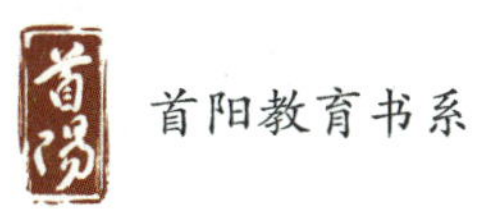

首阳教育书系

让生命诗意地栖居

新时代高中语文学科育人模式探究

夏金良 著

陕西师范大学出版总社 西安

图书代号　JY24N1746

图书在版编目(CIP)数据

让生命诗意地栖居：新时代高中语文学科育人模式探究／夏金良著. -- 西安：陕西师范大学出版总社有限公司，2024. 8. -- ISBN 978-7-5695-4634-7

Ⅰ. G633.302

中国国家版本馆CIP数据核字第2024AR8911号

让生命诗意地栖居：新时代高中语文学科育人模式探究

RANG SHENGMING SHIYI DE QIJU　XIN SHIDAI GAOZHONG YUWEN XUEKE YUREN MOSHI TANJIU

夏金良　著

责任编辑／任　宇
责任校对／杨　菊
美术设计／吴鹏展
出版发行／陕西师范大学出版总社
（西安市长安南路199号　邮编710062）
网　　址／http://www.snupg.com
印　　刷／陕西龙山海天艺术印务有限公司
开　　本／710 mm×1010 mm　1/16
印　　张／18.5
字　　数／280千
版　　次／2024年8月第1版
印　　次／2024年8月第1次印刷
书　　号／ISBN 978-7-5695-4634-7
定　　价／88.00元

读者购书、书店添货或发现印装问题，请与本社营销中心联系。
电话：(029)85307864　85303629　　传真：(029)85303879

序言

诗意栖居　形魂兼具

生命，如一首美妙动人的诗篇，在这广袤的宇宙中展开。而我们所追求的，是让生命在这个世界上找到一个诗意的栖居之地。

人类作为大自然的一部分，与大自然息息相关。我们分享着同一个星球的空气、水和土地，与万物共生共荣。而在这个共同的家园里，我们需要努力创造一个充满诗意和美好的环境，让生命得以繁衍和绽放。

诗意地栖居，不仅仅是指物质层面的安全和舒适，更是指心灵深处的满足与和谐。它是一种与自然相融合的状态，是对生命的敬畏和感恩，是对美的追求和创造。而这些正是语文教育工作者孜孜以求的方向和永远前进的不竭动力。

语文作为母语学科，承载着工具性、人文性的特性和传承家国情怀的作用。语文学科教学不仅要教授学识，更要注入思想灵魂。语文教学的课堂不仅美文频现，更要文学意蕴盎然，塑形塑魂，正如作者所言："语文学科的育人模式承载的终点是启智、润心，在诗意的境界里停驻栖居。"

社会的骨感，让语文教学生命诗意栖居的外延增大，但学科文学性逐次降低，美文的教授可能也是生硬剥离出知识、技能，有时的解读成了"作者本无思，课堂硬许之"的一个无奈之举。文学创作的栖居地也没有了一点诗意魂灵，有的多是章法拓袭、模式排列。学生在这样的架构里，那支笔不得已而挥洒的些许情感、理想，更显得苍白无力。是的，没有观察、实感的输入和输出，谈不上真情，更遑论什么诗意。

教育带给人很多正向的知识，但是也带给人不少困惑。语文是培养文学素养的学科，但多数师生却不好创作，不会创作，更不要谈什么诗意栖居；于是对于"诗意”不敢驻足，只是生冷地照本宣科，学生的习作没有好坏，只有分值。在这样的课堂教学下，学生能力裹足不前，诗意无处栖居。

作者潜心教学二十年，紧扣时代脉搏，从诵、文、教、例等角度倾心研究，倾情引领，面对学生提出的诗文问题，多方思考，认真求证，寻根溯源，无论是精心朗诵的指导、精彩美文的呈现、精道教学的实践，还是经典案例的示范，都于各个层面诠释诗意栖居的真谛，为语文注入生命的唯美气息。

初读此书，深感：诗意栖居，语文之本，匠染雕琢；诗意栖居，教材之要，篇目熏染；诗意栖居，课堂之现，活动开创；诗意栖居，教师之修，文学承创。

再读此书，更悉：生命诗意，人生之本，润心启智；生命诗意，探求之向，格物致知；生命诗意，求知之力，考校八方；生命诗意，华夏之根，源远流长。

本书用作者多年教学经验和实际教学案例，给不同学段教师专业本真引领，从解读教材、教和学方法、教科研成长乃至教学素养等方面，以独特的视角，一一呈现，理践结合，前后相承，是一部助力教师专业成长及素养提升的优秀作品。

相信这本书将陪伴众多教师走过自己的教学生涯，它不仅启迪思想、触动心灵，更有实践导引。愿每一位教师通过这本书，找到属于自己的诗意栖居之地，并在那里创造出自己的成长风采。让每一个生命都能在这样的栖居之地展开，感受到生命的真正意义和价值。

愿我们共同努力，让这个教育世界成为一个真正的诗意栖居之地！

是为序！

朱凤岚

2024 年 2 月

朱凤岚，女，高中语文教师。北京师范大学教育学博士，河北师范大学课程教学论教育硕士，中国教育科学研究院高级访问学者。全国优秀教师，特级教师，正高级教师。曾任河北省廊坊市固安县第一中学第五党支部书记、教研室主任；现任固安县十五中副校长，主管教育教学教研工作。主编多部一线品牌教学图书，全国发行，效果良好；撰写专著《枕畔书香润心怀》《新时代教师要这样做》。

让生命诗意地栖居

自2004年8月参加工作以来，我已栖身杏坛二十载。

二十年来，我踏实教书，诚心育人，光阴似锦萦怀，却也如水而逝；二十年来，我的梦想执拗地宠溺灵魂，牵挽着身体一路狂奔，乐此不疲，逐而忘忧……

庆幸的是，回首这二十年逝去的只是时光，初心却未减半分，反而梦想愈来愈执拗，在心田密密麻麻扎下了根，盘根错节……偶尔，在午夜还会用顽皮的触须扣一下灵魂的柴门。

那么，栖身杏坛，初心之为何？作为一名新时代人民教师，我的初心就是栖身杏坛，扎根一线，牢记党和国家赋予的立德树人使命，为党育人，为国育才。

为了更好地践行立德树人的使命，我在几年前申报了河北省教育科学"十三五"规划课题"新形势下普通高中校园建构立德树人教育模式的研究"；在这一个课题的研究基础上，又深入地探究了"新时代高中语文学科育人模式的探究"这一核心命题，凝练出"匠染语文"的教育教学理念，形成了"刀笔斧工，以琢其形""诗意栖居，以染其魂""金声玉振，以声育人""读行天下，笔底人生"四大育人路径，取得了些许研究成果。

作为一名普通高中语文教师，我手持刀笔，以琢其形；诗意读行，以染其魂。此乃吾辈之业也，是以谓之匠染。在教育教学过程中，我要不断提高自身专业素养，勇担铸魂育人的家国使命，努力成为学生锤炼品格、学习知识、创新思维、奉献祖国的引路人。

经过近一年多的梳理，我将相关成果汇编成册，撰写成了《让生命诗意地栖居——新时代高中语文学科育人模式探究》这部著作，同时恳请各位专家、师友予以批评指正！

夏金良

2024 年 1 月

于月阁

第一编　理论研究

第二编　实践研究

后　记

第一编

理论研究

第一章
新时代高中语文学科育人生态探究

《国家中长期教育改革和发展规划纲要(2010—2020年)》指出:“适应国家经济社会对外开放的要求,培养大批具有国际视野、通晓国际规则、能够参与国际事务和国际竞争的国际化人才。”

进入21世纪以来,随着工业化、信息化、城镇化水平的不断提高,我国基础教育生态发生了深刻变化。同时,习近平总书记多次指出,“当今世界正经历百年未有之大变局。”当前我们所处的时代,所面对的物质世界以及精神世界,共同构成了我国基础教育生态。

伟大的时代,呼唤伟大的教育。践行立德树人的教育使命,准确研判国内外立德树人研究现状,深入研究我国普通高中语文学科育人生态,是建构普通高中语文学科育人模式的首要任务。

——匠染语文之思

第一节　理论研究——立德树人研究现状

一、国外学术研究动态

美国十分重视德育,道德教育被美国教育界视为一个专门的研究对象,将其上升到系统化的理论高度。美国的德育效果较好,这在一定程度上还得益于其重视道德教育的学科化研究,注重从多学科整合的角度来重新审视这一领域。影响较大的代表人物有《道德教育》的作者克里夫·贝克、五个E理论创始人波士顿大学教授K.瑞安等。2012年,“多元智能理论”的倡导者、美国著名教育心理学家加德纳指出:“现在是时候将我们的关注点、将教育的中心工作转移到‘品格发展’上来。”学校作为德育工作的主要阵地,是美国人在21世纪打破现实困境、寻求未来出路的选择。

日本很重视国民的思想道德教育。二战前,日本政府标榜“忠君爱国”的德育成为战争的帮凶。此后,经过若干次改革,进入21世纪,日本德育目标的核心有二:培养人的尊严;培养日本人。日本德育思想渗透于学校和社会的各种德育课程及活动之中,家庭、学校、社区各有教育分工。

德国德育有其自身规律。任平指出:“通过学校日常的课堂教学实例,可以发现德国中小学道德教育的实施不是仅仅局限在某一门具体的学科,而是融合到各种不同的知识教学中。”德国学校同其他欧洲国家一样,同宗教有密切联系;也曾和日本一样把学校办成发动侵略战争的反动思想教化工具。德国战后清洗了法西斯对社会道德的践踏,经过努力,德国的德育工作步入了正轨。对当代德国学校德育工作影响较大的学者有斯普朗格、布贝尔和鲍勒诺夫等。

新加坡自20世纪80年代以来,根据不同时期德育的需求,并结合儒家传统教育、生活与成长教育、公民道德教育等内容,多次变革德育课程,改编《好公民》《公民与道德教育》等教材。新加坡德育课程始终是学校的必修课,是公民德育的主渠道,注重学校、家庭、社会三位一体的德育网络建设,创设“六顺”“七结合”的德育方法、原则,具有较强的指导和借鉴意义。

韩国德育深受中国传统文化的影响。唐文玲与赵军华在《韩国学校德育中的儒家思想》中指出,儒家伦理是韩国学校德育的主要内容。韩国极其重视爱国、孝道、礼仪教育。学校在德育上的投入是韩国儒家伦理的历次变革最直接的动力,而儒家伦理的每次变革成果又作用并积淀于学校教育之中,依靠学校德育转变为民族道德体系和行为规范。

通过梳理世界各国关于德育的学术研究动态,不难发现,德育是一个具有全球性、时代性的国际教育发展与研究的热点课题。世界各国领导人都十分重视德育工作,亲自领导、管理学校德育工作,这是当代国外学校德育的发展趋势。世界各国的研究经验对我国普通高中学校开展立德树人教育具有深刻的借鉴意义。

二、国内学术研究动态

立德树人是我国教育的根本任务。进入21世纪,教育界更加深入地开展了“立德树人”理论和应用的研究,其中高校研究最系统、最深入;普通高中德育研究最薄弱,德育时间被智育挤占,德育研究大多停留在浅层经验。

第一,关于立德树人的基本内涵、价值功用研究,虽然成果不多,但是也已经有学者涉及。比如,项进和田红芳阐述了“立德”和“树人”的具体内涵:立德,要立“师德”;树人,要树“德才兼备,品德高尚”的人。

第二,关于立德树人所面临的新形势研究。学术界取得了较突出的成果,如李康平在《德育发展论》一书中指出,在教育国际化的条件下,我国教育一方面要开放、面向世界,另一方面又要抵御西方价值观的渗透。市场经济大潮的冲击使中学生的社会价值趋向、思维方式发生变化,使中学生世界观、人生观、价值观的形成受到影响。进入21世纪,随着自媒体时代的到来,普通高中校园德育环境发生了重大改变。北京师范大学中国教育政策研究院张志勇教授指出,当今世界科学技术日新月异,信息化浪潮势不可挡,经济全球化趋势进一步加强,对学校教育,特别是对立德树人提出了一系列新挑战,而全球化在给人类带来东西方社会的交流、交融之便利的同时,也带来了各种社会思潮的碰撞、社会价值多元的冲突。

第三,立德树人的师资队伍建设是立德树人教育研究的另一重点。翁铁慧、迟乃坤等人着重于从教师培训、考核、监督、示范和激励等几个环节探讨了加强师资队伍建设的途径;陈雪梅提出设置专职德育教研员;肖祥健指出各学科也要在教学过程中有意识地强化思想道德教育,积极开展德育渗透工作。

第四,关于立德树人的教育模式研究。当前学术界对该问题的研究成果较多,但未形成行之有效的德育模式。中央教科所德育中心詹万生先生认为,目前德育只有"整体建构学校德育体系"才有效。张公武在《中学德育管理:理论与实践》一书中提出,在德育管理中学校、班级和学生自己管理三者相结合的思想。周清生提出在品德心理结构理论的指导下建构一套普通高中德育内容体系,以加强中学德育的针对性和实效性。

第五,关于立德树人与素质教育、高效课堂的研究。德育是素质教育的核心,素质教育的目标是培养出德才兼备的高素质人才。刘爱民和李雪冬认为,学校德育是全面实施素质教育的重要组成部分,应主动构建以立德树人为根本的教育观念。著名教育专家、特级教师冯恩洪先生指出,开展适合学生的教育不仅需要构建高效课堂,更要开展有实效的德育工作。何万波在《新课改下的语文教学更要落实高效德育》一文中指出,高效课堂不是单一传授知识的机器,新课改下的高效课堂教学要重视知识传授,也应重视高效德育,智德双收。

第六,关于立德树人与社会主义核心价值观、优秀传统文化的研究。学者张广斌等指出,社会主义核心价值观在我国教育改革与发展过程中,在全民现代公民意识塑造和政治认同培养中都发挥了不可替代的引领作用。邱伟光、朱哲等人认为中国几千年的优秀传统文化,也蕴藏着深厚的德育资源,其中孔子教育思想的核心就是立德树人。

综上所述,现阶段学术界关于普通高中立德树人教育研究成果丰硕,但也存在颇多不足,如:"立德树人"及"德"字内涵片面;立德树人教育模式不完善,缺乏可操作性;普通高中高效课堂与立德树人、德育与智育的冲突等。这些重大问题都亟须进一步全面、系统地深入研究探讨。

第二节 案例研究——渐行渐远的语文课堂

在当今时代,我国越来越重视优秀传统文化的育人作用,但其具体情况堪忧。随着我国城镇化水平不断提高,很多青少年很少接触农业、农村的生产和生活实践。而我国的优秀传统文化,大部分诞生在中国古代农耕文明的基础之上,新一代青少年缺少了农业、农村的生产和生活经历,也就缺少了学习、传承古代优秀传统文化的土壤。我们研究"夕露"与"晨露"这一问题,恰好反映了这一沉重而深刻的时代教育之困。

一、"夕露"与"晨露"之问

正如一位教育家所说:"教师不是诗人,但要有诗人的气质;教师不是演员,但要有演员的才能;教师不是哲人,但要有哲人的思考;教师不是将军,但要有指挥千军的气概。"而我想说:"作为一名语文教师,他不是农民,但最好要有农村生活的人生经历。"

清明节刚过,我便急忙从老家驱车赶回单位,回到心心念念的高中语文课堂。下课铃声刚刚响起,我便被学生的一个小问题给"惊"住了——

"老师,您看看,这首诗……"

"种豆南山下,草盛豆苗稀。晨兴理荒秽,带月荷锄归。道狭草木长,夕露沾我衣。衣沾不足惜,但使愿无违。"

这个学生很认真地一字一句地读给我听,若有所思地问道:"老师,陶渊明先生为什么说'夕露沾我衣',而不说'晨露'沾我衣?"

我解释说:"那是由诗人创作诗歌的现实情境、情感表达的需要及诗歌韵律决定的。陶渊明的诗不是凭空想象、编造出来的,而是结合自己生活、劳作中的切实感受创作的。陶渊明善于捕捉日常生活中的细节,选取了生活中最能将其概括出来的词汇来进行描写刻画。陶渊明先生的这首《归园田居(其三)》运用了极平凡的字词,却展示了惊人的艺术魅力!"

这首诗是初中课本篇目,学生理解起来本就不困难,我又滔滔不绝地解释了三四分钟，心想学生肯定明白了，心中如释重负。可是，学生的面部表情，那紧凑在一起的淡烟眉告诉我，孩子心中还有困惑。果不其然，学生又问道："老师，露水不是早晨才有吗？去年暑假，我去奶奶家，只看到早晨秧苗上晶莹的露珠，可傍晚没见到一滴露水啊……陶渊明先生说'夕露'，会不会弄错了啊？"

还没等我回答，第三节课的预备铃声已经响起，下节课的老师已经进班了，我只能让学生先回座位，第五节自习再到办公室找我。走出教室，我拿着讲义和课本一步一步踱回了办公室。从教学楼走回办公楼的路上，我一直在思考：露水什么时候有？

我是一个地地道道的农民的儿子，自小在农村长大，直到上大学以前就没离开过农村，没离开过土地，去地里种豆子，收麦子，掰玉米……最后初冬时节抱着一棵棵大白菜入窖，每天放学后还要给家中的骡子打一背筐草……

作者在麦田

思考着学生的问题，我不禁走回了自己的青少年岁月。那是整日泥里摸爬滚打、晚上带着一身泥土回家的日子，是挥汗如雨滴滴入土的日子，是每天能与庄稼打交道、能看着秧苗一天天拔节直至收获的日子，可就是这样的"土"日子，回忆起来尽是满满的幸福……

走着走着，想着想着，过去的生活图景就如一幅幅画面，愈加清晰明朗……答案有了！

二、“夕露”与“晨露”之争

我推门回到了办公室，开始上网查阅资料，看一看其他老师对这一问题怎么解释的。其中，在百度文库中有一位网名叫作“小鱼清歌”的教师在他讲授的公开课《归园田居（其三）》的课件中也提到这一问题，他问道：“这首诗《归园田居（其三）》写的是哪个季节的劳动生活情形？”

然后，教师在课件中分析认为，从“种豆”“草盛”“夕露”可以判定，时间当是农历三四月间，即春末夏初。理由有三：

谚语有说：“清明前后，种瓜种豆。种瓜得瓜，种豆得豆。”种豆的季节在清明前后，“春雨惊春清谷天”，清明时节已经是春天的末尾了。

再看第二句话“草盛豆苗稀”，草长得很茂盛，这证明已经不是初春了。

再有“夕露沾我衣”，露水不是哪个季节都有的，只有在白天比较热的时候才可能有，因为到了晚上温度会稍微降低，白天的热空气遇冷，就变成露水。

根据以上三点，小鱼清歌老师认为这个季节应该是春末夏初。

这位老师的讲解似乎是比较到位的，有理有据。但在北方农村长大的我，对此解释是有异议的。我合上笔记本电脑，开始思考这位老师的分析，根据这三条得出这首诗写作季节是春末夏初的结论理由是不充分的。

我出生在滦河之畔，孤竹旧地，现为卢龙县，地处河北省东北部，隶属于秦皇岛市。我的家乡山水秀美，人文底蕴深厚，有“中华诗词之乡”的美誉，气候更是舒爽宜人，属暖温带大陆性季风气候区，四季分明，年平均气温10.7℃，降水725mm，雨量充沛。在上大学以前，我就没离开过这块生我养我的热土，爱“她”，知“她”，也恋“她”……在家乡十多年的生活经历告诉我，露水并不是一年四季都有的：在北方，尤其是京津唐一带，露水只能在夏秋之际形成，在白露前后才有明显的露水出现在草木之端；而到了张承坝上地区，在立秋前后当地就已经有了很浓重的露水，这是受山地、海拔等因素影响而形成的。

中国北方地区，要想在春末夏初形成露水还是有难度的，因为露水的形成需要具备一定的必要条件。

滦河春光

晴朗无云的夜间,地面热量散失很快,地面气温迅速下降。温度降低,空气含水汽的能力减弱,大气低层的水汽就附着在草上、树叶上并凝成细小的水珠,即露水。

露水需在大气较稳定、风小、天空晴朗少云、地面热量散失快的天气条件下才能形成。如果夜间天空有云,地面就像盖上一条棉被,热量碰到云层后,一部分折回大地,另一部分则被云层吸收。被云层吸收的这部分热量,又会慢慢地放射到地面,使地面的气温不容易下降,露水就难形成。如果夜间风较大,风使空气上下交流,使水汽扩散,露水也很难形成。

清晨,我们在路边的草地上,经常看到这样的露水,非常漂亮,那么露水怎样在植物的叶子上形成?

它们的形成是有条件的。植物的叶子上面要有一些细小的绒毛,同时又要有一些必要的灰尘,这样灰尘做了水蒸气遇冷凝结时的凝结核,而细小的植物绒毛,为水珠在慢慢变大的过程中提供了表面张力,然后才形成了圆圆的露珠。

当然,并不是在所有植物的叶面上都可以形成露珠。

冬青树的叶片厚大且表面有蜡状的角质层,没有绒毛,水蒸气遇冷时只会在叶子表面形成水膜,而不是露珠。在所有与冬青相类似的植物表面都是看不到露珠的。

经查阅资料，我们可以确知，陶渊明先生当时生活在彭泽县，也就是现在的江西九江庐山风景区。庐山位于北亚热带季风温湿气候区，四季分明，年平均降雨量达1833.5毫米，雾日达190.6天。庐山的年平均气温为11.5°C，最高可达32°C，最低为-16.8°C。一般情况，庐山在气象学上的入夏时间是每年的6月30日。而2016年，庐山入夏时间是7月20日，较标准气候值推迟20天。由于庐山地形独特，垂直高度相差悬殊，又有明显的山地气候特征，其夏季早晚气温只有20℃左右，午后最高气温很少超过30℃，日平均气温在20℃左右，得天独厚的气候条件造就了庐山避暑胜地的美誉。

时间过得真快，转眼间一周的时间就在指间流逝。一周的时间里，我不断查阅各种资料，咨询地理教师和庐山当地气象工作人员。终于，我对庐山的气候有了以上了解。

但是，我心头的疑惑仍未解除。

东坡先生在《石钟山记》中曾说道："事不目见耳闻，而臆断其有无，可乎？"东坡先生告诉我，要想真正解决问题，探得问题的究竟，必须要亲自进行科学考察，然后才能做出结论。简而言之，"为学"不能唯书本是之。可是，现在正带高三毕业班的我，真是无法分身亲赴庐山实地考察，即使亲赴庐山也无法在一日两日之中就验证这一问题，怎么办？心中还是一头雾水。

转眼间，两周多过去了，随着查阅资料越来越多，心中的问题反而越来越复杂。

"纸上得来终觉浅，绝知此事要躬行。"正如陆游所言，我也越来越感觉到，要想真正解决这个问题，最根本的方法就是获得实践经验，"实践出真知！"于是，我要找到土生土长的庐山当地有着多年生活经验的父老乡亲，听取他们关于"夕露"与"晨露"之间的看法……同时，我还要等，等到一个时间节点——立夏，切实考察一下这个时节的北方燕赵大地和南方的庐山峰峦间的草木之端是否有露水，到底是"晨露"还是"夕露"？在北方，立夏前后，我(在单位)和我的父亲(在老家山上的果园侍弄果树)足足观察了十余天，没见到一滴露水，更无须争辩是"晨露"还是"夕露"了。中国北方天气干燥，即使在山中，空气湿度也不大，很难形成露水。可是，庐山地处江南，也许情况不同。带着这个疑惑，我拨通了新近结识的一位庐山当地朋友帅华南先生的电话。他和当地村民共同经营的桃花源云雾茶专业合作社就坐落在庐山南麓的桃花源，在庐山市温泉镇境内，俗名庐山垅，又称康王谷。谷东有陶渊明的栗里故居，谷西有陶渊明墓。桃花源总面积约有一万多亩，是庐山第一长的峡谷，全长大约有7.5千米。当地的专家认为，它是东晋大诗人陶渊明《桃花源记》所描绘的“世外桃源”的创作原型。此处现居住着陶、康等九姓千余村民。帅先生谈到，在庐山当地，在春末夏初这个时节，露水是很难形成的；在秋天的傍晚，人们确实能经常见到露水。

其实，关于“夕露”与“晨露”之间，我们探究到这个节点似乎可以给学生一个满意的答案了，但在我的心中却有更多的问题，一个接一个跳跃到我的笔端……

三、“夕露”与“晨露”之思

关于何时入夏，天文学以立夏为标准。现代气象学则以该年第一次出现连续5天日平均气温都在22℃以上（含22℃）为判断标准，以这5天的第一天作为该地夏天的开始。早在秦汉年间，二十四节气已完全确立。当然，在陶渊明先生所处的东晋时代肯定是参照天文学理论以立夏为夏季之始的。

作者在家中果园

还有“种豆”一词,很多人可能会产生疑问:“种豆”不都是在春天吗?其实,关于“种豆”一词的含义,一般理解为撒豆入土,埋下种子,但也可指侍弄豆子秧苗。“种豆”与“锄豆”的差别就如林庚先生在《说“木叶”》中所谈及的“木叶”与“树叶”的差别,不过是一字之差:“木”与“树”在概念上原是相去无几的,然而到了艺术形象的领域,这里的差别就几乎是一字千里,而“种豆”与“锄豆”也是一字之差,但所传达的文学艺术底蕴是有差别的。这也许就是当时陶渊明先生选择“种豆”一词入诗的原因吧。

时隔千百年,今人很难探究清楚当年陶渊明写作此诗时的真实情境,正如庄子在《逍遥游》中所谈,人们对世界的认知和驾驭是要“有所待”的,是有时空局限性的,后人永远无法再现陶渊明先生当时写作这首诗词的时空情境及思想情感心境,这是人类和文学艺术无法逾越的时空限制。

当代中国正经历广泛而深刻的社会变革,正进行宏大而独特的实践创新,在这一社会变革和实践创新的过程中必须发扬科学精神。关于“夕露”与“晨露”之争是一个小问题,但是学生的“夕露”还是“晨露”之问却是一个需要秉持科学精神深入探索的大问题。

学生的“夕露”与“晨露”之问,反映了21世纪语文教育的时代之殇!记得费孝通先生在《乡土中国》中指出:“我并不认为教师的任务是在传授已有的知识,这些学生们自己可以从书本上去学习,而主要是在引导学生敢于向未知的领域进军。作为教师的人就得带个头。至于攻关的结果是否获得了可靠的知识,那是另一个问题。”翻开我国基础教育教材,我们会发现,初、高中语文教材中的篇目绝大部分是20世纪80年代以前的作品,这些作品大多诞生于中国古代、近现代的农耕文明基础之上。进入21世纪,随着我国现代化、工业化、信息化程度的不断提高,尤其是城镇化水平的不断提高,很多青少年很少接触农业、农村生产和生活实践。孩子们远离了土地、山川、草木、虫鱼,也就缺少了农业生产的经历、记忆及文化知识底蕴,学习欣赏古代优秀传统文化的土壤在大片大片地流失。在当今时代,尽管国家越来越重视优秀传统文化传承教育,但是这一代青年人,对于我国优秀传统文化的理解与传承状况是堪忧的。

21世纪,我国基础教育的发展已经进入人类教育发展历史进程的一个全新阶段，寻找人类教育思想演进的内在逻辑和发展脉络，把握人类教育思想发展的客观规律，从而为我国教育改革和发展逐步建立具有中国特色的社会主义教育体系提供借鉴和参考，这是当务之急。

当前，我们研究“夕露”与“晨露”这一问题，要将其置于人类生产生活实践活动发生重大变革、教育改革要面对深刻的时代社会变革这一宏大的社会历史背景中进行分析和研究，而不是孤立地就事论事，就教育论教育。简而言之，我们的教育思想要积极顺应时代的变化，响应社会历史变革的召唤。立足21世纪，从某种意义上说，我们留得住绿水青山，留得住乡愁，留得住农耕文明基因，也就是留住了我国优秀传统文化的血脉基因！

第三节 研究计划——新时代高中语文学科育人模式探究

一、指导思想

在知识经济时代，国际竞争日趋激烈，这对国民的综合素质提出了更高的要求，能否培养出德才兼备的高素质人才成为国际国内竞争成败的决定性因素。因而，立德树人成为教育教学改革的核心问题。在高中阶段，语文学科具有强大的育人功能，是普通高中校园开展立德树人工作的核心要素之一，但缺少相对系统科学的研究，亟待建构一个全面系统的，内在要素相互关联、相互支撑的，螺旋式、绞绳状发展的“一课双线三级多维”立德树人教育模式，使学生素养得到提升，这对我国教育事业有着极其重要的意义。

二、研究目标

1. 深入研究我国普通高中校园德育现状，系统地认识学生与教师、学校、家庭、社会之间的关系现状，多角度探究课堂教学、社团活动、学校管理现状，探索建构“一课双线三级多维”立德树人教育模式。

2. 深入研究新时代高中语文学科育人生态，探究与高中校园立德树人宏观生态系统相融合的普通高中语文学科育人模式，并以此为基础积极探索普通高中语文学科育人的实践路径。

三、调研对象

高一年级实验班级:1、2、3、4、5、6、7、8、9、10、11、12。

高二年级实验班级:1、2、3、4、5、6、7、8、9、10、11、12。

四、调研阶段安排

1. 准备阶段(2018 年 9 月—2018 年 12 月)

一是开展课题组成员培训;二是组建课题研究组织,健全规章制度,深入调研我国普通高中学生德育现状,做好课题开展前期准备工作。

2. 实施阶段(2018 年 12 月—2020 年 6 月)

一是制定课题研究与实施方案,分工合作,协同作战,全面开展课题研究;二是主持人调控课题总体实施及运行情况,课题组成员定期研讨,深入调研课题研究对普通高中学生德育现状的影响,及时总结经验教训,整理过程性研究资料,为形成阶段性和最终研究成果做充分准备。

3. 总结阶段(2020 年 6 月—2021 年 9 月)

一是总结课题研究的经验教训;二是课题组收集整理研究资料,进行经验总结与理论提升,撰写课题研究报告和专著;三是筹划课题成果的推广运用。

五、调研措施

1. 在课题组的引领下,普通高中校园成立立德树人教育模式执行机构,制定运行机制。课题组建立课题研究推进组织机构,制定双周集体研讨制度,建立微信交流平台。

2. 在立德树人教育模式执行机构成立的基础上,各个学科教师在教研组长的带领下,对教学目标进行规划设计,建设启德高效课堂,实现"启德""高效"两大目标。

3. 运用立德树人教育模式的机构和机制,推动"一课""双线""三级""多维"等各个环节、要素间协调联动,进而形成螺旋式、绞绳状的立德树人教育模式的运行动态。

4. 在实践检验的基础上,总结课题组研究过程中的经验教训,形成最终的研究成果。

六、预期成果

1. 研究报告《新时代高中校园建构立德树人教育模式的探究》,负责人:夏金良。

2. 专著《让生命诗意地栖居——新时代高中语文学科育人模式探究》,负责人:夏金良。

第二章
新时代高中语文学科育人模式探究

党的二十大报告指出:“办好人民满意的教育。教育是国之大计、党之大计。培养什么人、怎样培养人、为谁培养人是教育的根本问题。育人的根本在于立德。全面贯彻党的教育方针,落实立德树人根本任务,培养德智体美劳全面发展的社会主义建设者和接班人。”

立德树人是一项系统工程,其体系的构建要秉持“一盘棋”的理念,要探索建构各个要素、环节同向发力的育人模式。普通高中语文学科,要主动融入新时代高中校园立德树人的宏观生态系统之中,并以此为基础积极探索新时代高中语文学科育人的模式,为党育人,为国育才。

——匠染语文之思

第一节 新时代高中校园建构立德树人教育模式探究

2018年12月,本课题组承担了河北省教育科学"十三五"规划课题"新形势下普通高中校园建构立德树人教育模式的研究"的研究工作,课题立项编号:1804101。经过两年多的实验教学和研究探索,现已完成各阶段的任务,并取得了预期效果。

一、课题的提出

党的十八大报告首次将"立德树人"确立为教育的根本任务,党的十九大报告进一步指出,要"落实立德树人的根本任务"。在全国政协医药卫生界、教育界联组会上,习近平总书记明确指出:"要把立德树人融入思想道德教育、文化知识教育、社会实践教育各环节,贯穿基础教育、职业教育、高等教育各领域,体现到学科体系、教学体系、教材体系、管理体系建设各方面,培根铸魂、启智润心。"因此,普通高中校园要全面贯彻党的教育方针,坚持立德树人的办学理念,切实发展素质教育,促进教育公平,培养德育、智育、体育、艺术、劳动全面发展的新型人才。

研究表明,从教育国际化的背景看,我国普通高中教育一方面要开放、面向世界,另一方面又要抵御西方文化的渗透与"和平演变"的文化攻势。市场经济大潮的冲击使中学生社会价值取向、思维方式发生变化,使中学生世界观、人生观、价值观的形成受到影响。同时,随着互联网的普及、大数据的广泛应用、自媒体技术的全面铺开,普通高中校园学生的身心受到巨大的冲击。多元信息混杂让学生难辨善恶,部分学生沉迷网络无法自拔,西方的一些不良价值观念也严重影响着学生的身心健康。综合看来,普通高中校园学生的心理健康状况需要高度关注,个别地区甚至出现了校园安全极端案例,给当前高中校园开展立德树人工作提出了新的挑战。

普通高中校园立德树人工作是一个开放的、复杂的综合性系统教育工程,需要家庭、学校和社会等教育主体的密切配合。从目前来看,我国普通高中校园普遍存在重视智育、忽视德育的教育误区;德育工作存在说起来重要,做起来次要的现象,家庭和社会也不够重视。一般情况下,人们认为德育只是班主任、教育处的工作,与任课教师、家庭、社会关系不大,三者之间并未形成育人合力,没有形成全员、全过程、全方位的育人体系,忽略了德育工作的连续性、系统性、全员性的特征。

因此,针对上述问题,课题组通过深入研究当前普通高中校园立德树人教育现状,深入分析我国普通高中校园立德树人教育所面临的新形势,创造性地提出建构一个全面系统的,规划科学的,内部要素相互关联、支撑的,具有较强可行性的多层、立体、网络化的普通高中校园立德树人教育模式——“一课双线三级多维”立德树人教育模式。总体看来,课题组对普通高中校园立德树人教育模式的深入研究,对我国新时代高中校园立德树人工作的开展具有极其重要的借鉴意义。

二、课题研究的理论依据

1. 建构主义理论

建构主义理论是一种关于知识与知识获取的理论。该理论认为,图式是认知结构的起点和核心,或者说是人类认识事物的基础。图式的形成和变化是认知发展的实质,认知发展受三个过程的影响:同化、顺应和平衡。建构主义强调学习的过程,学习者在学习过程中,产生一种与人、事、物的互动或接触,这种互动是一种内化建构的过程。建构主义教学模式以学生为中心,在整个教学过程中学生起到组织者、指导者、帮助者和促进者的作用。范存军认为,应当利用情境、协作、对话等学习环境要素,充分发挥学生的主动性、积极性和首创精神,最终达到使学生有效地实现对当前所学知识的意义建构的目的。

2. 多元智能理论

这一理论认为,不同的人,智力各有倾向,兴趣各有不同,特点千差万别。其代表人物美国的丹尼尔·戈尔曼认为,情绪对于理性思考和决策推断具有关键意义,他指出:“诸如自我观察、自控、共情、倾听艺术、冲突解决以及合作等能力,能够激发自己并在面对挫折时坚持不懈,控制冲动和延迟满足,调节个体心态并且阻止思维能力陷入不良心态之中。”戈尔曼还强调,高智商对于保证一个人能够很好地生活来说是远远不够的,能够以合适方式运用和控制情绪的能力也同样重要。

3. 全人教育理论

日本教育家小原国芳认为,全人教育是以人格整体的成长和完美为目的的教育。他强调,人格整体表现在学问、道德、艺术、宗教、身体和生活六个方面,因此,全人教育就是使受教育者在学问、道德、艺术、宗教、身体、生活六个方面得到均衡、和谐发展的教育。全人教育思潮的代表人物隆·米勒在采访了多位全人教育家后指出,完整的生命个体"应该包括全人的发展,即智力、情绪、身体和精神等方面,具体包括智力、情绪(情感)、体质、交际、审美和灵性"。

4. 场域理论

场域理论是社会学的主要理论之一,是关于人类行为的一种概念模式,它起源于19世纪中叶的物理学概念,提出者是库尔特·考夫卡等。场域理论总体而言是指人的每一个行动均被行动所发生的场域所影响,而场域并非单指物理环境而言,也包括他人的行为以及与此相连的许多因素。布迪厄认为,社会空间中有各种各样的场域,场域的多样化是社会分化的结果,布迪厄将这种分化的过程视为场域的自主化过程。自主性最强的场域是科学场域,其次是高层次的艺术场域,相形之下,法律场域较少有自主性,而自主性程度最低的是政治场域。

三、课题研究的主要内容

1. 研究对象(核心概念界定)

(1)关于"新形势"。"新形势"是指我国普通高中学校开展立德树人工作所面对的国内外、校内外不断变化的社会大环境,具体分为国内环境和国际环境两大类,国内、国际环境又分为物质环境和意识环境。

(2)关于立德树人之"德"的界定。"直心"为"德"。"德"是现代楷书的写法,"德"字的本义是"道德"或"品行",随着时代和社会的发展,"德"字的内涵越来越丰富。

(3)关于"立德树人"的内涵。"立德"即树立德业,"树人"即培养人才。"立德树人"即树立德业,培养人才之意。

(4)关于立德树人的教育模式。本课题组致力于建构一个全面系统的,内在要素相互关联、相互支撑的,螺旋式、绞绳状发展的"一课双线三级多维"立德树人教育模式。

(5)实验对象。

高一年级实验班级:1、2、5、6、9、10;高一年级对比班级:3、4、7、8、11、12。

高二年级实验班级:1、2、5、6、9、10;高二年级对比班级:3、4、7、8、11、12。

2. 总体框架

在前期深入研究的基础上,本课题组建构了一个全面系统的,规划科学的,内部要素相互关联、支撑的,具有较强可行性的多层、立体、网络化的总体框架——“一课双线三级多维”立德树人教育模式。

(1)在立德树人教育模式总体框架下,“一课”是总体框架的核心,“双线”是总体框架运行的主导轨迹。所谓“一课”,即启德高效课堂。所谓“双线”,即启德高效课堂所必须遵循的两条“红线”。第一条“红线”,重在“启德”;第二条“红线”,重在“高效”。

(2)在立德树人教育模式总体框架下,“三级”是总体框架运行的基础、主阵地。所谓“三级”,即学校、家庭、社会。

(3)在立德树人教育模式总体框架下,“多维”是总体框架运行的思想、机构和机制方面的保障。所谓“多维”,即包括德育的内容范畴维度、课堂高效运行的方式方法维度、启德高效课堂的学科维度、启德高效课堂的理论与实践应用维度、启德高效课堂的运行机构与机制维度等。

四、课题研究的目标

在新课程改革背景下,本课题从教育教学实际的角度切入,力图以课堂学科德育渗透为基础,以建设启德高效课堂为抓手,建构具有较强可行性的、网络化的立德树人教育模式。具体为:

1. 通过课题研究,进一步丰富和完善“立德树人”的内涵和外延,为普通高中校园德育工作的开展提供系统的、科学的理论支撑。

2. 通过课题研究,深入探究高效课堂改革弊端,建构启德高效课堂。

3. 通过课题研究,建构一套全面系统的、内在关联的、规划科学的、内部要素能够相互支撑的、具有较强可行性的网络化的立德树人教育模式——“一课双线三级多维”立德树人教育模式。

五、课题研究的主要方法

本课题研究遵循理论先行、科研领路的研究思路，注重在实践中提升思想理论认知。采用的研究方法如下：

1. 调查法。利用调查法可以了解立德树人教育所面临的新形势，校园德育与智育的现状，对实验过程中学生的德育发展情况进行跟踪调查，获得第一手数据，为顺利完成研究提供依据。

2. 文献研究法。该研究方法作为学习理论、收集信息的主要方法，跟踪当前教育发展趋势，了解当前教育现状，吸纳成功经验。文献研究法被广泛用于“立德树人”及“德”字内涵的研究中。

3. 个案研究法。课题参与者从教育教学实际出发，针对某典型课例、某一教学状况或者某一学生的发展状况等进行跟踪式个案研究，解剖典型德育个案，探究深层次问题、规律，由个性到共性、特殊到一般，最终提炼出有共性及代表性的结论来。

4. 行动研究法。教师在现实教育教学情境中，综合运用多种研究方法与技术，对研究成果进行检验，提高研究成果的科学性、操作性，进而形成教育教学策略，撰写学术论文和研究报告。

六、课题研究思路

1. 在课题组的引领下，普通高中校园成立立德树人教育模式执行机构，制定运行机制。

2. 在立德树人教育模式执行机构成立的基础上，各学科教师在教研组长的带领下，对教学目标进行规划设计，建设启德高效课堂，实现“启德”“高效”两大目标。

3. 通过立德树人教育模式的机构和机制推动，“一课”“双线”“三级”“多维”等各环节、要素间可以协调联动，进而形成螺旋式、绞绳状的立德树人教育模式的运行动态。

4. 在实践检验的基础上，总结课题组研究过程中的经验教训，形成最终的研究成果。

七、课题研究的阶段

1. 前期准备阶段(2018 年 9 月—2018 年 12 月)

(1)开展课题组成员培训。

(2)组建课题组织,健全规章制度,进行问卷调查、汇总、评析,做好课题开展前期准备工作。

(3)完成论证、申报工作。

2. 实施研究阶段(2018 年 12 月—2020 年 6 月)

(1)整体设计课题研究与实施方案,分工合作,协同作战,全面开展课题研究。

(2)在做好既定的工作安排的同时,继续进行相关理论的学习,做好理论分析,为探究阅读教学策略建立理论支撑。

(3)全面研究学生,进一步探究学生德育现状,使课题研究更具实践性、科学性和实操性,定期总结研究成果、撰写论文。

(4)课题主持人及成员定期检查督导课题总体实施及运行情况,及时总结经验教训,整理过程性研究资料,为形成阶段性和最终研究成果做充分准备。

3. 课题总结阶段(2020 年 6 月—2020 年 9 月)

(1)总结课题研究的经验教训,形成启德高效课堂研究成果。

(2)课题组收集整理研究资料,进行经验总结、理论提升,撰写课题研究报告和专著。

(3)筹划课题成果的推广运用。

4. 结题推广阶段(2020 年 9 月—2021 年 9 月)

(1)整理研究资料,总结经验,进一步完善结题报告。

(2)全面展示课题研究成果,进行课题成果鉴定与推广。

八、课题研究成果

1. 为普通高中校园落实立德树人根本任务提供创新模式

在新形势下,世界正处于百年未有之大变局,竞争日趋激烈,能否培养出德才兼备的高素质人才成为国际、国内竞争成败的决定性因素,因而,立德树人成为各国关注的教育焦点。在研究过程中,笔者探索学科核心素养养成与高中课堂教学相融合的模式,建构启德高效课堂,形成了普通高中校园落实立德树人根本任务的创新育人模式,具体如下:

(1)在启德高效课堂模式总体框架下,“立德树人”是总体框架的核心,“双线”

是启德高效课堂模式总体框架运行的主导轨迹。

启德高效课堂核心是立德树人。高中学科任课教师是启德高效课堂的主要建构者和主导者，是学生灵魂塑造的工程师。所谓“双线”，即启德高效课堂所必须遵循的两条“红线”：第一条“红线”，重在“启德”，即利用课堂情境和知识，在教师的精心设计下启迪学生心智，培养学生思想情感态度价值观，提升学科核心素养，利用学科阵地开展德育渗透；第二条“红线”，重在“高效”，建构高效课堂，即各科任课教师引领并利用启德高效课堂，在课堂上开展有效教学和高效学习，重在学生知识能力的培养，提升学生核心素养，重在思维品质的发展与提升。在启德高效课堂上，“启德”是根基，居于首位，重在学生“德”字的培养；“高效”是课堂主体，重在“才”字，关注学生的才干及思维品质的培养。双线并举，主次轻重分明，旨在培养出德才兼备的社会主义建设者和接班人。

(2)在构建启德高效课堂模式总体框架下，“三级”是总体框架运行的基础、主阵地。

所谓“三级”，即学校、家庭、社会。在高中阶段，学校和学生需要面对高考升学压力、绝大部分学生大部分时间是在校园，因而高中校园是学生核心素养培养的主阵地，坚持把立德树人融入高中校园育人工作的各个环节，这也是由高中生年龄、心智成熟程度所决定的。家庭教育处于辅助地位，是学校构建启德高效课堂并得以良好展开的催化剂、助推器，可以巩固和加深学校德育成果。社会是该模式下培养学生语文核心素养的大课堂，良好的社会环境是立德树人工作得以顺利执行的基础。在学校、家庭、社会这三级阵地中，学校处于一级阵地，居于高位，统帅引领启德高效课堂模式总体框架的运行；家庭处于二级，居于中层，是学校和社会两个阵地联系的纽带、桥梁；社会处于三级，居于底层，是一、二级阵地的支撑。在信息化环境下，该模式利用家长委员会、学生会以及信息网络技术等方式将这三个阵地贯穿成一个整体，且三个阵地互为检验启德高效课堂教育模式成败的试金石。

(3)在立德树人教育模式总体框架下，“多维”是总体框架运行的思想、机构和机制方面的保障。

所谓“多维”，即包括德育的内容范畴维度、课堂力争高效的方式方法维度、

组成要素中,分为直接渗透和间接渗透。直接渗透就是将心理健康教育的内容直接渗透在教育教学及学校其他各项工作中。间接渗透需要教师运用心理学理论、方法指导自己的教育教学和班主任工作等,为学生营造一个有利于心理健康成长的环境。

(3)营造积极向上的班级文化,充分发挥班集体的心理健康教育功能。

学生的心理健康与班级文化建设密切相关,优良的班级文化环境可以形成良好的育人场域,不仅可以促进学生良好的思想品德形成,还可以促进学生心理健康指数的提升。优良的班级文化可以使学生感受到班级生活、学习的快乐,感受到尊重和平等,感受到关爱。营造良好的班集体氛围是提高学生心理素质的有效途径,班主任要使每一个学生感受到班级生活的乐趣,在班级中体会到安全感、存在感和幸福感。

①安全感。能给予学生安全感的班级文化,有利于学生心理、情绪的稳定。如何让学生获得安全感呢?首先,建立一个民主平等的师生关系。这就需要我们在心理健康教育时一视同仁,不歧视,互相尊重,师生平等。其次,每一位学生都能体会到持续的平等的爱。这就需要我们通过自身的言行让每一位学生体会到老师的关爱。最后,陪伴也有利于学生获得安全感。如同学们到校时,班主任必须在校,陪伴学生做广播操等。

②存在感。让学生在班级中找到存在感,一方面需要建立开放自由、接纳个性的班级氛围,另一方面需要让学生实现自我。富有创造力、活力的班级,一定有一群个性鲜明、拥有独立人格的学生,这就需要我们创建出海纳百川、接受不同个体的班级文化氛围。我们应该充分挖掘每个学生的特点和特长,创造机会,让每个学生展示自己,让学生体会到成功的快乐,获得他人的尊重,找到存在感。

③幸福感和荣誉感。让每个学生在班级中都能找到存在感,获得他人的尊重,形成良好的师生关系、同学关系,在班级生活和学习中获得幸福感、荣誉感。当我们用心经营的班级让学生有了归属感、存在感和幸福感时,班级会形成共同的心理契约和价值追求,学生之间相互促进、相互影响,安全、平等、和谐、友爱的班级关系将会潜移默化地影响每个学生,促进他们心理健康的发展和完善。

3. 营造诗意书香校园场域,形成高中校园立德树人新策略

场域是由社会成员按照特定的逻辑要求共同建设的,是社会个体参与社会活动的主要场所,是集中的符号竞争和个人策略的场所。通过研究与实践,笔者成功地带领课题组把传承文化经典融入教育教学工作中,营造了书香校园文化场域,建构了既立足传统而又富有创新精神的文化育人堡垒——书香校园立德树人场域。在教育教学实践中点靓书香诗意校园,课题组将"以声育人"的理念贯彻到建设书香校园的各项活动中,通过经典诵读、诗歌创作、举办赛事等形式营造书香育人场域,点燃了学生诵读、学习、传承民族文化经典的热情,弘扬了中华民族之正气。在课题研究、实践过程中,课题组通过研究传统文化的现代表达方式,融合媒体发展的最新成果,探索出营造诗意书香校园场域育人策略,让师生感受到中华文化的博大精深,增强了民族自豪感和文化自信心。

4. 探索高中校园内外劳动实践新途径,搭建衔接城乡文明断层桥梁

开展校园劳动和社会实践成为课题组开展立德树人教育工作的重要举措。学生在校园中学习的知识绝大部分是前人在社会生产、生活实践中获得的,也应该在学习生活中加以运用。进入 21 世纪,随着我国现代化、工业化、信息化程度的不断提高,尤其是城镇化水平的不断提高,孩子们缺少了农业生产的经历、记忆情结、文化知识底蕴。面对这一教育教学的时代困境,课题组积极开展社会实践育人方式探索,尤其是深入开展高中校园劳动实践育人新探索。在劳动过程中,学生将课堂所学理论知识与生产生活实际相结合,加深了对知识的理解、对世界的认识,培养了团结、创新、协作等核心素养能力。在高中校园开设劳动课程,我们要将其置于人类生产生活实践活动发生重大变革、教育改革要面对深刻的时代社会变革这一宏大的社会历史背景中进行分析和研究,而不是孤立地就事论事,就教育论教育。总体看来,开展校园劳动和社会实践,是衔接城乡文明断层的关键桥梁,可以有效深化学生对农耕文明、工业文明、生态文明的认知,有利于培养全面发展的高素质人才。

作者在麦田

5. 以考促育，以考促改，以考提质，通过量化考评检验立德树人成果

高考是国家大规模选拔人才的第一方式和手段，为国家发展提供和积累了重要的人才资源，是普通高中校园师生共同面对的人生大考。在高中校园，课题组把对学生德育、智育、体育、美育、劳动能力的培养与考查融入形式多样的考试之中。考试不仅可以有效检验、促进普通高中校园的教育教学质量，还可以激发学生努力学习、乐于学习的动力，培养学生的优良品质。在教学中，教师通过批改试卷及对考试成绩的比较分析，量化考试重难点比重，可以及时了解自己的教学情况，查漏补缺，及时调整教学方法及方向。对学生来讲，考试是把双刃剑，有利也有弊。总体看来，考试的益处更多一些，考试成绩的优劣及量化不仅对学生的学习方法具有调节功能，而且有助于学生思维品质的提升。心理学研究表明，在个人经历过的事件中，曾获得成功的事件最容易引发人的兴趣。教师若能合理组织试题并及时评分和批改，学生不断看到自己的成绩在随着努力而逐渐提高，就会被激发出浓厚的

学习兴趣。在教育教学过程中,通过各种考试、考前辅导、考后评价与辅导,不仅可以检验教育教学质量,还可以实现以考促育、以考促改、以考提质的教育目标。

九、课题研究的效果与成绩

在建构“一课双线三级多维”立德树人教育模式过程中,课题组取得了一系列研究成果,为普通高中校园有效开展立德树人工作提供了创新范例。首先,班主任积极转变角色定位,引入情境辅导,将心理健康教育与班级各项工作相结合,探索出班级心理健康教育的新渠道,为普通高中校园探索出培养学生健康人格的新机制。其次,营造书香校园文化育人场域,积极探索出以声育人、在整本书阅读中雕刻灵魂等育人途径。再次,积极推动高中校园开展劳动实践和社会实践,搭建衔接城乡文明断层的桥梁,形成了高中校园劳动育人新策略。最后,以考促育,以考促改,以考提质,建构通过量化考评检验立德树人成果的新机制。

在课题研究过程中,全体成员广泛学习,深入研究,及时总结经验教训,取得了省市级以上研究成果 98 项,其中包括公开出版发行的著作 11 部、讲座 4 场次(省市级以上)、36 篇论文(公开发表或获得省市级以上奖项,其中 4 篇论文入选全国中文核心期刊)、24 节优质课课例(获得省市级以上奖项)、62 节次启德高效课堂教学设计(获得省市级以上奖项 7 项)、5 项班主任及班级管理成果(获得省市级以上奖项)、200 余人次学生辅导成果(获得省市级以上奖项 10 项)、1 项教具制作(获得省市级以上奖项)。总体看来,课题组通过三年研究,取得了关键性研究结论,为普通高中校园开展立德树人工作提供了来自教学一线的创新性策略和范本,在我省基础教育立德树人工作中发挥了积极示范作用。

1. 学生方面

在研究过程中,课题组建构“一课双线三级多维”立德树人教育模式,培养了学生合作意识和团队精神,激发了学生学习的内生动力,学习效率得以提升。在教育教学活动中,课题研究推动了学生德育水平和心理健康状况迅速提高,核心价值观念融入学生内心,学习动机更具家国情怀,学生人格更加健全,学生与家庭、学校、社会的关系更加和谐;培养了学生研究性的学习意识和能力,提升了学生劳动参与和社会实践能力,学生综合素质得到全面提升,促进了学生德智体美劳全面发展。

2. 教师方面

课题研究的过程,就是教师专业成长的过程。在课题研究过程中,广大教师积极学习,深入研究,不断加强职业道德自我教育,职业道德素养得以迅速提升。课题研究是教师从“经验型”向“专家型”转型的关键路径。在课题组的引领下,广大教师不断深化理论认知,提升专业水准,学科研究能力得以迅猛提升。综合来看,本课题的研究实践,极大地促进了课题组教师的职业道德和专业水平的提升。

3. 学校方面

课题研究作为学校教育体系的重要组成部分,对学校的发展具有多维度、深层次的价值,既体现在学术和教育质量的提升上,又对学校的社会影响力、品牌建设产生深远影响。首先,课题研究促进了课堂结构、课程体系迭代升级。通过课题研究,课题组推动校本课程研究,建设启德高效课,解决了传统课程体系和结构滞后的问题。其次,课题研究促进教育教学质量提高,教学成果丰硕。在课题研究过程中,课题组始终坚持“源于教学、服务教学、改进教学”的原则,通过构建“发现问题—协同研究—凝练成果—实践应用—理论提升”的良性循环,最终实现了教学质量的提升,取得了丰硕的教学成果。

附件 1

普通高中校园德育现状调查问卷(部分)

年级:　　　　　　性别:　　　　　　年龄:

1. 作为一个中国人,你感到很自豪吗?

a. 是　　　　　　b. 不是

2. 你能完整地唱国歌吗?

a. 是　　　　　　b. 不是

3. 当国歌响起、国旗升起时,你内心会有自豪感吗?

a. 是　　　　　　b. 不是

4. 当个人利益与集体的需要有冲突时,你愿意服从集体的需要吗?

a. 是　　　　　　b. 不是

5. 当中国的主权或领土受到侵犯时,你会主动参军,保卫祖国吗?

a. 是　　　　　　b. 不是

6. 你的个人理想与国家命运紧密相连吗?

a. 是　　　　　　b. 不是

7. 你偶然看到了歹徒的作案过程,当公安部门向你了解情况时,你会积极配合吗?

a. 是　　　　　　b. 不是

8. 在拥挤的公共交通工具上,你曾主动地给身边的老、幼、病、残、孕让过座吗?

a. 是　　　　　　b. 不是

9. 在没有人发现的情况下,你拾到了一块贵重的手表,你会毫不犹豫地交给老师或是警察吗?

a. 是　　　　　　b. 不是

10. 在某公共场所,当看到小偷正在偷东西,你会立即报警或是勇敢地制止吗?

a. 是　　　　　　b. 不是

11. 外出旅游时,你从没在旅游场所、文物古迹上乱写乱刻过吗?

a. 是　　　　　　　　　　b. 不是

12. 过马路时,如果没有监督,你会随意丢弃垃圾吗?

a. 是　　　　　　　　　　b. 不是

13. 过马路时,你会跨越隔离栏或闯红灯吗?

a. 是　　　　　　　　　　b. 不是

14. 遇到长辈或老师时,你会主动打招呼吗?

a. 是　　　　　　　　　　b. 不是

15. 现实生活中,你会经常用“谢谢、打扰了、对不起”之类的文明用语吗?

a. 是　　　　　　　　　　b. 不是

16. 观看演出或比赛时,你会做一个文明观众吗?

a. 是　　　　　　　　　　b. 不是

17. 对于自己以后的前途,你有为之奋斗的动力吗?

a. 是　　　　　　　　　　b. 不是

18. 在社会中,你认为一个人要想成功主要是靠个人奋斗吗?

a. 是　　　　　　　　　　b. 不是

19. 见到随地乱扔垃圾的行为,你很讨厌吗?

a. 是　　　　　　　　　　b. 不是

20. 你会经常为一些自己做过的事情感到惭愧吗?

a. 是　　　　　　　　　　b. 不是

21. 你喜欢看带有暴力色彩的视频、书刊吗?

a. 是　　　　　　　　　　b. 不是

22. 你经常去网吧吗?

a. 是　　　　　　　　　　b. 不是

23. 你欺负过比自己小或比自己瘦弱的同学吗?

a. 是　　　　　　　　　　b. 不是

24. 你曾被高年级同学欺负过吗?

a. 是　　　　　　　　　　b. 不是

25. 如果你被一个高大的同学无缘无故地揍了一顿,你能寻求老师帮助妥善解决问题吗？

a. 是　　b. 不是

26. 在学习上，你有明确的目标吗？

a. 是　　b. 不是

27. 你有制定学习计划的习惯吗？

a. 是　　b. 不是

28. 你觉得对学习有兴趣吗？

a. 是　　b. 不是

29. 你感觉学习压力很大吗？

a. 是　　b. 不是

30. 在学习中遇到难题时，你在稍微思考后会请教别人吗？

a. 是　　b. 不是

31. 考试时，如果老师监场不严，你会作弊吗？

a. 是　　b. 不是

32. 你觉得自己的自信心较强吗？

a. 是　　b. 不是

33. 在班级，你与同学们的相处怎样？

a. 感觉很融洽　　b. 关系很一般

34. 生活中，你经常有一种失败感吗？

a. 是　　b. 不是

35. 生活中，你会为一些细枝末节的小事而烦恼吗？

a. 是　　b. 不是

36. 在日常生活中，对于一些小事，你会经常请家长来做吗？

a. 是　　b. 不是

37. 在校园中，你遇到困难，会主动寻求同学的帮助吗？

a. 是　　b. 不是

38. 你认为和老师的关系比较融洽吗？

a. 是　　b. 不是

39. 你的学习要在老师的督促下才能完成吗?

a. 是　　b. 不是

40. 你的任课老师可以灵活地运用教学方法吗?

a. 是　　b. 不是

41. 你觉得老师对你生活、成长了解吗?

a. 是　　b. 不是

42. 你觉得班主任对自己的学习具有举足轻重的作用吗?

a. 是　　b. 不是

43. 父母满足不了自己的愿望时,你跟父母要过脾气吗?

a. 是　　b. 不是

44. 对于自己以后的前途有所考虑吗?

a. 是　　b. 不是

45. 你认为家长需要提高受教育程度吗?

a. 是　　b. 不是

46. 你认为家庭因素比学校因素对自己成长的影响更大吗?

a. 是　　b. 不是

47. 你会主动和父母交流学习和生活情况吗?

a. 是　　b. 不是

48. 你会因为父母的要求不符合自身需要而吵闹吗?

a. 是　　b. 不是

49. 你认为老师和家长之间欠缺沟通吗?

a. 是　　b. 不是

50. 你遵守学校规章制度最主要的原因是使大家有一个良好的学习环境吗?

a. 是　　b. 不是

51. 你会根据自己的需要来判断学校的规章制度是否合理吗?

a. 是　　b. 不是

52. 你会积极参加学校组织的课外集体活动和德育活动吗?

a. 是　　b. 不是

53. 你觉得学校对学生的行为习惯教育有效果吗？

a. 是　　　　　　　　　　b. 不是

54. 你希望学校多组织集体德育活动吗？

a. 是　　　　　　　　　　b. 不是

55. 你认为参加社团活动对于自身综合素质具有怎样的作用？

a. 一般　　　　　　　　　b. 重要

附件 2

普通高中校园德育现状调查报告

普通高中校园是我国基础教育德育工作的重要阵地,青年学生的思想政治工作是学校工作的重点。普通高中校园应该时刻从党和国家的长远利益出发,格外关心下一代人的成长,促进学生的全面发展。因此,本课题组对大厂回民中学、廊坊市管道局中学、天津市静海区第四中学的部分学生进行了问卷调查,以了解普通高中校园学生的德育现状。课题组共计调查 900 名学生,回收有效问卷 860 份。课题调查对象是三所学校的高一和高二学生,被调查对象随机抽取,调查范围比较全面且调查对象具有代表性,能够比较客观地说明问题。现分析如下:

一、普通高中校园学生德育现状

1. 关于学生家国情怀和核心价值观念

100%的学生认为作为一个中国人,感到很自豪;97%的学生认为个人理想与国家命运紧密相连;91%的学生认为当个人利益与集体的需要有冲突时愿意改变个人愿望,服从集体的需要;97%的学生在拥挤的公共交通工具上,曾主动地给身边的老、幼、病、残、孕群体让过座;50%的学生在公共场所,看到小偷偷东西,会选择立即报警,勇敢地上去制止;65%的学生外出旅游时,从来没有在旅游场所、文物古迹上乱写乱刻过。

2. 关于学生的学习现状

(1)关于学习动力。87%的学生对于自己的前途有所考虑;59%的学生认为在当前社会中,一个人要想成功,更多的是要靠个人奋斗;40.5%的学生总是力争上游,有取得成就的强烈愿望;30.2%的学生对学习有强烈的责任感和自觉性;60%的学生能正确地认识自己的能力、兴趣和需要,有明确的人生目标和学习目标,学习具有自觉性、主动性。

(2)关于问题处理能力。68.72%的学生能够积极寻求各种办法来解决问题;79%的学生在家里,对于一些自己生活中的事情,多数需要家长来做;82.7%的学生在校园中遇到困难后,会主动寻求同学的帮助;73.33%的学生觉得自己在学校的表现一般,有待提高。

(3)关于学习压力和压力疏解能力。91.3%的学生在学习中感到压力很大;48%的学生学习上有困难时,最希望得到老师的帮助;25%的学生学习上有困难时,最希望得到同学的帮助;27%的学生学习上有困难时,最希望得到家长的帮助。

3.关于学生与老师之间的关系

50%的学生认为师生关系比较融洽;47.1%的学生认为在老师的督促下学习效果更好;68.2%的学生认为任课老师教学方法灵活,可以促进自身的全面发展;但也有45.1%的学生觉得老师对其生活、成长缺少了解,未能有效调动学生学习积极性;48.5%的学生对自己和班主任的关系很满意。

4.关于学生与家长之间的关系

56.3%的学生认为家庭因素比学校因素对自己成长的影响更大;62.7%的学生会主动和父母交流学习和生活情况;58.5%的学生会因为父母的要求与自己不一致而和父母发生矛盾。

5.关于家长和老师的关系

54.3%的学生认为老师和家长之间缺少必要的沟通,需要健全有效机制,进一步地加深交流。

6.关于学校和学生的关系

47.8%的学生能够认识到遵守学校规章制度对每个人都有好处,有助于使自身拥有一个良好的学习环境;50.9%的学生会根据自己的判断来看学校的规章制度是否合理,合理就遵守;75.8%的学生会积极参加学校组织的课外集体活动以及其他的德育活动;85%的学生认为学校有必要加强德育工作,多开展德育活动。

二、分析问题

近年来,针对普通高中学生开展的德育工作取得了不少成绩,但我们必须清楚地认识到还存在着很多不可忽视的问题。特别是部分学生的思想认知、学习品质、心理方面的问题比较突出,学习缺乏积极性、主动性,缺乏拼搏精神和进取意识,缺少青年人应有的朝气。经过调查发现,其主要原因有以下几个方面:

1. 智育挤占德育时间、空间，德育工作未能全面有效开展

高考升学压力巨大，学生、家长及社会舆论焦点主要关注高考成绩，普通高中学校大都把工作的重心放在抓好教学成绩上，德育要为智育让路。任课教师更是把绝大部分的精力放在学科知识讲授、考查和对学生应试能力的培养上，很少顾及德育渗透工作。这是学校德育工作弱化的主要原因。

2. 德育意识不强

基于学校重智育轻德育错误理念的影响，班主任德育意识不强。班主任工作纷繁复杂，且班级量化、考评压力大，其主要精力也是用在班级的学习成绩和安全管理方面，而忽视了德育工作，更忽视了德育工作的全面性、系统性。

3. 德育工作力量不足

在普通高中校园，学生大部分时间在学校，家长和社会对学生的德育培养缺失。高中阶段，任课教师、家长更加关注考试成绩，学生的思想健康状况反而被忽略。

4. 德育环境建设不佳

部分校园外围环境与学校育人要求不协调，存在网咖、电竞馆等游戏娱乐场所，对自控力差的学生易产生不良引导。学生德育现状也与家庭教育部分缺失有很大关系，比如单亲家庭的学生缺少亲情的温暖和应有的管束。

三、对策思考

1. 认清形势，明确任务，统一认识

我国教育的根本任务在于立德树人，培养品德高尚、人格健全、素质优良的青年一代是教育工作者的神圣职责。尽管学校能够认识到德育工作的重要性，但是并未将思想上的重视转化为育人行动。我们需要让所有的德育工作者，尤其是班主任、学科教师、家长、社会各界从更高层次清醒地认识到：国际、国内意识形态领域的现状十分复杂，各种意识潮流对我国青年一代的思想文化渗透巨大，青年学生的价值取向亟须关注。面对日益复杂的育人形势，学校、教师、家长、社会各界应该积极转变育人观念，从提高国民素质、心系民族安危的高度认识校园德育工作的重要性。同时，遵循育人规律，积极投身校园内外育人实践活动，为党育人，为国育才。

2. 系统规划,健全德育工作机制

首先,普通高中校园应发挥组织架构的育人作用,培养一支素质优良、分工明确、结构合理的德育工作队伍,扩大、充实育人力量。其次,普通高中校园要积极发挥育人机制的作用,开展家长、社会联合育人工作,努力形成学校、社会、家庭齐抓共管、整体联动的德育工作机制。再次,普通高中校园要积极转变任课教师育人观念,建设启德高效课堂,将课堂建设成为德育渗透工作的主阵地。最后,普通高中校园和社会各层面要尽快建立有效的德育工作管理模式,健全并落实行之有效的德育考评机制,并纳入绩效考核,改变单一的考评班主任的德育管理办法,形成系统科学的、多方联动的普通高中校园育人模式。

3. 观念要更新,方法要创新,注重实效

首先,关注德育工作的时代性。德育的内容也要适应时代的变化。其次,关注德育工作的开放性。开放的社会每天都向学生传递大量复杂的信息,封闭式的德育方法势必造成校内外"观念落差"。学校可以积极举办各种育人活动,包括筹建社团,举办学科艺术节,开展社会实践活动等,进而引领学生走出课堂,走向社会,体验生活,陶冶情操。再次,关注德育工作的民主性。德育工作不应是灌输式的,应该多沟通,少指责,采取说服教育和自我教育相结合的德育方针。同时,引导学生参与德育管理,让学生自主开展德育活动,引导他们提升自我塑造能力。

4. 要加强校园文化场域建设,不断优化育人环境

普通高中校园的文化场域对于学生的德育养成,具有很重要的示范、熏陶的作用。要努力营造良好的书香校园文化场域,启智润心,使学生受到潜移默化的教育。

附件3

普通高中校园启德高效课堂模板

为了更好地落实教育教学任务,有效解决教学中的重难点问题,课题组建构了启德高效课堂模板。启德高效课堂必须遵循两条“红线”:第一条“红线”,重在“启德”,即教师深入研究学情和教学情境,精心设计教学环节,利用学科阵地开展德育渗透;第二条“红线”,重在“高效”,即在课堂上开展有效教学和高效学习。其中,“启德”是根基,重在引领学生养成正确的核心价值观念;“高效”,居于次要地位,重点关注学生学科核心素养的养成时效与质量。双线并举,旨在培养出德才兼备的社会主义建设者和接班人。

一、启德高效课堂类型

一节自主核心课堂+一节训练课

二、启德高效课堂模板

1. 自主核心课堂

第一步:教师创设情境,导入新课(5 分钟)

第二步:学生带着问题自学(8 分钟)

第三步:小组围绕问题讨论(5 分钟)

第四步:学生围绕问题展示(8 分钟)

第五步:教师精讲(15 分钟)

第六步:学生查漏补缺(4 分钟)

2. 训练课

方案一:限时练(30 分钟)+选讲模式或自主解答(15 分钟)

方案二:针对练(30 分钟)+选讲模式或自主解答(15 分钟)

注:教学中,教师可根据教学实际灵活运用该模板。

附件4

启德高效课堂教学设计评价方案

<table>
<tr><th>评价维度</th><th>项目</th><th>等级及分值</th></tr>
<tr><td rowspan="4">理论依据
(15分)</td><td>《普通高中语文课程标准(2017年版2020年修订)》</td><td rowspan="4">A(15分)
B(14分)
C(13分)
D(12分)</td></tr>
<tr><td>《中国高考评价体系》</td></tr>
<tr><td>统编版教材</td></tr>
<tr><td>统编版教材(教师用书)</td></tr>
<tr><td rowspan="4">教学目标
(15分)</td><td>注重育人,注重学科教学与德育渗透的有机融合(核心价值观念)</td><td rowspan="4">A(15分)
B(14分)
C(13分)
D(12分)</td></tr>
<tr><td>注重学科核心素养养成</td></tr>
<tr><td>注重必备知识积累</td></tr>
<tr><td>注重重难点解答</td></tr>
<tr><td rowspan="5">教学过程
(20分)</td><td>教学环节设计巧妙,创设有利于学生思维发展的情境</td><td rowspan="5">A(20分)
B(19分)
C(18分)
D(17分)</td></tr>
<tr><td>教学措施选用得当,有利于激发学生的学习兴趣</td></tr>
<tr><td>尊重学生的个性,创设有利于学生独立思考的课堂活动</td></tr>
<tr><td>训练安排科学有效,有利于拓宽学生学科视野</td></tr>
<tr><td>把握最佳的教育契机,巧妙得当地处置课堂生成问题</td></tr>
<tr><td rowspan="5">教学方法
(20分)</td><td>教学方法运用灵活,能够有效解决教学重难点</td><td rowspan="5">A(20分)
B(19分)
C(18分)
D(17分)</td></tr>
<tr><td>教学方法注重提升学生的思维品质</td></tr>
<tr><td>教学方法能够引导学生积极参与学习</td></tr>
<tr><td>教学方法有利于培养学生合作、探究能力</td></tr>
<tr><td>教学方法有利于引导学生养成良好的学习习惯</td></tr>
</table>

续表

评价维度	项目	等级及分值
育人特色 (20分)	教学过程中渗透思想品德教育	A(20分) B(19分) C(17分) D(16分)
	探究过程中提升学生思维品质	
	学习过程中注重意志品质培养	
	科学性与人文性巧妙融合	
教师素质 (10分)	语言表达准确、生动	A(10分) B(9分) C(8分) D(7分)
	教材挖掘深刻、到位	
	板书设计巧妙、精美	
	教学手段丰富、适宜	
	教师特长与课堂特色巧妙融合	
总分(100分)		

第二节　新时代高中语文学科育人模式探究

随着新一轮课程改革的不断推进,我国普通高中语文学科改革进入深水区。在应试教育观念的影响下,传统高中语文教学比较重视学生的分数,为了迅速提高学生成绩,教师在现实教学中更加功利化,实施填充式、投喂式教学,侧重帮助学生在短时间内提高成绩,相对弱化学生核心素养和核心价值观念的养成教育,最终培养的学生可能存在高分低能的问题。在新一轮课程改革中,随着新教材在教学一线推行,以及新高考改革的深入推进,普通高中语文学科如何落实立德树人的根本任务?如何由“应试教育”向“素质教育”转变,由“育分”向“育人”转变?这一系列问题成为普通高中语文教学需要认真研究的重大课题。

对于这一重大课题,笔者以新时代高中语文学科育人模式的探究为突破口,做了如下探究:

一、落实立德树人的根本任务,探究普通高中语文学科育人新方式

教育本身就意味着:一棵树摇动另一棵树,一朵云推动另一朵云,一个灵魂唤

醒另一个灵魂。如果一种教育未能触及人的灵魂，未能引起人的灵魂深处的变革，它就不能被称为教育。当今时代，随着新课程改革不断深入推进，普通高中语文学科育人更加注重学生核心价值与核心素养的培养，需要推动普通高中语文学科育人方式由灌输式、投喂式向唤醒式、引领式转变，我们称之为“匠染”。

从宏观层面来看，普通高中语文学科要积极响应时代和国家的召唤，探索新的育人方式。《普通高中语文课程标准（2017 年版 2020 年修订）》明确提出要“坚持立德树人，增强文化自信，充分发挥语文课程的育人功能。祖国语文是中华儿女的精神家园，语文课程对继承和弘扬中华优秀传统文化、革命文化、社会主义先进文化，培养文化自信，推动文化的创新发展，具有不可替代的优势。普通高中语文课程，必须以习近平新时代中国特色社会主义思想为指导，坚持立德树人，弘扬民族精神，融入社会主义核心价值观教育，培养热爱中华文明、热爱祖国、热爱人民、热爱中国共产党的深厚感情，以及热爱美好生活和奋发向上的人生态度，使学生逐步形成自己的思想、行为准则，增强为中华民族伟大复兴而努力的历史使命感和社会责任感”。同时指出，要坚持加强语文课程内容与学生成长的联系，引导学生积极参与实践活动，认识自然、认识社会、认识自我、规划人生，在促进学生全面而有个性的发展方面发挥应有的功能。

从生命个体层面来看，普通高中语文学科需要探索生命成长规律，转变育人方式，培养德才兼备的高素质人才。什么叫“素养”？李川博在《如何在阅读中提升学生的语文核心素养》一文中指出：“素，可以理解为本色、本质；养，可以理解为修养、教养、培养。素，侧重先天的内在遗传基因、个性特征、性格倾向；养，侧重后天的外在教育、文化熏陶、生命历练。‘素养’，就是指个体在其人性基础上，受后天教育、培养而获得的能力和修养。”《普通高中语文课程标准（2017 年版 2020 年修订）》指出：“普通高中语文课程应继续引导学生丰富语言积累，培养良好语感，掌握学习语文的基本方法，养成良好的学习习惯，提高运用祖国语言文字的能力；语言文字运用和思维密切相关，语文教育必须同时促进学生思维能力的发展与思维品质的提升；语文教育也是提高审美素养的重要途径，要让学生在语言文字运用的学习中受到美的熏陶，培养自觉的审美意识和高尚的审美情趣，培养审美感知和创造表现的能力；语言文字的运用体现时代的发展状况和人的文化修养，语文课程应该引导学生自觉继承中华优秀传统文化和革命文化,吸收世界各民族文化精华,积极参与中国特色社会主义先进文化的建设与传播。”综上,普通高中语文学科核心素养的四个方面密切联系,相辅相成,重在启智、润心、培根、铸魂。养成现代社会所需要的思想品质、精神面貌和行为方式,需要以“匠染”的方式将一批批青年培养成为栋梁之材。

二、正心树人,雕刻灵魂,探究普通高中语文学科育人的新路径

1. 探究普通高中语文学科育人的新路径,需要正确处理育分与育人的关系

2021年3月7日,《中国青年报》聚焦2021年全国两会,多位代表委员就如何培养德智体美劳全面发展的孩子建言献策。全国政协委员、江苏省锡山高级中学唐江鹏校长在全国政协十三届四次会议第二次全体会议“委员通道”集体采访活动中接受采访,他在回答记者提出的“教育的真谛是什么”时指出:“学生没有分数,就过不了今天的高考,但孩子只有分数,恐怕也赢不了未来的大考。一个学校没有升学率,就没有高考竞争力,但教育只关注升学率,国家恐怕也没有核心竞争力。分数是重要的,但分数不是教育的全部内容,更不是教育的根本目标。”“今天孩子的全面素质,就是我们国家未来的整体实力,也就是我们社会的幸福程度。教育要‘培根、铸魂、启智、润心’,关于教育的真谛,我想借用总书记昨天在看望我们医卫教育界委员,和我们共商国是时说的这八个字,它深刻揭示了教育的使命与价值。”透过唐江鹏校长的讲话,我们可以深切地领悟到,教育的本质就是让孩子灵魂觉醒,唤起良知本性。习近平总书记的讲话也指明了教育的使命与价值就是:培根、铸魂、启智、润心。作为一名普通高中的语文教师,我们要实事求是,一切从实际出发,积极响应时代和家国的需要,树立“正心树人,雕刻灵魂”的育人理念,转变普通高中语文学科育人方式,探究普通高中语文学科育人的新路径,推动新课程改革落到实处,走向深入。

2. 探究普通高中语文学科育人的新路径,要正确处理核心价值和核心素养的关系

《高考评价体系解读(2023)》指出,高考评价体系的内在逻辑和总体特征可以从“核心价值金线”“能力素养银线”和“情境载体串联线”三条线索进行理解和把握,其中“核心价值金线”贯串高考命题和评价的始终,“能力素养银线”成为高考命题和考查的重心,情境作为考查载体,是“金线”和“银线”的串联线。在深入研究《中国高考评价体系》和普通高中语文高考命题规律的基础上,我们要正确处理核

心价值与核心素养的关系。

首先,普通高中语文学科要以核心价值为育人之魂。《中国高考评价体系》中指出,核心价值是指即将进入高等学校的学习者应当具备的良好政治素质、道德品质和科学思想方法的综合,是在各学科中起着价值引领作用的思想观念体系,是在面对现实的问题情境时应当表现出的正确的情感态度和价值观的综合。毋庸置疑,培养学生良好的政治素质、道德品质、科学的思想方法,是对学生灵魂的深刻塑造,最终解决了"培养什么人、怎样培养人、为谁培养人"这一教育根本问题,核心价值要融入普通高中语文学科教学之中,进而推动普通高中语文学科育人向更深层次迈进。

普通高中语文学科基于核心价值指标体系的育人路径

一级指标	二级指标	指标内涵	育人路径			培养示例
			综合实践	课外阅读	课内教学	
政治立场和思想观念	理想信念	学习领会马克思列宁主义、毛泽东思想、邓小平理论、"三个代表"重要思想、科学发展观、习近平新时代中国特色社会主义思想。树立共产主义远大理想和中国特色社会主义共同理想,增强中国特色社会主义道路自信、理论自信、制度自信、文化自信,立志肩负起实现中华民族伟大复兴的时代重任。	社团活动 社会实践	报纸期刊 新闻联播	课堂讲授 真题训练	**育人路径:**课堂教学 **教材选择:**必修上册第一单元 **教材篇目:**《沁园春·长沙》 **核心价值:**树立伟大革命抱负,理解作者对国家命运前途的关注,追寻理想,拥抱未来。

续表

一级指标	二级指标	指标内涵	育人路径			培养示例
			综合实践	课外阅读	课内教学	
	爱国主义情怀	热爱和拥护中国共产党。认同中华人民共和国,认同中华民族,厚植爱国主义情怀,自觉维护民族团结和国家统一,维护国家尊严与利益。认同中华文化,弘扬中华优秀传统文化,继承革命文化,发展社会主义先进文化。	社团活动 社会实践	报纸期刊 新闻联播	课堂讲授 模拟综合 真题训练	**育人路径**:社团活动 **活动形式**:诗歌朗诵 **活动主题**:国庆节诗歌朗诵会 **诵读篇目**:《炉中煤》 **核心价值**:厚植家国情怀,热爱和拥护中国共产党,自觉维护民族团结和国家统一,关心国家和民族命运前途。
	以人民为中心的思想	理解人民群众是历史的创造者,是决定党和国家前途命运的根本力量。树立为人民服务的思想,立志扎根人民、奉献祖国。	社团活动 社会实践	报纸期刊 新闻联播	模拟综合 真题训练	**育人路径**:名著阅读 **活动形式**:读书分享会 **活动主题**:人民的力量 **阅读篇目**:《红岩》 **核心价值**:理解人民群众是历史的创造者,是决定党和国家前途命运的根本力量。

续表

一级指标	二级指标	指标内涵	育人路径			培养示例
			综合实践	课外阅读	课内教学	
	政治意识	树立宪法法律至上、法律面前人人平等的法治理念。理解全面推进依法治国必须坚持党的领导、人民当家作主、依法治国的有机统一。能够遵法学法守法用法,自觉参加社会主义法治国家、法治社会建设。能够依法行使权利、履行义务,维护公平正义,做中国特色社会主义法治的忠实崇尚者、自觉遵守者、坚定捍卫者。	社团活动 社会实践	报纸期刊 新闻联播	模拟综合 真题训练	**育人路径:**社会实践 **活动式样:**模拟法庭 **活动主题:**法律面前人人平等。 **法庭陈词:**我为某某维权。 **核心价值:**知法懂法守法,自觉维护法律的权威;能够依法行使权利、履行义务,维护公平正义,做中国特色社会主义法治的忠实崇尚者、自觉遵守者、坚定捍卫者。
世界观和方法论	正确的世界观和方法论	坚持辩证唯物主义,坚持无神论,反对唯心主义。一切从实际出发,实事求是,尊重客观规律。相信科学,尊重事实,追求和传播真理。坚持唯物辩证法,反对形而上学,坚持用联系、	社团活动 社会实践	报纸期刊 新闻联播	课堂讲授 模拟综合	**育人路径:**课堂教学 **教材选择:**选择性必修中册第一单元 **教材篇目:**《实践是检验真理的唯一标准》 **核心价值:**认识理论著作的价值,增强理论自信,培养求真求实的科学态度和勇于

续表

一级指标	二级指标	指标内涵	育人路径			培养示例
			综合实践	课外阅读	课内教学	
世界观和方法论	正确的世界观和方法论	发展、矛盾的观点观察和分析问题，善于透过现象看本质。坚持理论联系实际，在实践中检验真理，修正错误。	社团活动 社会实践	报纸期刊 新闻联播	课堂讲授 模拟综合	探索创新的精神；从文学角度引导学生读懂相关理论著作，引导学生树立正确的世界观和方法论。
道德品质和综合素质	品德修养	培育并践行社会主义核心价值观，有大爱大德大情怀。遵守社会公德和职业道德，崇尚家庭美德，培育个人品德。理性面对当代社会经济、文化、科技、环境等方面的伦理问题与伦理冲突，自尊自信、意志坚强。	社团活动 社会实践	报纸期刊 新闻联播	课堂讲授 真题训练	**育人路径：**课堂教学 **教材选择：**必修上册第四单元 **教材板块：**当代文化参与。 **核心价值：**关注和参与当代文化生活，培养适应社会、服务社会的能力，增强文化自信和弘扬社会主义核心价值观的自觉性。

续表

一级指标	二级指标	指标内涵	育人路径			培养示例
			综合实践	课外阅读	课内教学	
	奋斗精神	树立高远志向，认同奋斗成就幸福、奋斗者最幸福的观念。历练不懈奋斗的精神，具有勇于奋斗的精神状态、乐观向上的人生态度，做到刚健有为、自强不息。	社团活动 社会实践	报纸期刊 新闻联播	课堂讲授 真题训练	**育人路径：**名著阅读 **活动形式：**读书分享会 **活动主题：**人民的力量 **阅读篇目：**《创业史》 **核心价值：**立足当下，肩负时代使命，树立高远志向；不怕困难迎难而上，坚定奋斗成就幸福、奋斗者最幸福的观念。
	责任担当	具有社会责任感，积极承担社会责任、履行义务。具有集体主义精神，以国家利益和集体利益为先。积极维护公共利益，关注并参与人类命运共同体的构建。有序参与社会公共事务，行使人民当家作主的政治权利。	社团活动 社会实践	新闻联播 名著阅读	课堂讲授 模拟综合	**育人路径：**课堂教学 **教材选择：**必修下册第八单元 **教材篇目：**《谏太宗十思疏》 **核心价值：**学习古代仁人志士爱国爱民的情怀，以及讲责任、敢担当的精神，心怀天下，坚守道义，恪守正确价值观，增强为中华民族复兴而读书的责任意识。

续表

一级指标	二级指标	指标内涵	育人路径			培养示例
			综合实践	课外阅读	课内教学	
	健康情感	具有健康意识,注重增强体质、健全人格、锤炼意志,珍爱生命,热爱生活。具有高雅的审美情趣和良好的审美意识,在日常生活中能够感受美、鉴赏美、创造美。	社团活动 社会实践	报纸期刊 名著阅读	模拟综合 真题训练	**育人路径:**社团活动 **活动形式:**诗歌朗诵 **活动主题:**中秋诗歌朗诵会 **诵读篇目:**《水调歌头》《乡愁》 **核心价值:**健全人格,厚植家国情怀;热爱生活,培养高雅的审美情趣和良好的审美意识;在生活中感受美、鉴赏美、创造美、分享美。
	劳动精神	崇尚劳动,尊重劳动,认同劳动最光荣、劳动最崇高、劳动最伟大、劳动最美丽的观念。坚持以辛勤劳动、诚实劳动、创造性	社团活动 社会实践	报纸期刊 名著阅读	课堂讲授 真题训练	**育人路径:**课堂教学 **教材选择:**必修上册第二单元 **教材篇目:**《以工匠精神雕琢时代品质》

续表

一级指标	二级指标	指标内涵	育人路径			培养示例
			综合实践	课外阅读	课内教学	
	劳动精神	劳动实现自己的人生价值，愿意为国家富强、社会进步和人民幸福而辛勤工作。	社团活动 社会实践	报纸期刊 名著阅读	课堂讲授 真题训练	**核心价值**：学习先进事迹，倡导劳动精神，引导学生崇尚劳动、尊重劳动、热爱劳动，树立正确的劳动观。
注：该表一级指标、二级指标划分及其指标内涵以《中国高考评价体系》表一《核心价值指标体系》为参照。						

其次，普通高中语文学科要以学科核心素养为育人之本。《普通高中语文课程标准(2017年版2020年修订)》指出，学科核心素养是学科育人价值的集中体现，是学生通过学科学习而逐步形成的正确价值观、必备品格和关键能力。语文学科核心素养是学生在积极的语言实践活动中积累与构建起来，并在真实的语言运用情境中表现出来的语言能力及其品质；是学生在语文学习中获得的语言知识与语言能力，思维方法与思维品质，情感、态度与价值观的综合体现；其主要包括"语言建构与运用""思维发展与提升""审美鉴赏与创造""文化传承与理解"四个方面。所以，教师在撰写统编教材教学篇目设计时，应将语文学科核心素养作为教学目标的核心要素，给予足够重视。笔者以统编教材必修下册第二单元第5课《雷雨》(节选)教学设计为例，做了一些探索。具体如下：

单元	学习任务群	人文主题	语文素养	课文(或学习活动)
第二单元	文学阅读与写作	良知与悲悯：领会剧作家对社会人生的深刻认识和深切关怀，激发良知和悲悯情怀，健全人格培养；以尊重和包容的心态，理解和借鉴不同民族、不同区域、不同国家的优秀文化，吸收人类文化的精华。	1. 通过阅读鉴赏、编排演出等活动深入理解戏剧作品，把握其悲剧意蕴。 2. 初步认识传统戏曲和现代戏剧的基本特征，欣赏戏剧冲突、构思情节、塑造人物的艺术手法，体会戏剧语言的动作性和个性化。 3. 理解悲剧作品的风格特征，欣赏作者的独特艺术创造。	第5课《雷雨》(节选) 作者：曹禺

整本书阅读教学设计　横看成岭侧成峰(第3课时)

——探讨《雷雨》剧中人物的“幸福”人生

教学思路	本节课全面贯彻新课标的理念，将本节课的教学重点放在了借助戏剧冲突，从“人”的角度对作品的主题的探究上，以期通过师生的合作、交流、探讨来共同提升对作品的把握，更重要的是要通过这节课的交流探讨，使学生的人生观、价值观得以提高，在“幸福是什么？怎样的人生才幸福？”的问题上，有自己正确的、高尚的认识和理解，思想境界得到提升；力争让学生学以致用，在课堂上运用一段优美的文字表达出自己对幸福的理解，课后再通过训练(如写作等形式)加以巩固。

<table>
<tr><td rowspan="2">教学
目标</td><td>素养目标
（核心素养）</td><td>1. 语言建构与运用
①了解、识记有关戏剧的文学常识（尤其是戏剧冲突）。②学生要认真阅读文章，把握剧中主要人物形象和主要冲突。
2. 思维发展与提升
①熟练运用已掌握的阅读方法技巧，进一步培养提高学生阅读较长文学作品的能力。②学会换位多角度思考，掌握知识迁移运用能力。③运用所学的戏剧知识，尤其是运用有关戏剧人物和戏剧冲突的有关知识，从“人”的角度来对作品的主题进行分析探讨。
3. 审美鉴赏与创造
①感受戏剧舞台艺术魅力。②运用所学戏剧的知识，借助戏剧冲突分析人物形象，把握戏剧主题。
4. 文化传承与理解
通过话剧表演或人物台词对白，传承话剧舞台艺术。</td></tr>
<tr><td>德育目标
（核心价值）</td><td>1. 借助经典名著《雷雨》对学生进行思想道德教育，培养和塑造学生的人生观和价值观。
2. 通过这节课让学生懂得“人生幸福的真谛”：幸福不能停留在物欲、权利的满足，更是精神层面的契合；不仅要接受别人给予自己的“幸福”，还要学会感受幸福，让自己和他人共同分享“幸福”，为别人创造“幸福”……</td></tr>
<tr><td>教学
重难点</td><td colspan="2">培养学生知识迁移运用能力，让学生学会换位及多角度思考。引导学生运用所学的戏剧知识，尤其是运用有关戏剧人物和戏剧冲突的有关知识，从“人”的角度来对作品的主题进行分析探讨，培养学生分析把握作品主题的能力。</td></tr>
</table>

续表

教学方法	1. 讨论法:通过讨论调动学生的主动性,让学生自主分析作品。 2. 点拨法:教师适时点拨,使学生熟练运用阅读方法,对作品主题的认识更深入。 3. 思维导图法:借助思维导图,培养学生思维的条理性和严谨性。
教具准备	多媒体及其他相关视频。
课时安排	本课程共 3 课时,本节为第 3 课时。
教学步骤	一、温故知新 1. 作品主题 《雷雨》通过描写______、______两家的错综复杂的关系,揭露了资产阶级______、______、______、______的阶级本质,反映了______和______之间的阶级矛盾及劳动人民的______命运。 2. 戏剧冲突 ①戏剧冲突指______________________________。 ②____________的冲突是构成戏剧冲突最基本的内容。 ③____________在本质上是性格冲突,是各种不同性格的人,在一个特定的时空环境中遭遇由于相互的差距而产生的抵触、摩擦和撞击。因而____________也就成为推动情节向前发展的重要动力和把握主题戏剧的重要突破口。

续表

<table>
<tr><td>教学
步骤</td><td>二、导入新课
通过上述知识的回顾,我们找到了深入把握戏剧思想内涵的金钥匙——戏剧冲突;但我们也会发现,上述早已成为定论的《雷雨》的主题只是单独从社会阶级的角度去分析,我们很少从一个普通的“人”的角度去探讨本文的主题,去关注剧中人物命运——生、死、喜、怒、哀、乐。
三、赏析探究
提问1:《雷雨》剧中矛盾冲突主要集中在哪些人物身上?他们之间是什么关系?请结合剧本台词举例分析。
提问2:《雷雨》剧中都有哪些矛盾冲突?主要集中在哪些人物身上?请试举例分析。哪些人物身上有哪些无法化解的矛盾?结局又如何?请观看视频后回答。
四、探究、小结与提升
提问3:按照戏剧冲突的性质的不同,戏剧可以分为悲剧、戏剧和正剧。通过观看视频,请同学们对剧中的结局(高潮)部分的人物命运谈谈自己的看法和认识。
提问4:请同学们运用恰当的阅读方法,迅速浏览剧本并回答以下问题。
剧本中序幕和尾声是发生在何时、何地?主要围绕何人、何事展开的?他们的生存境况如何?请同学们加以分析。
提问5:周朴园自认为他的家庭是最幸福、最圆满的家庭,可事实上生活在这个家庭中的每个成员真的幸福吗?面对十年后的此情此景,反观他当年所建立的所谓的幸福的家庭,周朴园他还幸福吗?毋庸置疑,答案是否定的!
可是,是什么力量毁掉了让周朴园引以为豪的幸福家庭?让我们共同寻找其中的原因。</td></tr>
</table>

续表

教学 步骤	五、课堂讨论 提问6:请同学们谈一谈,在你眼中什么是幸福?怎样才能把握好自己的幸福? 六、课堂总结 越过百年,我们与曹禺先生在《雷雨》中所塑造的鲜活的人物形象对话交流,从中懂得了幸福的真谛,我们要万分珍惜眼前的幸福!
作业 设计	请以"我想握住你的手"为题,写一篇文章,文体不限,800字左右。
板书 设计	略

三、协调学科育人要素,建构普通高中语文学科育人要素联动的新模式

1. 建构启德高效课堂,探索普通高中语文学科育人的创新课堂模式

建构普通高中语文学科育人的创新课堂模式,要具备启德高效课堂的基本构成要素:首先,在启德高效课堂模式总体框架下,"立德树人"是总体框架的核心,"双线"是框架运行的主导轨迹。所谓"双线",即启德高效课堂所必须遵循的两条"红线":第一条"红线",重在"启德",即利用课堂情境和知识,在教师的精心设计下启迪学生心智,培养学生思想情感态度价值观,提升学科核心素养,利用语文学科阵地开展德育渗透;第二条"红线",重在"高效",即建构高效课堂模式。其次,在构建启德高效课堂模式总体框架下,"三级"是总体框架运行的基础、主阵地。所谓"三级",即学校、家庭、社会。再次,在建构启德高效课堂的总体框架下,"多维"是总体框架运行的思想、机构和机制方面的保障。所谓"多维",包括德育的内容范畴维度、课堂力争高效的方式方法维度、语文核心价值观念的维度、语文核心素养的维度、启德高效课堂的理论与实践应用维度、启德高效课堂的运行机构与机制维度等。总体看来,启德高效课堂基本构成要素是建构普通高中语文学科育人要素联动的新模式的基础。

2. 协调学科育人要素是建构普通高中语文学科育人要素联动的新模式的关键一环

在普通高中语文学科诸多育人要素中，教师、学生、课堂是核心要素，其中教师是主导，学生是主体，课堂是主阵地，三者之间紧密相连，相辅相成。

(1)教师是语文学科育人的主导。教师的人格魅力具有强大的感染力。建构普通高中语文学科育人要素联动的新模式，教师要充分发挥自身的人格熏陶作用。教师拥有高尚的道德、人格和魅力，这有利于对学生进行德育渗透。“身教重于言教”“榜样的力量是无穷的”，讲的就是这个道理。教师的思想、行为、作风和品质潜移默化地影响学生的道德价值取向。

(2)学生是语文学科育人的主体。建构普通高中语文学科育人要素联动的新模式，要把学生放在主动发展的位置上，使他们成为德育渗透的主人。只有尊重、相信学生，学生才乐于积极思考，我们的德育渗透工作才会取得成功。教师要以赏识的眼光表达对学生个性特征的真正尊重，给予积极的心理暗示，要主动地把课堂教学活动的主角位置让给学生，自身做好组织、设计、指导和点拨的工作，教师与学生密切配合，才能形成德育渗透的合力，将德育渗透工作引向深入。

(3)课堂是高中语文学科育人的主阵地。课堂是教师发挥德育渗透主导作用的主阵地，也是学生接受德育渗透的主要载体。建构普通高中语文学科育人要素联动的新模式，首先课堂要贴近学生，贴近高中语文学科育人目标，在知识教育中渗透德育思想，对学生的世界观、人生观和价值观产生深入影响；其次课堂要持续关注学生的需求、社会的发展方向，找准学生的困惑和教材内容的结合点，注意引导学生关注社会、关注人生、关注自身的价值。如：课堂上，让学生结合《大战中的插曲》一文，谈一谈对于战争与和平、战争与人性等话题的认识与理解。

四、营造书香诗意校园育人场域，探索普通高中语文学科育人的新策略

场域，是由社会成员按照特定的逻辑要求共同建设的，是社会个体参与社会活动的主要场所，是集中的符号竞争和个人策略的场所。课题组成功地把传承文化经典融入教育教学工作，建构了立足传统而又富有创新精神的文化育人堡垒——书香校园立德树人场域。为构建书香校园文化场域，在教育教学工作中，课题组通过大厂一中诗会平台，创新教学育人理念和方式，努力培养有担当、有理想，流淌着

民族文化血液的新时代青年。具体如下：

1. 在整本书阅读中雕刻灵魂，营造书香校园文化育人场域

中华诗文经典是我国传统文化的精华，是民族精神的根基，是书香校园文化育人场域的精神内核。在教育教学工作中，只有扎扎实实地推进中华诗文经典阅读工作，才能真正启迪学生心智，浸染学生的灵魂。在高中校园教育教学过程中，教师运用多种手段和方法传承民族文化，引导学生在内心产生民族文化自觉，树立民族文化的自信。其中，最佳途径就是在高中语文课堂上开设整本书阅读指导课。在高中校园开展整本书阅读，营造书香文化育人场域，要尤其重视传统文化的传承，引领学生关注中华优秀传统文化的精华，如唐诗、宋词、元曲、小说、历史散文等。

整本书阅读教学，是启德高效课堂教学模式中的重要组成部分；整本书阅读教学不仅可以提升个人思维品质，更可以丰富学生人生感悟、审美体验，是培养学生核心素养的重要阵地；整本书阅读还可以让学生获得精神享受，获得自由阅读的快感，使阅读成为真正意义上的“悦读”，让高中生在愉悦的学习过程中养成学科核心素养。

作者在北京图书大厦

综上，在新形势下，探索学科核心素养与高中课堂融合模式，建构启德高效课堂，积极开展整本书阅读教学，是营造书香育人场域的关键，是培养学生学科核心

素养、落实立德树人的根本任务的重要保障。

2. 依托社团搭建平台，开拓书香校园场域育人新渠道

搭建平台展风采，民族经典浸润生命，文化引领诗意人生。大厂一中诗会，秉承“以声育人”的书香校园场域育人理念，勇于探索实践，在校园文化建设中铸造了师生诗魂神韵。在高中举办读诗会，不仅引领了学生的精神成长，也有效地推动了素质教育向前迈进，这是普通高中校园落实国家教育规划纲要的重要实践。一中诗会在弘扬民族传统文化的道路上积极探索，不忘初心，砥砺前行，不断开辟新渠道，在一中诗会这一主体平台的基础上，成功建设了五大育人平台：诗会成员纳新平台——“金秋·重阳诗会”；文化经典浸润灵魂平台——经典诵读会，包括清明诗会、端午诗会、中秋诗会等；诗歌创作提升平台——诗歌创作展示活动；春华秋实风采展示平台——学科艺术节、全国巅峰诵读大赛、中央人民广播电台“夏青杯”朗诵大赛等；高考背默提分平台——统编教材高考必背篇目背默大赛。在众多活动中，一中诗会推出了一系列代表作品：《少年中国说》《沁园春·长沙》《水调歌头·明月几时有》《山雀子噪醒的江南》《春》《再别康桥》《致橡树》《诗韵中秋》《我骄傲，我是中国人》等。文化引领书香校园育人场域建设，平台展示校园风采，经典浸染诗意灵魂，校园中诗意之风蔚然！

3. 规划建设阅读角，构建书香校园育人场域空间载体

为营造书香校园育人场域，展现诗意校园风采，浸润学子诗意灵魂，我校在每层教学楼的街角处设立了阅读角，甚至每个班级后的书柜都摆放了各种经典名著，学生可以在自习课和具体指定时间阅读。同时，在校园连廊墙壁处，摆放圣贤彩塑，悬挂诗文书法佳作、画图卷轴等，青年学子触目所及，尽是校园书香诗意伟岸之姿！此外，我们在校园甬路旁增添了以国学经典为主要内容的对话牌，并配上极具人文色彩的插图和装饰。校园中每一块黑板报和宣传橱窗上，都有经典诵读内容，并坚持定时更换，让学生在校园的每一个角落都能接受到经典的熏陶，充分彰显了书香校园文化场域育人的理念。大门一侧树立了“博学至臻，德行天下”的校训石，以及“读千古美文，做少年君子”的标语，让学生每天沉浸在浓浓的书香氛围之中。校园中的阅读角、校训石、标语牌，充满了温馨诗意，拉近了学校、教师、学生之间的心灵距离，时刻陶冶着师生的心灵，为书香校园增添了诗意生机。

4. 坚持以声育人理念,营造育人听觉场域唤醒生命个体

诵读与倾听是践行以声育人理念的主要路径。诵读,是将文字转化为有声语言的创造性学习活动,是当代语文教育最基本的教学方法,也是学生应该掌握的必备技能。倾听是生命个体与外界场域沟通,进而接受外界信息影响的重要途径。在语文课堂上,语文教师把诵读名著、名篇、名段活动带入课堂,教师通过创设轻松、民主、和谐的课堂氛围激发学生朗读的兴趣,助推学生加深对课堂文本的解读。同时笔者在语文教学中,还以推进新一轮课程改革为契机,积极开展"书香校园整本书阅读""经典永流传""廊坊市名家名师名诵工程"等活动。这些探索活动在营造书香文化育人场域过程中起着非常重要的作用,既可以加深学生对课文内容的理解,也能唤醒生命个体,浸染灵魂,更加有效地推动语文学科建设。

建构书香校园文化育人的视听场域,需将诵读与语文课堂、新课程改革相结合。这有助于培养学生诵读的能力,点燃学生阅读整本名著的热情,激发其深入研读经典名著的兴趣。课堂之外,笔者在每天的课外社团活动时间安排读书活动,师生们拿着各自喜欢的书籍静静地读,自由地读,轻轻地吟,与古人对话,与今人谈心,师生身心沐浴在古今文化的长河之中,整个校园书声琅琅,诗意浓浓,国蕴飘香。在这个信息和知识不断走向影像化的时代,朗读仍然是我们心中不能割舍的学习方法,仍然是我们不能离开的生活方式,更是语文课堂永恒的魅力之所在。"读经典名著名篇,点靓诗意人生,做快乐读书人!"这已成为课题组最响亮的育人口号,也成为践行听觉场域育人的重要举措之一。

5. 诗文创作育人,展现育人成果

在书香校园育人场域建设中,我们坚定文化自信,结合传统佳节和重大时事,把诗文创作融入书香校园建设之中,点燃了师生诗文创作的热情,激发了全校师生的民族文化创新的活力。大厂一中诗会带领广大师生积极进行诗歌创作,举办"喜迎十九大,共品中秋情"校园诗歌展览等一系列的校园诗歌创作活动,在校园中掀起了校园诗歌创作热潮。在2021年建党百年之际,课题组积极推动市级名师工作室组织建党100周年征文,辐射带动我市数十所学校创作征文400余篇。为了扩大诗文育人的影响力和号召力,提高校园诗歌创作水平,一中诗会和课题组积极联系鲍丘诗社、河北省诗词协会,得到了鲍丘诗社、河北省诗词协会的各位老师的帮助指导,使众多师生的诗

歌创作水平得到了很大提高。以诗歌创作来引领书香校园建设,课题组倡导了一种健康文明的学习、生活方式,发现了生活中的诗意之美,激发了对学习、生活的热情,繁荣了校园诗歌创作文化,营造了书香校园良好的诗意文化氛围!

教师作品:

喜诵十九大,共品中秋情

——记“重温经典·美丽一中”中秋诗会有感

京东名校耀宸星,遥望红船聚党英。

盛世佳期逢睿意,一中儿女诵豪情!

夏金良

2017年10月30日

于大厂一中

作者参加朗诵比赛

西　楼

秋兰玉露锁清秋，北雁南飞逐影愁。

忽有故人心上过，独怜斜月挂西楼！

夏金良

2017 年 10 月 30 日

于大厂书画院

6. 承办诵读赛事，激扬书香诗意校园场域育人之绩

古卫东先生指出："朗诵处理的内容是古今中外的经典文学作品，它的核心内涵是真善美，浸淫于这些充满正能量的作品，对每一个人、对我们民族的文学修养、审美情操和价值观念都会产生不可估量的影响。"为进一步加强学生的思想道德教育，强化校园书香文化场域建设，引导学生树立正确的世界观、人生观、价值观，弘扬民族文化，普及国学经典，传承中华文化美德，让学生感受到国学魅力与民族文化的博大精深，课题组与一中诗会联合，结合传统佳节举办了一系列校内外经典诵读活动，包括清明诗会、端午诗会、中秋诗会、金秋重阳诗会等。同时，在校领导的大力支持下，课题组联合一中诗会积极承办了县市乃至全国的大型赛事，如中央人民广播电台第五届"夏青杯"（大厂赛区）比赛、廊坊市中小学生朗诵大赛（大厂赛区）。其中，在全市总决赛中，众多师生取得奖项，佳绩频传！诵读的作品也很广泛，既有毛泽东主席的诗词《沁园春·长沙》《忆秦娥·娄山关》《沁园春·雪》、习近平总书记的《念奴娇·追思焦裕禄》，也有经典作品《将进酒》《岳阳楼记》《祖国啊，我亲爱的祖国》等，诵读形式新颖、效果良好。在诵读过程中，师生浸润书香与诗意，带着真挚的情感，怀着对先辈的崇敬去诵读，深刻体会到经典著作给予我们的不朽力量，并纷纷表示要把从经典中的所得所悟内化于心，使其成为成长的精神动力；外化于行，将其转化为学习和生活的实际行动。在赛事中学习，在诵读中成长，学习方式既精彩纷呈又喜闻乐见，校园书香四溢，既传承了文化经典，又凝集了为实现中华民族伟大复兴、践行中国梦而贡献的青春力量；既传承了红色基因、接受革命传统教育，又让学生感受到了诗歌的魅力，塑造自我高尚的人格。经典引领书香校园建设，赛事佳绩成就诗会品牌。在书香校园场域建设中，我们既坚守阵

地，又创新育人，寓教于赛，寓教于乐，寓教于雅。

文化经典是中华先贤圣哲智慧的结晶，是根，是魂，是民之素养，国之尊严！课题组创新育人理念，在教育教学实践中，通过经典诵读、诗歌创作、开展赛事等营造书香育人场域，点燃了学生诵读、学习、传承民族文化经典的热情，弘扬了中华民族之正气，点靓书香诗意校园，将"以声育人"的理念贯彻到建设书香校园的各项活动中，树立了民族文化自信心，培养了一批又一批德智体美劳全面发展的社会主义事业的建设者和接班人。

五、开展高中校园内外劳动实践，搭建高中语文学科育人的新桥梁

普通高中语文学科教材的文本大部分取材于我国的社会生产实践，尤其是经典篇目，大部分诞生于中国古代农耕文明基础之上，但随着我国城镇化水平的不断提高，很多青少年很少能接触农村的农耕生活实践。这就导致了新一代青少年学习传承中国优秀传统文化的过程中存在很多困难。不仅如此，由于缺少劳动实践参与，学生面对反映现当代生产生活实践的教材篇目，学习起来也会产生一定的认知障碍。面对这一教育教学的时代之困，普通高中语文学科要通过开展校园劳动来探究社会生产实践育人新桥梁。

作者在果园锄地

正如庄子在《逍遥游》中所谈，人们对世界的认知和驾驭是要“有所待”的，是有时空局限性的，后人永远无法再现古圣先贤创作的时空情境及思想情感心境，这是人类和文学艺术无法逾越的时空限制。立足当代教学困境，我们要积极搭建平台，努力创造便于学生参与劳动实践的机会。在课题研究过程中，我们不仅组织学生参与模拟法庭辩护、社会模拟招聘、争做敬老爱老好少年等社会实践活动，而且还组织学生在高中校园开辟劳动实践小农场。在劳动过程中，学生将课堂所学理论知识，与生产生活实际相结合，加深了对知识的理解、对世界的认识，提高了自身综合素养。

当代中国正经历广泛而深刻的社会变革，与此同时我国基础教育领域已经进入人类教育发展进程的一个全新阶段。总体看来，开展高中校园内外劳动实践，在一定程度上有利于解决基础教育时代之困，可以搭建弥合城乡文化鸿沟的桥梁。在校园劳动过程中，我们要“寻找人类教育思想演进的内在逻辑和发展脉络，把握人类教育思想发展的客观规律，从而为我国教育改革和发展逐步建立具有中国特色的社会主义教育体系提供借鉴和参考”。

六、深研以考促育机制，检验普通高中语文学科育人成果

在教育教学过程中，检验和评价普通高中语文学科育人成果的方式很多，包括诊断性评价、形成性评价、终结性评价等，评价主体也应多元化，鼓励学生、家长、教师、教学管理人员等参与评价。其中，考试是日常教学过程中学校和教师运用最多的评价方式，广大一线教师对于考试这一评价方式的认知过于片面。其实，考试是检验教学效果的有效方式，组织考试不等于应试教育。在新一轮课程改革中，我们所批判的是应试教育，忽视了“育人”，而一味“育分”。而在应试教育理念下，人们往往只关注考试分数，忽视了考试也具有塑造学生人格的育人功能。众所周知，在考场之上学生思维最激烈最活跃，与平时相比答题速度明显提高，甚至包括学生的思维创新力、逻辑思辨力、空间想象力、问题分析解答力都有明显提升。而这些能力不是教师通过在课堂上进行例题讲解就能提高的，必须通过学生自身在特定情境下独立、分析探究才得以实现。

综合看来，在当代中国，高考是迄今为止最科学、最公平、最高效的人才选拔机制。深入研究考试考查内容，将新一轮课程改革的精神、中国高考评价体系中“一

核”“四层”“四翼”的素质教育核心理念融入高考试题之中,渗透到高中校园模拟考试、月考、周测、课时练习之中,进而实现以考促育、以考促改、以考提质的立德树人的教育教学目标,培养出更多的德智体美劳全面发展的社会主义事业的建设者和接班人。因而,为落实以考促育、以考促改的教育教学目标,课题组在深入领会《中国高考评价体系》以及各个学科的《普通高中课程标准》精神的基础上,深入研究高考试题,精心编写了高考辅导资料,其中《五年高考三年模拟》(语文 2020A 版)《五年高考三年模拟》(语文 2021A 版)《考前 30 天——作文抢分》已经在全国公开发行。课题组通过编写高考辅导资料,有效地考查和培养了学生核心价值观念、学科核心素养、关键能力、必备知识,实现了服务选材、引导教学、立德树人的教育教学目标。

参考文献:

[1]费孝通.乡土中国[M].北京:北京大学出版社,2012.

[2]杨秀治.全人教学研究[M].北京:人民日报出版社,2017.

[3]任平,蓝曦.德国中小学道德教育实施的方式及启示[J].中国德育,2018(21).

[4]詹万生.整体构建德育体系总论[M].北京:教育科学出版社,2001.

[5]柯文进.牢牢把握立德树人根本任务 不断提高人才培养质量[J].北京教育(德育),2013(01).

[6]班华.道德教育的全球视野[J].中国德育,2017(02).

[7]李淑丽,覃遵君.重视思政课程引领 着力培养科学精神[J].中国教师,2019(10).

[8]魏新强.新加坡学校德育途径及启示[J].中国青年研究,2010(08).

[9]王保星.走进人类教育历史的深处——吴式颖先生的为学之道[J].中国教师,2019(10).

[10]何克抗.建构主义的教学模式、教学方法与教学设计[J].北京师范大学学报(社会科学版),1997(05).

[11]李菲.近年来我国学者关于国外德育理论与实践研究综述——兼谈近年来的发展趋势[J].宁波大学学报(教育科学版),2006(02).

[12]李金杰,陈树文.实现“立德树人”根本任务的有效机制研究[J].思想教育研究,2013(07).

[13]王坚,冷淑敏,朱晓玲."90后"高中生心理健康问题与对策研究综述[J].江西教育学院学报(社会科学),2010,31(02).

[14]罗琦科.学生心理问题预防与教师行为文化建设[J].教育与职业,2013(24).

[15]李淑丽,覃遵君.重视思政课程引领 着力培养科学精神[J].中国教师,2019(10).

[16]顾之川.论语文学科核心素养[J].中学语文教学,2016(03).

[17]王芳.基于语文学科核心素养确定阅读教学内容[J].大连教育学院学报,2016,32(04).

第二编

实践研究

第一章
刀笔斧工　以琢其形

普通高中语文学科育人,如抱璞琢器,须切须磋须琢须磨。其中,课堂是普通高中语文学科教师育人的道场,普通高中语文教师恰如琢玉良匠,以笔为刀,以课铸魂,启迪学生心智,浸染学生灵魂。本章主要探究新课改背景下的普通高中语文教师如何立足课堂开展学科育人工作,聚焦统编教材教学设计和高考写作备考。

——匠染语文之思

第一节　教材篇目教学设计

01　今夕一别，与君一别永年　——《雨霖铃》教学设计

一、教学目标

（一）素养目标

1. 知人论世，理解词中的思想感情，品味其意境美。

2. 反复吟咏，感受词的音律美。

3. 赏析全词融情入景、虚实相济的艺术特色。

（二）德育目标

通过学习，引导学生感受词中浓厚的离情别绪。

二、教学重难点

1. 探究赏析《雨霖铃》的艺术技巧。

2. 置身诗境，体悟词中浓厚的离情别绪。

三、教学方法

诵读品悟法、合作探究法、教师点拨法。

四、教具准备

多媒体课件、音频材料。

五、教学课时

1 课时。

六、教学步骤

（一）导语设计

同学们，佛家有语，人生有八苦，即生、老、病、死、怨憎会、爱别离、求不得、五

阴盛。

千百年来,离愁别绪总是让人痛彻心扉:

悲莫悲兮生别离,乐莫乐兮新相知。——屈原《九歌·少司命》

黯然销魂者,唯别而已矣!——江淹《别赋》

剪不断,理还乱,是离愁。别是一般滋味在心头。——李煜《相见欢》

在距今一千余年前的北宋王朝,在东京汴梁的郊野长亭,宋词大家柳永与爱人就经历了一场被世人吟咏千古的、令人肝肠寸断的"爱离别"。

那么,今天,我们就一起来学习柳永的千古佳作《雨霖铃》。

(二)知人论世

同学们,如果大家想真正读懂一首诗歌,我们在欣赏、吟咏古人的诗歌作品时,就应该深入探究作者的生平和为人,全面了解他们所生活的环境和时代,与作者做心灵相通的好朋友,这就是所谓的"知人论世"。

柳永(约984—约1053),原名三变,字景庄,后改名永,字耆卿,因排行第七,又称柳七,福建崇安人,北宋著名词人,婉约派代表人物。

柳永出身官宦世家,少时学习诗词,有功名用世之志。咸平五年(1002),柳永离开家乡,流寓杭州、苏州,沉醉于听歌买笑的浪漫生活之中。大中祥符元年(1008),柳永进京参加科举,屡试不中,遂一心填词。叶梦得《避暑录话》中写道:"凡有井水饮处,即能歌柳词。"足见其靡盛。

柳永,终其一生"忍把浮名,换了浅斟低唱"。柳永因作词忤仁宗,遂"失意无俚,流连坊曲",为歌伶乐伎撰写曲子词。《雨霖铃》当为柳永从汴京南下时与一位恋人的惜别之作。

(三)吟咏诗韵,整体感知

1. 教师范读

教师配乐朗诵《雨霖铃》。注意字音、语气、节奏。

2. 疏通词句

寒蝉:初秋乍寒时的蝉,偶尚能鸣,但短促无力,至深秋则噤 jìn(噤若寒蝉)。

长亭:古时大道旁,每五里设一亭,五里处叫"短亭",十里处叫"长亭"。长亭往往是送行饯别处。

凝噎 yē：因为激动而憋气，说不出话来。

去去：重复言之，表示行程之远。

烟波：烟雾弥漫水波动荡的水面。

“今宵”句：以下各句都是设想之辞。

（其实，在古代，通讯不便，人生一别短则几月，长则数年，这份别离相思之苦更是令人辗转难眠、形销骨立、痛彻心扉。）

3. 赏析探究

提问一：全词的主题句是哪句？

明确：多情自古伤离别，更那堪、冷落清秋节！

提问二：在词中，作者是怎样抒发令人黯然销魂的无限伤感之别情的？

明确：借景抒情，叙事抒情（细节刻画）；发挥想象，虚实结合。

教师点拨：

上阕：“寒蝉凄切，对长亭晚，骤雨初歇。”写离别的季节、地点、时间、天气、秋景、暮景，俱是悲景；听觉形象、视觉形象，都隐透离情。借景抒情，渲染出凄凉的离别氛围，定下全词伤感、凄婉的情感基调。

“都门帐饮无绪，留恋处，兰舟催发。执手相看泪眼，竟无语凝噎。”由景及人，叙事抒情，写出情人渡口话别场面。“无绪”表其心中悲苦，“催发”言其时间紧迫，“执手”状其难舍难分，“凝噎”见其离情郁结。词人细致地刻画人物细节，几句话形象地写出离别之苦。

“念去去，千里烟波，暮霭沉沉楚天阔。”诗人想象到前路茫茫，自己将越走越远，离心爱的人越来越远，心越来越苦，愁思也越来越深。全句写景，又全句写情。

一笔点出痛苦原因：今后行程遥远，云水苍茫，难期再会。把眼前之悲，引向未来（想象）之苦。

上阕：离别时难分难舍的心情：

寒蝉	长亭	骤雨	环境悲凉	离	实
帐饮	泪眼	无语	难分难舍	别	
千里烟波	楚天辽阔		惆怅伤感	难	虚（想象）

（融情入景　虚实相生）

下阕:“多情自古伤离别,更那堪,冷落清秋节!”“伤离别”为全词之眼,此句营造作别之境,叙引下文离后情怀(想象),点明主旨,统摄全篇。

“今宵酒醒何处?杨柳岸,晓风残月。”别后如何?从近处说,今宵酒醒时,晓风拂柳,残月照人,将更为凄苦。此句融情入景,进一步渲染离情。

“此去经年,应是良辰好景虚设。便纵有千种风情,更与何人说?”往远处说,想象日后漫长岁月,流落江南,虽有“良辰好景”,不能成欢;虽有“千种风情”,无人可诉。又进一步渲染离情。

下阕:想象中的别后情景

何时别	那堪清秋	愁意浓浓	思
何处醒	晓风残月	酒醒伤情	念
何人说	风情难言	好景虚设	苦

(四)置身诗境,名句赏析

提问三:请赏析词中名句,“今宵酒醒何处?杨柳岸,晓风残月。”

明确:

1. 融情入景,把杨柳、晓风、残月这三件最能触动离愁的事物集中成为一幅鲜明的画面。杨柳、晓风、残月写出了依恋、凄恻、诀别之情,构成了一种哀婉动人的意境。

2. 词人想象别后,今宵酒醒时,晓风拂柳,残月照人,将更为凄苦;“酒醒”之后,词人借酒浇愁,只愿长醉不愿醒,可是拂晓的凉风却偏偏将他吹醒,于是杨柳、晓风、残月就像伤口上的三把盐让他愁上添愁,痛上加痛了。

(五)小结

这首词上阕借景抒情、叙事抒情,讲述了词人在一个秋天的傍晚,同他心爱之人分别时依依不舍的情景;下阕融情入景,想象别后羁旅生活的情状。整首词细腻地表达了惜别时的缠绵情意和无限伤感,生动地体现了“伤离别”的主题。

(六)结束语

人世间最伤痛的事,莫过于生离,莫过于死别。那日的柳永柳三变,经历的乃是一场天各一方的生离,便有了传唱千年的《雨霖铃》。

今夕一别,一别永年。

在一千余年前的那个深秋时节，那个雨后黄昏，在寒蝉声中，在长亭外的渡口边，柳永告别了自己的恋人。文学史书上没有说明，这一次离别，是否有重聚的那一天，更不知晓重聚之日，究竟过了一年、五年、十年……还是一生呢？

若这一次离别，便是这一辈子，那最后一面呢？

每个人都会经历离别，要大声地道一声再见，要满含热泪地挥手告别，我们都不知晓，下一次相见，究竟是桃花盛开的月圆之夜，还是深夜辗转后的午夜梦回……

（七）作业

背诵全词。

02　半生风雨苦自多　怎一个愁字了得　——李清照《声声慢》教学设计

一、教学目标

（一）素养目标

1. 知人论世，通译全词，准确概括词文内容。
2. 反复诵读，品析意象，探寻词人苦闷、复杂的精神世界。
3. 学以致用，鉴赏词中艺术手法，感受其艺术表现力。

（二）德育目标

通过学习，陶冶学生性情，培养其积极的人生价值观念。

二、教学重难点

1. 知人论世，品析意象，探寻词人苦闷、复杂的精神世界。
2. 学以致用，运用所学知识，鉴赏词中艺术手法，感受其艺术表现力。

三、教学方法

诵读法、合作探究法、教师点拨法。

四、教具准备

多媒体课件、音频材料。

五、教学课时

1 课时。

六、教学过程

(一)导入新课

法国作家缪塞说:“最美丽的诗歌是最绝望的诗歌,有些不朽的篇章是纯粹的眼泪。”品读文学经典,我们会发现,泪水照见了生命最深沉的思考、最痛彻的感悟,但是,真正的绝望乃是泪水无法弥合的生命之鸿沟巨壑。正是如此,晚年的李清照身逢乱世,国破家亡,内心愁苦交加,悲恨难平……这一场场的灵魂悲欢,岂是一个“愁”字所能道尽?于是,在生命最绝望之处,李清照写就了千古不朽之作——《声声慢》。

今天,就让我们一起走进被词评家誉为“写愁第一高手”的词人李清照的情感世界,深味其灵魂深处的悲愁,共同学习写尽她一生痛楚的千古绝唱《声声慢》吧!

(二)知人论世

教师布置任务:

任务一:请同学们整理课外查阅的资料,并用简短的语言讲述李清照生平经历,200 字左右。

教师展示:李清照出身名门,从小聪慧过人,文学造诣极高。丈夫赵明诚是著名金石学家,夫妻恩爱,幸福美满。宋钦宗靖康二年(1127)四月,徽宗、钦宗二帝被俘,金灭北宋,词人生活彻底改变:先是两人尽心收罗的几屋金石书画尽毁于战火,接着,赵明诚病重身亡,李清照飘零江南,颠沛流离,尝尽人世艰辛。1132 年,再嫁张汝舟,可惜遇人不良,婚后遭其谩骂,拳脚相加,后李清照告发了张汝舟,要求与其离婚,并因此被判刑两年。1155 年,李清照在极度孤苦、凄凉中,悄然辞世。

任务二:请同学们整理课外查阅的资料,并用简短的语言讲述《声声慢》的创作情境,200 字左右。

教师展示:该词是李清照后期的作品,作于南渡以后,具体写作时间待考。多数学者认为该词是作者晚年时期的作品,也有人认为是作者中年时期所作。

靖康二年(1127)四月,徽、钦二宗被俘,北宋灭亡。李清照的丈夫赵明诚于同年三月,前往金陵奔母丧。秋八月,李清照亦南下,载书十五车,前来与丈夫会合。宋高宗建炎三年(1129)八月,赵明诚因病去世,李清照时年四十六岁。金兵入侵江浙,李清照把丈夫安葬后,追随流亡朝廷由建康(今南京)到浙东,饱尝颠沛流离之苦,一路上所有庋藏丧失殆尽。国破家亡,丈夫去世,漂泊异乡,境况极为凄凉,数年下来作者尝尽了亡国之恨、丧夫之哀、孀居之苦、颠沛流离之苦,无限苦痛凝集心头,无法排遣,于是写下了这首《声声慢》。

归纳:

李清照是婉约派的代表,创作以南渡为界分为前、后两个时期。

南渡前:内容——闺怨离愁　　词风——清丽柔媚　　如:《如梦令》《一剪梅》

南渡后:内容——怀旧悼亡　　词风——凄婉哀怨　　如:《声声慢》《武陵春》

(三)整体感知

教师布置任务:

任务一:请学生通译全词,并概括大意。

教师展示:苦苦地寻觅,却只见冷冷清清一片,让人凄凄惨惨戚戚。忽寒忽暖季节,最难调养安息。喝上三两杯淡酒,怎抵得住晚上风急?正伤心的时候,大雁飞过天空,它却是我旧日的相识。

菊花谢落,满地堆积,憔悴枯黄,如今有谁还会来摘?守着窗户,一个人怎么能捱到天黑?更加上细雨打落在梧桐叶上,到黄昏还点点滴滴不停息。这光景,怎么能用一个“愁”字说得明白?

任务二:请学生有感情地朗读全诗,把握感情基调。

教师展示:凄凉、哀伤的基调。

寻寻/觅觅,冷冷/清清,凄凄/惨惨/戚戚。乍暖/还寒/时候,最难/将息。三杯/两盏/淡酒,怎敌他/晚来/风急?雁过也,正/伤心,却是/旧时/相识。

满地/黄花/堆积,憔悴/损,如今/有谁/堪摘?守着/窗儿,独自/怎生/得黑!梧桐/更兼/细雨,到/黄昏/点点滴滴。这/次第,怎/一个/愁字/了得!

朗读指导:朗读时语速宜缓宜慢,要读出深沉忧郁的情感。→上阕朗读时哀痛中略带寡淡的欣慰→无奈与无助→情感再也无法掩饰,道出万千悲绪。→下阕朗读时语速适当加快,语调上扬略带哀伤。→哀伤与无奈→"愁"要重读强调,然后稍做停顿,"了得"二字,语速放慢,轻声传出,哀而无泪,如鲠在喉。

任务三:词中哪一句话直接点明了作者的愁情?你是如何理解这一句话的?

教师展示:"这次第,怎一个愁字了得!"意思是说,此情此景,哪里是一个"愁"字能够说尽的,运用反问的修辞手法,抒发了词人内心深处无法言表的无尽悲苦、无限哀愁。

(四)深入研讨

奈何生愁?

教师布置任务:请同学们阅读全词,结合词人生平事迹思考,为什么内心产生如此浓重的哀愁?

教师展示:眼前之境、生平之事,无一不将词人推向了命运的深渊;我们了解了词人生平遭际之后,就能更深刻地理解李清照内心生发如此浓、如此深的愁绪的缘由了。如果说李清照创作前期的愁是闲愁、闺愁,那后期是什么愁呢?有亡国之恨、孀居之悲、相思之痛、流离之苦……

眼前之境	寡居孤苦之境、乍暖还寒之境、雁引相思之境、黄花满地之境、梧桐夜雨之境等。
生平之事	前半生:尊贵显达、身历繁华、伉俪情深等。 后半生:国破家亡、漂泊异乡、丧夫寡居、再嫁不淑、庋藏丧失等。

何以遣愁?

教师布置任务:请同学们阅读全词,思考词人是如何排遣内心万千愁苦之情的?

教师展示:寡居简出、借酒浇愁、窗前独坐、黄昏听雨等。

文中写出词人反复寻觅,环境冷清,久久寻觅无果,内心凄惨悲戚;转而欲借酒浇愁,却难敌晚风、过雁、落花勾起的万千愁绪;词人白天已是愁情满腔,期盼快点过去,但临近黄昏,雨不断滴落,对于词人而言,静守窗前、彻夜听雨才是最好的排遣愁绪的方法。

如何言愁?

教师布置任务:沈祖棻在《宋词赏析》中指出:“此词之作,是由于心中有无限痛楚抑郁之情,从内心喷薄而出,虽有奇思妙语,而并非刻意求工,故反而自然深切动人。”请同学们仔细思考,词人的无限愁情是如何表现出来的呢?

教师展示:

1. 叠词言愁

全词开篇便不同寻常,一连用七组叠词,回环转折,抑扬顿挫,读之朗朗上口,又极富音乐美。内容上通过描摹词人动作、神态、感受等来抒发内心的愁苦之情。寻寻觅觅——写词人苦苦寻觅时的动作神态,东张西望,若有所失;冷冷清清——写词人置身其境的感受,眼前的一切令人心生孤寂、冷清;凄凄惨惨戚戚——写词人的心境,寻而不得,冷而无依,内心倍感凄凉、惨淡。开篇巧妙地运用叠词,由浅入深地刻画词人的神情举止,奠定了全词哀婉凄愁的感情基调。

2. 意象言愁

王国维《人间词话》指出:“昔人论诗词,有景语、情语之别,不知一切景语,皆情语也。”请同学们仔细品读全词,内心无限愁苦的词人选取了哪些意象来抒发内心的愁情?请选择你感触最深的一个来赏析。

(学生:淡酒 过雁 黄花 梧桐 细雨)

(1)淡酒

酒——哀愁、无奈

乍暖还寒的深秋时节,身子最难调养,词人本欲借酒浇愁,但是,内心的愁苦却未减却半分,并非酒太淡,而是愁太浓,酒力压不住心愁,故觉酒淡无味,进而从侧面突出了词人内心愁苦之深重,挥之不去,无法排遣。

(2)过雁

大雁——乡思、离愁

雁,是离情别恨的寄托,是远行之人乡思的慰藉。秋天,北雁南飞,而李清照亦北人,遥望天空,过雁还是那只过雁,然而物是人非、国破家亡,收信的那个人已经不在人世了,如何不悲从中来。这自然也勾起了词人内心无限的哀愁。

(3)黄花

黄花——高洁、素雅、孤傲

李清照是爱花之人,晚年尤爱黄花,菊的高洁、素雅、高傲、坚强,恰如李清照其人。庭院里凋零的黄菊堆积满地,憔悴枯萎的模样叫人不忍目睹,无人同摘,也不堪摘取。词人赋予黄菊以人的神态,以花比人,暗指自身随着岁月流逝,人已老去,分外憔悴,伤花自怜。

(4)梧桐、细雨

梧桐——凄苦、忧郁

细雨——哀伤、孤寂

梧桐、细雨皆有哀伤、孤寂之味,又逢深秋黄昏之时,点点滴滴的细雨敲打在梧桐叶上,也敲打在作者凄苦落寞的心上,写到此处,词人内心惆怅寂寞之味更深,一愁未了一愁新,一愁却比一愁深。

3. 直言抒愁

对于晚年的李清照而言,亡国之恨、丧夫之痛、孀居之悲、流离之苦、故国之思、来日之忧,种种遭际都让词人悲苦万分。全词卒章显志,以"怎一个愁字了得"直抒胸臆,抒发内心言之无尽、语之无休、挥之不去的无尽哀愁。急风欺人,淡酒无用,雁逢旧识,残菊憔悴,梧桐叶落,细雨靡靡,词人无一字写愁,却字字含悲,声声含泪,满纸辛酸,如泣如诉,柔肠寸断而百转千回。

(五)发展提升

吟咏词情 深味其愁

教师布置任务:明代陈霆在《诸山堂词话》卷二中指出:"大抵佳人命薄,自古而然,断肠独斯人哉! 古妇人之能词章者,如李易安、孙夫人辈,皆有集行世。"李清照在《声声慢》中写道:"怎一个愁字了得!"词人写尽了内心无尽的"断肠"之愁苦。结合本课所学,谈谈你对词人愁情的理解。

教师展示:一代才女,生不逢时。她心忧天下,一己之身难安,一生命运坎坷,国破家亡,漂泊异乡,清苦不幸,婚姻悲凉。李清照身逢乱世,在苦难、凄凉之中其意志变得更加坚强。李清照有愁,不是卿卿我我的儿女情愁,不是为赋新词的无病呻吟,她以女人之身,突破时代思想的束缚,追求人格平等、爱情之尊;以平民之身,心忧家国大事。“于哀怨缠绵之中有执着、坚韧的阳刚之气，虽为说愁，实为写真情大志，所以才耐得人百年千年地读下去。”词人远远跳出了闺中怀人、伤情惜别的个人悲欢，而将个人情感与山河破碎、家国荣辱的时代之最强音紧密联系在了一起！纵观全词，词中愁情无尽无休，但却未见一滴泪水滴落笔端，一代才女，亦是豪杰！

（六）课堂小结

风声、雨声、过雁声，秋声入心生愁绪；

思人、思物、思故国，相思入梦起悲歌。

愁思无尽，悲歌难遣。正如李清照所言，晚年的光景，“怎一个愁字了得”！半生漂泊，处处非家国，岂得一夕安然？经风历雨，字字如泣如诉，行间却无一滴眼泪！李清照之愁，终无从遣，终也无人能深味……

（七）作业布置

1. 中国古代诗歌中有许多意象，如“雁”“柳”“月”“菊”“竹”“兰”等，它们在诗中往往具有象征意味。例如：

意象：松柏　　　　象征：傲岸、不屈

从给出的6个意象中选取3个，指出其常见的象征意味。

意象：____________________　　象征：____________________

意象：____________________　　象征：____________________

意象：____________________　　象征：____________________

答案：雁　乡思、信使　　柳　留恋、别情

月　团圆、思念　　菊　高洁、孤傲

竹　虚心、高洁　　兰　高洁、不慕名利

2. 请同学们仔细品读下面语段，根据语境补全下文。

何以为“愁”？人人心中皆有，但付之笔端却难以绘就。在________眼中，“愁”有长度：____________________；在________眼中，“愁”有重量：____________________；在________眼中，“愁”有色彩：____________________；在________眼中，“愁”有速度：____________________；在________眼中，“愁”有数量：____________________。

答案：何以为“愁”？人人心中皆有，但付之笔端却难以绘就；在李白眼中，“愁”

有长度:白发三千丈,缘愁似个长;在李清照眼中,"愁"有重量:只恐双溪舴艋舟,载不动,许多愁;在赵执信眼中,"愁"有色彩:莫上高楼看柳色,春愁多在暮山中;在周邦彦眼中,"愁"有速度:江南人去路缈。信未通,愁已先到;在李煜眼中,"愁"有数量:问君能有几多愁?恰似一江春水向东流。

七、教学反思

学生对宋代词人李清照比较熟悉,全词语言通俗易懂,其教学难点在于引导学生结合词人经历及写作背景,准确理解诗歌的内在情感。同时,教学重点在于学会鉴赏词中抒情的手法,品析意象,探寻词人苦闷、复杂的精神世界。本节课突破教学重难点的关键在于引导学生掌握知人论世、置身词境的鉴赏方法,通过抓住"词眼",抓住诗歌意象读懂诗歌,走进词人的内心世界,提高鉴赏能力。

03　置身诗境,把酒草堂话客情　——《客至》教学设计

一、整体设计思路、指导依据说明

(一)整体设计思路

《客至》是杜甫成都草堂时期代表作品,生动地再现了作者此时的生存状态,细致深刻而又含蓄地表达了自身的内心世界,其艺术成就极高。本节课重在结合《客至》一诗引领学生批文入境,深刻感知杜甫的现实生存状态和复杂的精神世界。在此基础上,置身诗境,和诗以情,激发学生创作诗歌的热情,传承中华优秀的诗歌文化。

(二)依据说明

《普通高中教科书 语文 选择性必修下册》(统编版)《普通高中教科书 语文 教师用书》(统编版)及《普通高中语文课程标准(2017 年版 2020 年修订)》。

二、教学目标

(一)素养目标

1. 知人论世,结合诗文及注释,深入理解作品蕴含的思想情感。

2. 置身诗境,运用所学诗歌鉴赏理论,品味《客至》这首诗歌的艺术特色。

(二)德育目标

知人论世,深入理解作品思想情感,引导学生树立正确的人生观、价值观。

三、教学重难点

1. 学以致用,培养学生运用所学的诗歌鉴赏知识鉴赏古典诗歌,提高其鉴赏能力。

2. 激发学生鉴赏和创作古典诗歌的热情,传承中华民族优秀的诗歌文化。

四、教学方法

诵读品悟法、合作探究法、教师点拨法。

五、教具准备

多媒体课件、音频材料。

六、教学课时

1 课时。

七、教学过程

(一)课堂导入(3 分钟)

古语有之,人生有“四大喜事”:久旱逢甘霖,他乡遇故知,洞房花烛夜,金榜题名时。由此可见,自古以来,人们对友情就倍加珍视。而在一千余年前的浣花溪畔,“诗圣”杜甫恰好遇到故交崔明府,把酒言欢,于是创作了名传千古的《客至》。今天,就让我们跨越千年,来到安史之乱后的大唐王朝,走进“诗圣”杜甫的草堂,共同学习《客至》,置身诗境,把酒草堂话客情。

设计意图:本环节旨在引导学生走进课堂,激发学习兴趣,为授课做好铺垫。

(二)写作背景(2 分钟)

世事无常,如果生于乱世,天灾,人祸,战乱,饥荒,乃至于流离失所,奔走他乡,每一个磨难都是生死考验。而在他乡能遇上故交,这是何等幸事!安史之乱后,杜甫一路漂泊,辗转来到成都。唐肃宗上元元年(760)春天,杜甫在好友严武的帮助下,在成都西郊的浣花溪畔建了一座草堂,暂时结束了颠沛流离的生活。上元二年(761)春日,友人崔县令登门拜访,诗人喜出望外,于是写下这首传诵千古的名篇《客至》。

设计意图:本环节旨在引导学生置身诗境,为准确理解诗歌思想情感和鉴赏诗歌做好铺垫。

(三)探究赏析(35 分钟)

步骤一:读诗入韵 整体感知 (5 分钟)

任务:请同学们品味诗文,整体感知诗歌。在小组内部交流自己的诵读方案,并有感情地诵读全诗,以小组为单位推荐代表在全班展示。

设计意图:本环节旨在通过诵读,引领学生深入理解诗文思想情感,整体感知诗歌;同时,能够引导学生灵活运用各种诵读技巧,提高诵读能力。

教学提示:同学们请注意,这是两个任务,先是默读诗文,对照课下注释,整体感知诗歌内容,然后设计自己的朗读方案,有感情诵读全诗。

教师指导:诵读诗歌,我们首先要充分理解诗歌内容,深入把握诗歌思想情感,然后根据诗歌内容和情感划分诵读节奏;对于诗歌诵读,除了节奏的划分外,还要注意朗读的轻重缓急。诵读古典诗歌,我们常用平长仄短的读法,在停顿的地方要注意声断而气不断。

步骤二:批文入境 深味其情(15 分钟)

任务:杜甫在《客至》一诗题后自注说:"喜崔明府相过。"请同学们再次诵读全诗,仔细揣摩作者此时是何种"喜"的心情?那么,作者又是如何巧妙地表达这种心情的?请谈谈你的理解。

设计意图:本环节旨在通过引领学生深入解读诗文,准确理解诗歌思想情感;同时,通过师生开展探究式教学,使学生的鉴赏能力得以提高。

教学提示:首先请同学们书面回答,然后在小组内交流研讨,以小组为单位推荐代表在全班展示交流。

教师指导:

第一问:欣喜、狂喜、惊喜、喜出望外、喜不自胜、喜笑颜开,亦或是喜极而泣?

第二问:借景抒情。首联着意刻画了草堂的无边春色,以乐景反衬诗人孤独落寞的情感,隐含表达了盼望客人到来的热切心情。

对话描写。颔联着笔于迎客,突出了主客对话,以主人的口吻点明小院没有客人常来常往,今天嘉客临门,主人喜出望外。

细节刻画(对话)、反衬。颔联着笔于待客,突出了好友来访而只能简单招待的歉意愧疚;同时,诗人也直言不讳地介绍了待客酒菜何其简陋的原因,进而反衬出诗人竭诚待客的盛情。

细节刻画。尾联着意刻画了“邀邻喝酒”的细节,极尽宾主之欢,表现二人诚朴、率真的态度,留下想象的空间,把待客的气氛推向了更加热烈的高潮。

借事抒情,前后对比。全诗围绕“盼客、迎客、待客、邀邻”展开叙述,通过交代整个事件的情节过程,前后对比,抒发了诗人对客人到来的无比喜悦的心情。

步骤三:置身诗境 和诗以情(10 分钟)

任务:在中国古代,文人之间交往有诸多风雅之事,焚香、品茗、听雨、候月、酌酒、抚琴、探幽等。此外,文人以诗文相互唱和,相互交往,酬情达意,也被传为美谈。面对此情此景,请你以崔明府的身份,写一首诗与《客至》相和,以酬答杜甫盛情。

注:诗歌主题不限,体裁、韵律不做要求;唱和的时间、地点不做要求,也可以是多年以后。

设计意图:本环节旨在引领学生置身诗境,激发学生创作热情,传承中华优秀诗歌文化传统。

教学提示:请将自己创作的诗歌在小组内展示交流,互相指导,各个小组可以推荐出代表性作品在课堂展示。

学生作品:

临别赠杜子美

草堂溪前鸥常伴,庙堂之上身孑孑。

今君酒酣言切切,与君情至涕潸潸。

春日携游赠子美

一江春水绕君膝,今日把酒酬知己。

人世浮沉何须计,生如逆旅无东西。

教师作品：

酬杜子美草堂席上见赠

春水流过千百载，

江山人事几兴替。

至今花径春依然，

尚有碧阶对星霁。

夏金良

2023年5月10日

教师指导：以上两位同学的作品写的是相当不错的，将自己置身诗境，紧扣时间、地点、人物、事件进行创作唱和，非常有诗歌的味道。我们在创作初期，可以降低对诗歌韵律方面的要求，如果个别字无法入韵，我们可以再慢慢润色，正如唐朝著名诗人贾岛所说："两句三年得，一吟双泪流。"今天，大家创作诗词只是一个美好的开始，种下一颗小小的诗心，老师希望它能在你的心田生根、发芽，绽放芳华！

步骤四：课堂小结（5分钟）

任务：请同学总结，学习《客至》一诗都有哪些收获？

设计意图：本环节旨在总结课堂，提升学生认知。

教学提示：首先，由学生对本节课进行总结，然后教师予以总结。

教师指导："有朋自远方来，不亦乐乎？"对于杜甫而言，有故人相聚于草堂，可谓是喜悦至极；但此时杜甫正是客居他乡，生活窘迫，靠朋友接济才勉强度日，所以，"忧"是杜甫生命底色，忧国，忧民，忧自己，忧一家人的生计，"喜"才是他一生中难得的亮色！

也许，只能是这一刻，正是这真正的"喜"，才冲淡了深深的"愁"……

（四）作业设计

设计意图：本环节旨在通过写作微评论，加深对诗文的理解，使学生的鉴赏能力得以提升。

请同学们深入品读《杜工部诗词年表》，从中任选一首诗歌谈谈你对该作品的体悟，写一个微评论。要求：角度自选，标题自拟，不要套作，不得抄袭，不少于150字。

第二节　高考写作专题设计

主题写作一　青年征程远阔　筑梦当代中国

第一部分　时新素材

【慧眼聚焦】

关注时代、关注社会、关注家国,是当代中国青年义不容辞的责任;青年学子是否关注当代中国的发展,这也是高考考查的重点。2017 年始,高考作文材料的语境价值导向趋向宏大,国家意识得以强化和突出。全国卷直接点击"中国关键词""中国文化""我国恢复高考 40 年"等社会热点。2018 年全国卷 Ⅰ 考查考生如何处理"个人与国家"关系这一宏大语境,材料语境由展现个体经验的小情境到突出"国家意义"的大语境。

【思维导图】

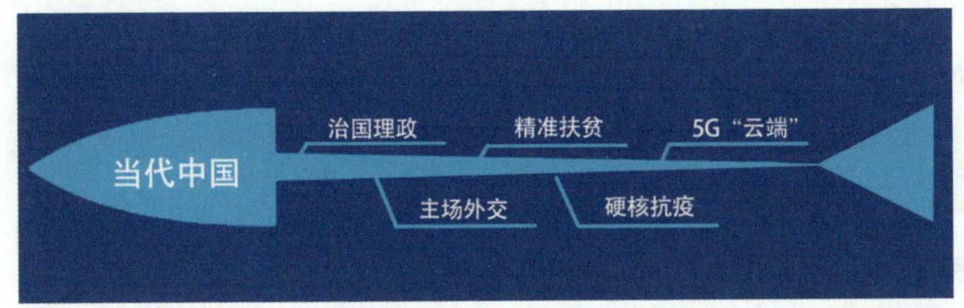

【热点素材】

1. 热点事件

筑梦 40 年,深圳再出发

关键词:改革开放　攻坚克难　奋勇当先　承担使命

一座城市的发展,再次牵动世人的目光!在深圳成立经济特区 40 周年之际,中共中央办公厅、国务院办公厅印发《深圳建设中国特色社会主义先行示范区综合改革试点实施方案(2020—2025 年)》。从国家层面出台一系列有力措施,支持深圳在更高起点、更高层次、更高目标上推进改革开放,这在深圳发展史上具有里程碑意义,也是新时代改革开放再出发的全新探索。

多维解读(写作切入角度)

角度一:敢闯敢试,敢为人先。

40 年来,深圳最大限度利用好中央给予的政策支持,继续大胆地闯,大胆地试,创造了发展史上的奇迹。

角度二:肩负新使命,踏上新征程。

从改革开放的"试验田",到中国特色社会主义"先行示范区",这是党和国家赋予深圳的新的历史使命,也是新时代深圳改革开放再出发的起点。

角度三:实事求是,创新改革。

从改革层面来看,敲响土地拍卖第一锤、第一次打破"大锅饭"、率先启动商事制度改革、首创"前海模式"……一批批"深圳创新"走向全国。

运用示例(学生)

示例一:

根植沃野扎深壤,枝展碧空映骄阳。昂扬向上的高山榕,不断茁壮成长,释放出澎湃的生命活力。恰如今天的深圳,今天的中国,奋进路上,不惧风雨,不畏艰险,生机勃勃,前程无限!

示例二:

40 年来,深圳凭借着"敢闯敢试、敢为人先、埋头苦干"的精神,创造了发展史上的奇迹。今天,实现建设示范区的目标,依然需要继承和发扬特区精神,以"杀出一条血路"的豪迈气魄,为我国改革开放事业蹚出一条新路,以越是艰险越向前的斗争精神,排除一切艰难险阻,不断开创事业发展新局面。

示例三:

艰难困苦,玉汝于成。40 年前,深圳经济特区横空出世。万事开头难,千千万万拓荒者、奋斗者，凭着逢山开路、遇水架桥的智慧与闯劲，硬是“杀出一条血路”，开辟一片新天地。正如外国学者所说，深圳“展示了中国如何在中国共产党的领导下，将一个本土化的、在创立初期饱受争议的改革试验田，变成一个中国乃至全球的城市发展样板”。

（素材1版块摘编自《人民财评：改革开放不停步，深圳再出发》，人民网2020年10月13日）

2. 焦点人物

国士无双——“共和国勋章”获得者钟南山

关键词：英雄　最美逆行　勇于担当　无私奉献　守护人民　乐观积极

全国抗击新冠肺炎疫情表彰大会于2020年9月8日上午在北京人民大会堂隆重举行。中共中央总书记、国家主席、中央军委主席习近平同志向国家勋章和国家荣誉称号获得者颁授勋章、奖章并发表重要讲话。根据《全国人大常委会关于授予在抗击新冠肺炎疫情斗争中作出杰出贡献的人士国家勋章和国家荣誉称号的决定》，授予钟南山“共和国勋章”。

多维解读（写作切入角度）

角度一：最美逆行，挺起民族的脊梁。

他学识渊博，贯通中西，他是国内外呼吸病防控治疗领域的翘楚；他临危受命，担任专家组组长，亲临湖北武汉抗击“疫”情最前线，指导医治及防护工作，甚至连如何洗手、戴口罩等防护细节也要亲自示范、普及。当他看到疫情防控难度增加时，他眼含泪花，苦口婆心劝导人们一定要尊重医学、尊重知识、加强自我隔离……人们对这个80多岁的耄耋老人油然而生一种深深的敬意。当百姓看到他四处奔波，在高铁上劳累到靠着座位靠背熟睡时……很多网友心疼地直呼钟老要保重身体。正是这样一个可爱、可敬，对事业兢兢业业、一丝不苟的老人和无数个奋战在疫情防控一线的医护工作者，在民族危难时刻构成了保护人民身体健康的“脊梁”。

（摘编自郭长江《危难之中显身手 一个偶像级英雄的两次“逆行”》，央广网2020年2月8日）

角度二:84 岁的钟南山,为什么刷屏?

面临危险,始见英雄。84 岁,耄耋之年,钟南山院士临危受命,作为国家卫健委高级别专家组组长,他义无反顾地赶往武汉防疫最前线,不禁让网友慨叹:“大国重器,国士无双。”不少网友说:“听见这个名字,犹如吃下定心丸”;但也有人表示:“年轻人也要赶快成长,钟教授如此辛苦,除了敬意,怎能没有愧疚?”的确,钟南山院士在奔赴武汉时的列车上小憩的照片之所以刷屏,这是因为它表达出了人们的复杂心情,这里面既有对这位高龄院士的崇高敬意,也有对奋战在一线的全体医务工作者的敬意。照片之所以刷屏,这也是在传递一种相信——在疾病面前对医学科学研究者的相信,对战胜这场看不见硝烟的战争的相信,更是对广大医护工作者平安归来的相信。

(摘编自孙小婷《84 岁的钟南山,为什么刷屏?》,《光明日报》2020 年 1 月 22 日)

角度三:临危受命真英雄,勇于担当护家国。

危难之中显身手。钟南山院士带领他的团队不辞辛苦、殚精竭虑为战胜新型冠状病毒性肺炎疫情的一幕幕,为全国医疗界战胜疫情增添了信心和力量,同样也让全国人民再次记住了“钟南山”这个名字。一个偶像级英雄的诞生,不仅在于他的非凡业绩、过人的智慧,还在于他对祖国、对人民健康事业满腔热忱、兢兢业业、无怨无悔地付出。这样的英雄,才是我们的民族引以为豪、不断战胜任何艰难险阻的栋梁,才无愧于这个时代赋予的历史使命和责任担当。

(摘编自郭长江《危难之中显身手　一个偶像级英雄的两次“逆行”》,央广网 2020 年 2 月 8 日)

运用示例(学生)

示例一:

有人可能会纠结于“英雄”的定义,但实际上,每一个为了集体或国家的正当利益,牺牲了自己的部分利益或者全部利益的人都担得起“英雄”二字。英雄们助力着中国的崛起与强大,推动着中华民族的伟大复兴。从这个意义上来说,带领老百姓抗击新冠肺炎疫情的钟南山是英雄,他牺牲了颐养天年的悠然生活,不畏艰险奔赴抗疫前线，救死扶伤。而众多像他一样的英雄，都是国家的脊梁、民族最闪亮的坐标。

示例二：

侠之大者，为国为民。面对蒙古南侵，郭靖坚守襄阳孤城；面对突发疫情，钟南山亲赴湖北前线。他们是真正的大侠，“排国难于危急，救民众于水火”，其高山景行，令人肃然起敬。

示例三：

不曾忘，那位已进入耄耋之年的钟南山院士，临危受命，奋战于疫情一线；不曾忘，那印下一枚枚鲜红的手印的“不论生死，不计报酬”的白衣天使；不曾忘，剪去长发，穿上厚重的防护服的那一道道靓丽的身影……国难当头，他们奔赴最危险的疫情一线；胸怀大爱，他们不顾个人安危，用生命守护脚下热爱的土地。疫情就像一面镜子，照见了平凡而又伟大的逆行者，照出了这些白衣天使身上最耀眼的光芒。

第二部分　模拟考场

【新题预测】

1. 新题设计

阅读下面一则材料，根据要求作文。

时间之河川流不息，奔涌向前。优秀的中华儿女探索民族复兴的脚步从未停止。

十一世纪改革家王安石曾说：“看似寻常最奇崛，成如容易却艰辛。”

近代革命先驱李大钊曾言：“索我理想之中华，青春之中华，幸勿姑息迁延，韶光坐误。”

习近平总书记说过：“中国梦是历史的、现实的，也是未来的；是我们这一代的，更是青年一代的。”“我们比历史上任何时期都更接近中华民族伟大复兴的目标。”

新中国成立至今已有70余载。在党的领导下，新中国艰苦奋斗，砥砺前行，发生了和正在发生着翻天覆地的变化，她已然成为一个领先时代的大国，绽放着更加夺目的时代光芒。

回顾历史，展望未来。身处当代中国的我们，生活在挑战与机遇并存的时代，青少年应心怀不坠青云之志，敢于拼搏，敢于担当，抓住机遇，克服困难，在日新月异的强国路上，用永恒不变的强国信念共同促成我们伟大祖国明日的腾飞！

请结合材料所给内容，联系当今中国日新月异的迅猛发展写一篇文章，体现你的认识与思考，并提出未来中国变化发展建议。要求：自选角度，确定立意；不要套作，不得抄袭，不得泄露个人信息；不少于800字。

（试题原创：廊坊市高中语文名师夏金良工作室　专家指导：朱凤岚）

2. 思维导图

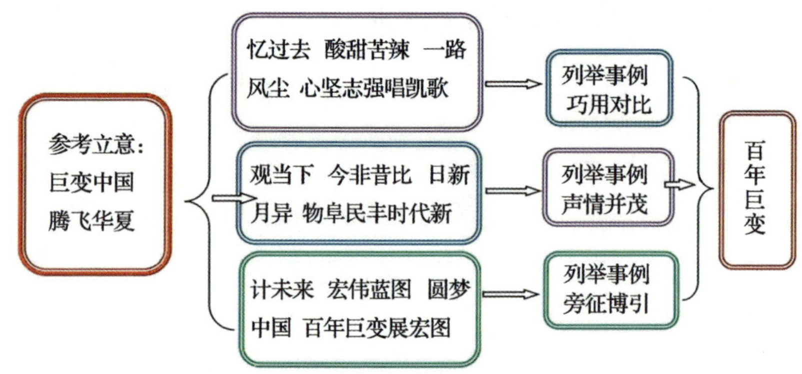

【阅卷者说】

1. 命题特色

此题的设计意图在于综合考察学生的思维深度、广度，以及看问题的综合性、前瞻性，预设期待是希望能看到那种大气磅礴，大开大合，高瞻远瞩，思想深邃，系统性强，条理性强，有感召力，能让读者耳目一新、眼前一亮，有一定思辨色彩的文章。高考阅卷时，阅卷老师都希望能多多遇见这样的佳作。

2. 写作范式

本题写作范式指向任务驱动型作文。

3. **高分方案**

(1)有一个精准大气的标题。结合材料,标题要突显作为青少年拥有远大志向,敢于拼搏,敢于担当,抓住机遇,克服困难,不懈奋斗,与祖国同呼吸共命运的精准立意。标题用语要准确、醒目,兼具深度和广度,才能让阅卷老师“急欲一读”。

(2)有一个精神纵横的结构。深入研读习近平总书记的话:“中国梦是历史的、现实的,也是未来的;是我们这一代的,更是青年一代的。”考生可以从历史发展变化的角度设计构思,以支撑全篇,使文章纵横历史,贯穿古今,大气磅礴。特别是要有精彩蕴藉的开头和回味无穷的结尾。

(3)有一系列精彩的内容“画面”。将中国“乘风好去,长空万里”的壮观景象再现,激发读者爱国敬国的热忱,展现深邃的思想,有一定思辨色彩,能让读者耳目一新,眼前一亮。

(4)有一套精深邃厚的语言。言简意丰,情思深邃,写出真情实感,有感召力。卷面书写要规范整齐,写作态度认真、严谨等。

【拟题示例】

科技为基 梦圆华夏

美丽中国 美好未来

国家强盛 教育先行

奋斗在左 美好在右

和平年代,同样需要英雄

和平年代,英雄是时代的脊梁

机遇与挑战并存 英雄须奋然前行

天地英雄气 千秋尚凛然

英雄,和平年代的新坐标

和平年代,最不该遗忘的是英雄

崇尚英雄,养我浩然之气

山河无恙,吾辈更当自强

平凡铸就伟大 英雄来自人民
初心如磐 使命在肩
心有所信 方能行远
大道不孤 天下一家
同舟共济 行胜于言
奋斗是当代中国最强音
目标永不变
5G 云端 大国共建
跨越重重峰峦 开拓全新境界
艰难方显勇毅 磨砺始得玉成
点点微光凝聚 满天星河璀璨
胸怀千秋伟业 恰是百年风华
百年巨变展宏图

【佳作展示】

变化全华夏，美好满中国

——我眼中的美好

夏金良

风雨沧桑七十载，砥砺奋进强国梦。新中国成立70周年以来，中国发生了翻天覆地的变化，从全民大锅饭到如今提倡绿色健康食品，从技术薄弱、科技工业水平低下到中国天眼、北斗卫星问世。我们看到，时代在进步，“美好”在变化，随着国家实力的不断增强，我国发展势头更是不可阻挡。东方巨龙，翱翔天际，放眼祖国，灿若虹霓。①

抢分点

①开篇“风雨沧桑七十载”有厚重的历史感，以“从……到……”的整齐句式来概括新中国成立70周年来的巨变。对偶句的运用增加了本文的文化气息，转述材料简洁，引出中心自然，结尾的四字句形象生动，提升气势。

作为生长在新时代的中学生,我眼中的美好首先是人民生活水平的日益提升。人民是国家的主人,作为以人为本的社会主义国家,我国一直致力于提高人民生活水平。新时代领路人习近平总书记在十九大报告中指出“人民对美好生活的向往就是我们的奋斗目标”。新中国成立以来,特别是改革开放以来,人民生活日渐美好的现况,给人最直观的感受是衣食住行的变化。市场商品琳琅满目,人们按需购物;还可以不出家门,网上购物。出行方面,地铁覆盖全城、高铁联通全国、网约车随叫随到。业余文化生活丰富多彩,欣赏戏剧,跳广场舞;博物馆、图书馆免费开放,成了周末好去处。所有这些,无不彰显着人民生活的美好。②

②第2自然段从中学生角度看待人民生活日渐美好,体悟真实,选材典型而接地气。

我眼中的美好还是科技进步,自主研发,卓越创新。一个国家的实力,很大程度上取决于科技生产力。如今的中国,正昂首奋进在中国特色社会主义的发展道路上,科技发展日新月异,自主研发频频出新。移动支付遍布城乡,凭借一部手机可以走遍中国。中国天眼、北斗卫星、散裂中子源等科技的突破,标志着我国即将开启科技创新新纪元。“蛟龙”深潜,“嫦娥”登月;“复兴号”时速350公里,量子科学实验卫星“墨子号”世界第一;超算系统“神威太湖之光”居世界之冠,国产大飞机、三代核电、新能源汽车等抢占了制高点,实现了从“跟跑”到“并跑”再到“领跑”的跃升。③科技人员的努力,国家领导人的正确指导,让中国一步步走向辉煌,更加美好。

③第3自然段从科技创新角度看待中国之大变化。作者以饱满的激情列举中国科技发展的美好,举例典型,用“跟跑”“并跑”“领跑”高度概括中国科技的卓越成就。

我眼中的美好还是教育水平的不断提高。教育是一个国家乃至整个民族复兴的基础，是人们实现美好理想的重要途径。作为高三学子的我，实实在在地“享受”了九年义务教育。现在我国义务教育取得丰硕成果，入学率达到94%，正是国家近年出台了一系列优惠政策，才缩小了地区间教育的差异，让更多的孩子有学上、有书读。在不远的将来，九年义务教育将变成12年义务教育，更多的学生能够轻松上高中。不仅如此，现在的高中教育正朝着多样化、有特色的方向发展。得益于科技进步，多媒体基本普及，上课更加高效便捷；大学扩招，高等教育人才比例逐年提高；高等教育正在从大众化的发展阶段快速迈向普及化阶段。④

我眼中的美好都是由一代代人不懈努力创造得来的，不久的将来，我们也将登上新时代的社会舞台，接过前辈手中的接力棒。马克·吐温说：“黄金时代在我们面前，而不在我们背后。”新时代的中学生，是未来家国建设的主力军，感受着祖国的美好，更要以让世界震惊之力推动时代变化，要以赤子之心为祖国更加美好承担起一份应有的责任，肩负起复兴中华的伟大使命。⑤

相信以我之力，更能壮我中华之景，起我中华之势。泱泱华夏，更加美好。加油，美好中国！⑥

④第4自然段从教育水平的角度联系自身，切身感受着科技创新助推教育发展，人才辈出。朴实的语言却渗透着大国青年的自豪与稳重。

⑤第5自然段扣住传承与发展是中国人的传统与精神提出建议，在分析“美好”原因的基础上，引用名人名言进行论证，贴切、有力，自然接续后文。

⑥结尾以简短的语言照应开头，文笔有气势，明己之志向，申文之旨意。

模拟评分：一类文。评分：内容20+表达18+发展16=54分。

名师点评：本文紧扣“我眼中的美好”进行构思，明确落实了任务要求。从人民生活、科技、教育三个角度展现当代青年对“美好”的认知，结构清晰，前后照应。每个角度都是在分析原因的基础上具体展现“我眼中的美好”。结尾部分在分析一代又一代人接力传承奋斗精神的基础上，表明自己接力奋斗，创造更加美好的新中国的愿望。所举事例符合中学生的身份，既典型又不流于琐碎，彰显了作者简明清晰的逻辑。名言的运用恰到好处，和文章贴合严密，彰显文气。

（大厂回民中学　刘韵玲）

大河流日夜，后浪亦奔腾①

吴　静

时代之大河日夜翻涌，今日之中国正勇立于世界浪潮之巅，吾辈之后浪亦宜奔腾②。

辛弃疾曾言“乘风好去，长空万里，直下看山河。”如果时空可以穿越，辛弃疾一定会为千百年后华夏的盛世而倍感欣慰。这块热土记录了无数史诗，从文明初现，到大河文明传承不朽；从仰望星空，到“嫦娥”“玉兔”齐飞天。中国在改变。纵而观之，家国日新月异，时代大河奔流不息，百舸争流勇者先，前浪已将航舰推向前端，后浪也在奋力奔腾，奔腾。③

溯流而上，淬得昨日之奋斗，铸成大国泱泱。时光无言，奋斗有声，那小小的红船浸起的浪花激荡在岸边，唤起了沉睡的雄狮，唤来了“中华人民共和国成立了”的喜讯，更有此后蘑菇云引得世界震惊，“东方红”的乐曲响彻九天。于是，百舸之间，奋楫者先！④

百舸之间，迎今日挑战与机遇，勇创美好的明天。今日之世界，联系紧密，进步未歇，科技迅速发展；今日之世界挑战未歇，疫情席卷全球，濒危野生动物命悬一线。《双城记》中说：“这是希望之春，这是失望之冬，人们面前有着各种事物，人们面前一无所有。”⑤现实世界，“危”“机”并存；然而我们依然坚信，“微尘虽小，随风上云霄，虽石烂海枯，此身尚存，此心不死”。我们是奔腾的后浪，胸怀一跃成瀑的勇气，浩瀚的天地就在咫尺之间！

抢分点

①标题以大河作喻，将当代之青年喻为后浪，气势恢宏又直击主旨，且能显示厚重的文学底蕴。——亮

②开篇“……之……”连用构成排比，句式整齐有气势，语言精练，极富画面感。——精

③此段整散结合，概括了中国这块土地翻天覆地的变化，作为后浪的青年人，应有百舸争流的气势。——强

④昨日，国之初建，奋斗的脚步是民族前进的动力，此段短小精炼，直击主题。——强

⑤用两个“今日之世界……”联系现实。引用《双城记》中的话彰显其浓厚的文学底蕴。——深

延河眺望,愿未来在澎湃中沉静,在坚守中创新。对于未来,我们任重而道远。在发展如此迅速之世界,我们也应静下心来,寻找内心的沉静,重新审视那被遗忘的青砖红瓦,那已沉默的案卷书牍。于澎湃中沉静,守正创新,世界会更绚丽多彩,人们的创造力也会发出光彩。⑥长河虽奔流不息,人却可以再度回首。

新一代的青年是昭昭升起、光耀四海的朝阳,于苍穹中放光热。新一代是活力后浪、不忘渊源的溪流,于万径中不舍昼夜,恰如《华夏说》中道:"追风赶月莫停留,平芜尽处是春山。"愿吾辈追风赶月去,唤得华夏迎春归!⑦

⑥"延河眺望"是对未来的展望:坚守传承,创造新生。——蕴

⑦最后一段引用《华夏说》中的语句,深藏寓意又富有诗意,更显深厚的语言功底!——美

模拟评分:一类文。评分:内容20+表达20+发展17=57分。

名师点评:本文立意宏大,紧扣"吾辈后浪亦奔腾"进行构思,明确落实了任务要求。从昨日之奋斗,到大国泱泱;从迎接挑战与机遇,到攀世界巅峰;从澎湃中沉静,到坚守中创新,内涵丰富,紧扣中心,结构清晰,前后照应,彰显了作者简明清晰的逻辑。结尾部分对新一代青年提出倡议,符合中学生的身份,语言精练,名言的运用恰到好处。

(大厂回民中学　夏金良)

【考题发散】

典型考题一:

阅读下面材料,根据要求写作。(60分)

春夏秋冬,四季更替,是大自然永恒的规律;生老病死,是人类无法跳脱的宿命;无常之中蕴含有常,万事万物在变与不变中获得永恒。

苏东坡曾言:"盖将自其变者而观之,则天地曾不能以一瞬;自其不变者而观之,则物与我皆无尽也!"

约·霍姆曾在《道格拉斯》中谈道："今天之我非旧日之我，也非明天之我。"

当今社会，正处于一个大变革、大发展的时代，任何一个国家和民族如果故步自封，不能跟上时代潮流，就会落伍。习近平总书记指出："当前中国处于近代以来最好的发展时期，世界处于百年未有之大变局，两者同步交织、相互激荡。"

在不断变化的世界中，我们广大青少年，要运用所学知识，客观辩证地认识自我、社会、世界和家国，要思"变"、处"变"、应"变"；更要守正创新，磨炼身心，认清自我肩负的使命，才能成为国家栋梁之材，成为合格的社会主义建设者和接班人！

以上材料引发了你怎样的思考？值此中国共产党建党100周年之际，立足当代中国，以"中国少年说"为题，面向本校（统称"复兴中学"）同学写一篇演讲稿，自拟副标题。

要求：自选角度，确定立意；不要套作，不得抄袭；不得泄露个人信息；不少于800字。

参考立意：

①不变中求变，变中求不变。

②守正创新，迎接百年未有之大变局。

③"危"中藏"机"。

④面对变局，迎接挑战。

典型考题二：

阅读下面材料，根据要求写作。（60分）

①2014年8月31日，十二届全国人大常委会第十次会议表决通过，将9月30日设立为烈士纪念日，提醒人们铭记那些为了民族独立、人民自由幸福、国家繁荣富强献出生命的英雄。

②雷锋的事迹被认为是造假，黄继光堵枪眼、董存瑞炸碉堡被认为是假的，邱少云烈士、狼牙山五壮士的事迹也被质疑，刘胡兰被恶意中伤……

③天安门广场的人民英雄纪念碑上，并没有刻上某一个具体英雄的名字。不要窄化英雄的概念，只要足够努力，平凡的人都可以成为英雄。

——山西大学马克思主义学院教授姬文刚

以上文字引发了你怎样的思考？请写一篇文章加以阐述。要求：自选角度，自拟标题,文体不限(诗歌除外);不要脱离材料内容及含意的范围;不要套作,不要抄袭;不少于800字。

参考立意:

①和平年代,英雄是时代的脊梁。

②莫让英雄流血亦流泪。

③拿起法律的武器,捍卫英雄的尊严。

④天地英雄气,千秋尚凛然。

⑤和平年代,最不该遗忘的是英雄。

第三部分　加分素材

【经典素材】

大道之行也,天下为公,选贤任能,讲信修睦。——《礼记》

意思:在大道施行的时候,天下是人们所共有的,把品德高尚的人、能干的人选拔出来,人人讲求诚信,培养和睦。

不患寡而患不均,不患贫而患不安。——《论语》

意思:不担心财富少,而担心财富不均;不担心贫穷,而担心不安定。

故为政在人,取人以身,修身以道,修道以仁。——《中庸》

意思:施行善政要得贤臣,得贤臣必须先修正自身,修正自身必须加强道德品质,加强道德品质必须以仁为首。

如欲平治天下,当今之世,舍我其谁也?——《孟子》

意思:如果想使天下太平,在当今这个世界上,除了我还有谁呢?

【名言素材】

天地英雄气,千秋尚凛然。——刘禹锡

男儿何不带吴钩,收取关山五十州。——李　贺

苟利国家生死以,岂因祸福避趋之!——林则徐

大江歌罢掉头东,邃密群科济世穷;面壁十年图破壁,难酬蹈海亦英雄。

——周恩来

一个有希望的民族不能没有英雄,一个有前途的国家不能没有先锋。

——习近平

大道不孤,天下一家。——习近平

幸福是奋斗出来的,奋斗本身就是一种幸福。——习近平

英雄就是这样一个人,他在决定性关头做了为人类社会的利益所需要的事。

——伏契克

英雄就是对任何事都全力以赴,自始至终心无旁骛的人。——波德莱尔

人类最高的道德标准是什么?那就是爱国心。——拿破仑

时代的声音可以淹没一切。——周　扬

人只有献身于社会,才能找出那短暂而有风险的生命的意义。——爱因斯坦

【时新素材】

素材一:北斗三号全球组网卫星发射成功

2020年6月23日9时43分,长征三号乙运载火箭搭载北斗三号最后一颗全球组网卫星发射成功!北斗三号全球卫星导航系统建成暨开通仪式7月31日上午在北京举行。中共中央总书记、国家主席、中央军委主席习近平出席仪式,宣布北斗三号全球卫星导航系统正式开通。北斗卫星导航系统是我国自主发展、独立运行的卫星导航系统,是为全球用户提供全天候、全天时、高精度的定位导航和授时服务的国家重要空间基础设施,使我国成为世界上继美国、俄罗斯之后第三个拥有自主卫星导航系统的国家,打破了国外卫星导航领域的垄断。

“北斗”除了提供无源定位、免费接收卫星信号外,还提供有源定位,用户可以主动把自己的位置报告给其他的网络或指挥控制中心,最终实现定位,在搜救等应急救援时十分有用。有源导航定位、短报文通信功能,这是目前GPS、GLONASS等其他卫星导航系统没有的功能。除了系统和功能上的突破,“北斗”上还有很多可以拿出来单打独斗的硬核科技,比如其核心——高精度原子钟。它的国产化打破了国外垄断,突破了国外技术封锁。

(摘编自新华网、人民网等)

关键词:中国“北斗”　科技强国

适用话题:科技创新/强国利民/独立自主/奉献/责任/科学无国界,但科学家

有祖国

素材二:袁隆平——力争2021年示范推广100万亩海水稻种植

2021年1月15日,第五届国际海水稻论坛在海南三亚举行。国际海水稻论坛主席、青岛海水稻研究发展中心主任袁隆平致辞称,希望通过实施“十百千工程”,力争2021年推广示范100万亩海水稻种植。

什么是海水稻?海水稻,学术上称作“抗盐水稻”“耐盐水稻”“耐盐碱水稻”,指能在盐(碱)浓度0.3%以上的盐碱地生长、单产可达300kg/亩的一类水稻品种。海水稻具有耐盐碱、抗涝、抗病虫害、抗倒伏等特点。

袁隆平院士海水稻团队围绕海水稻品种推广与低效土地改良利用开展研究工作,海水稻试种规模不断扩大,品种不断改良,亩产逐年递增,平均亩产稳定超过400公斤,最高亩产超过800公斤。在耕地资源日益趋紧的情况下,培育并推广耐盐碱的海水稻,有利于推进亿亩盐碱地“荒滩变良田”,不仅对保障国家粮食安全、促进农民增产增收具有重要意义,同时,也能助力全球农业可持续发展和“零饥饿”目标的实现。

(摘编自《袁隆平海水稻团队:拟用8—10年实现“亿亩荒滩变良田”》)

关键词:杂交水稻之父　海水稻

适用话题:脱贫攻坚/粮食安全/奉献/责任/理想/家国情怀/实践是检验真理的唯一标准

【文件摘取】

今天,中国正在发生日新月异的变化,我们比历史上任何时期都更加接近实现中华民族伟大复兴的目标。实现我们的目标,需要英雄,需要英雄精神。我们要铭记一切为中华民族和中国人民作出贡献的英雄们,崇尚英雄,捍卫英雄,学习英雄,关爱英雄,勠力同心为实现两个一百年奋斗目标、实现中华民族伟大复兴的中国梦而努力奋斗!

——习近平2015年9月2日在中国人民抗日战争胜利70周年纪念章颁发仪式上的讲话

奋斗是青春最亮丽的底色。“自信人生二百年,会当水击三千里。”民族复兴的使命要靠奋斗来实现,人生理想的风帆要靠奋斗来扬起。没有广大人民特别是一代代青年前赴后继、艰苦卓绝的接续奋斗，就没有中国特色社会主义新时代的今天，更不会有实现中华民族伟大复兴的明天。千百年来，中华民族历经苦难，但没有任何一次苦难能够打垮我们，最后都推动了我们民族精神、意志、力量的一次次升华。

——习近平2019年4月30日在纪念五四运动100周年大会上的讲话

70年前的今天，毛泽东同志在这里向世界庄严宣告了中华人民共和国的成立，中国人民从此站起来了。这一伟大事件，彻底改变了近代以后100多年中国积贫积弱、受人欺凌的悲惨命运，中华民族走上了实现伟大复兴的壮阔道路。

70年来，全国各族人民同心同德、艰苦奋斗，取得了令世界刮目相看的伟大成就。今天，社会主义中国巍然屹立在世界东方，没有任何力量能够撼动我们伟大祖国的地位，没有任何力量能够阻挡中国人民和中华民族的前进步伐。

——习近平2019年10月1日在庆祝中华人民共和国成立七十周年大会上的讲话

在抗美援朝战争中，中国人民志愿军发扬伟大爱国主义精神和革命英雄主义精神，勇往直前，浴血奋战，为保家卫国作出了重要贡献。志愿军将士及英雄模范们的功绩，党和人民永远不会忘记。

中华民族是英雄辈出的民族，新时代是成就英雄的时代。全党全社会要崇尚英雄、学习英雄、关爱英雄，大力弘扬英雄精神，汇聚实现中华民族伟大复兴的磅礴力量。

——习近平2020年10月21日给四川省革命伤残军人休养院全体同志的回信

主题写作二 “我”信仰,中国精神长志气

第一部分 时新素材

【慧眼聚焦】

在几千年的历史流变中,中华民族生生不息、绵延发展,饱受挫折又不断浴火重生,其中很重要的一点就是我们的民族积淀了最深沉的精神追求,它有着独一无二的理念、智慧、气度,增添了中国人民内心深处的自信和自豪。这种强大的精神支撑,成为中华民族奋发进取的动力之源。

本专题属于社会热点。实现中华民族伟大复兴,是一场震古烁今的伟大事业,需要坚忍不拔的伟大精神。弘扬中国精神,凝聚中国力量,才能让主旋律更加响亮,让正能量更加强劲,让我们的祖国永远朝气蓬勃。从高考备考看,“中国精神”涵盖了道德品质和综合素质的内容,是高中生必备的核心价值观念与学科素养,应成为今年高考作文备考的热点主题之一。

【思维导图】

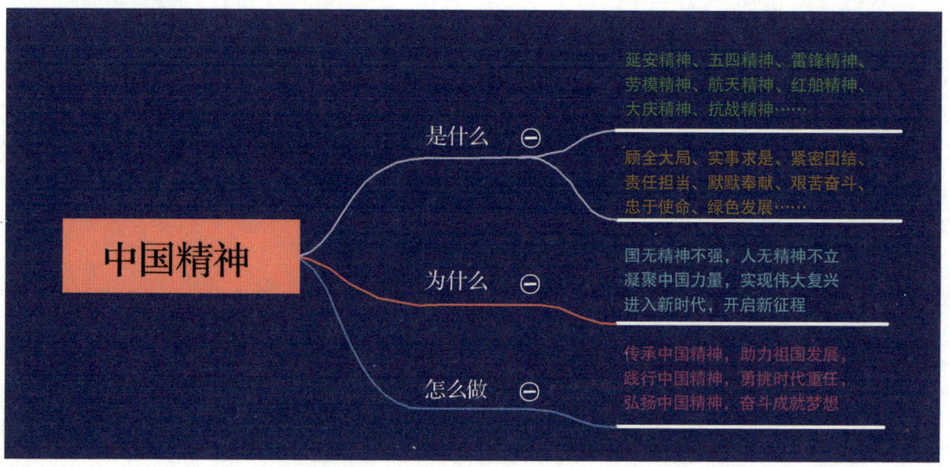

【热点素材】

1. 热点时评

见贤思齐,让道德之光照亮中华大地

伟大时代呼唤伟大精神,崇高事业需要榜样引领。11 月 5 日上午,习近平总书记在人民大会堂亲切会见第八届全国道德模范及提名奖获得者,向他们表示诚挚问候和热烈祝贺。他走到代表们中间,同大家亲切交流并合影留念。

国无德不兴,人无德不立。道德模范是新时代的标杆,是文明的楷模,也是精神文明建设中的先锋人物。此次,68 名同志被授予第八届全国道德模范荣誉称号,254 名同志被授予第八届全国道德模范提名奖,一串串耳熟能详的名字,为我们树立起文明的楷模,也用道德之光照亮了中华大地。

道德模范,标注精神坐标。凡人善举暖人心。道德模范及提名奖获得者,都是平凡岗位上的劳动者,每一个名字背后都有德润人心的力量。"我必须跑得更快,才能跑赢时间",张定宇身患渐冻症,却全身心投入武汉战"疫";从业 33 年来,邱海波多次在国家需要的时候挺身而出,以精湛医术、大爱情怀和无私奉献的精神诠释"逆行勇士"和"时代英雄";"只要还有一口气,我就要站在讲台上,倾尽全力,奉献所有,九死亦无悔!"大山深处,张桂梅带给我们真实的感动……他们在各行各业发光发热,以道德之光照亮了我们精神的星空。

美德善行,引领文明风尚。"隆重表彰全国道德模范,对展示社会主义思想道德建设的丰硕成果,彰显中华民族昂扬向上的精神风貌,凝聚全国各族人民团结奋进的力量,具有重要意义。"道德模范及提名奖获得者,或助人为乐,或见义勇为,或诚实守信,或敬业奉献,或孝老爱亲,他们用实际行动弘扬了社会主义核心价值观,用不懈奋斗诠释了中国精神、中国力量,也彰显出了中华民族昂扬向上的精神风貌。表彰他们,关怀他们,推崇他们,就是要见贤思齐,让道德的阳光洒遍人间,润泽中华大地,温暖每一颗心灵。

致敬榜样,汲取前行力量。道德模范也是从人民群众中走出来的"平凡英雄"。他们的事迹可学可做,他们的精神可追可及。他们的事迹就是生动的教材,启示着我们,只要有坚定的理想信念、不懈的奋斗精神,脚踏实地把每件平凡的事做好,再平凡的岗位也能创造不平凡的业绩,书写不平凡的人生。为此,在表彰道德模范的同时,我们更要以他们为榜样引领,涵养向上向善的正能量,从自己做起,从小事做起,把崇德向善的追求落实到日常生活和工作之中。

德国哲学家康德曾说过:“世界上唯有两样东西让我们深深感动,一是我们头顶灿烂的星空,一是我们内心崇高的道德。”可以肯定的是,人人崇尚模范,关爱模范,争当模范,让道德的种子播撒开来,就必定在中华大地生长出一片更广阔、更美丽的风景。

(摘编自中国江苏网《见贤思齐,让道德之光照亮中华大地》)

多维解读(写作切入角度)

角度一:国无德不兴,人无德不立。

修身养性,不仅仅是个人的事,更关系到一个国家的兴衰、一个民族的存亡。道理很简单,无论哪个国家、哪个民族,都是由一个个人组成的,只有全体成员道德素养高,这个国家和民族的整体素质才会高,才能产生强大的凝聚力和进取精神,才能兴旺发达,屹立于世界民族之林。

角度二:道德模范,标注精神坐标。

古往今来,品德高尚的人不计其数,蔺相如的宽容大度,乐羊子之妻的拾金不昧,岳飞的精忠报国……他们的故事,为人们所传诵;他们的名字,为人们所铭记,成为民族精神的坐标。

角度三:致敬榜样,践行美德善行。

青少年要以道德模范为榜样引领,践行社会主义核心价值观,爱国,敬业,诚信,友善,不断完善自己的品德,用实际行动为实现伟大的中国梦贡献一份力量吧。

写作示例:

人无精神不立,国无精神不强。当大学生村官秦玥飞脚踏泥泞,俯首躬行在山村的小路上;当杜富国将自己的初心、誓言和未了的心愿装进双肩包时,我知道,我们离中国梦更近了。时代的风帆早已扬起,千千万万的青年一代,应自觉把个人的前途命运与国家、民族、社会紧密地融合在一起,用中国精神武装自己,将实现中华民族的伟大复兴作为自己的理想和信念。这是时代的选择,也是时代赋予青年一代的责任。

（摘编自《传承精神，复兴中华》）

2. 焦点透视

载人航天精神

角度一：特别能吃苦，特别能战斗，特别能攻关，特别能奉献。

写作示例：载人航天精神，是艰苦奋斗的精神。历尽千难成伟业，人间万事出艰辛。我国载人航天工程是在世界航天大国已经发展几十年后起步的。为了缩小差距、迎头赶上，载人航天工程开始实施就明确提出，要坚持做到起步晚、起点高，投入少、效益高，项目少、水平高，从总体上体现中国特色和技术进步，走跨越式发展的道路。中国航天人始终以人民利益为最高利益，以苦为荣，以苦为乐，常年超负荷工作，默默承受着常人难以承受的困难和压力。载人航天工程的成功实践告诉我们，无论过去、现在还是将来，艰苦奋斗永远是我们战胜一切困难、夺取事业胜利的重要法宝。只有以艰苦奋斗精神作支撑，我们的民族才能自立自强，我们的国家才能发展进步，我们的各项事业才能永葆生机活力。

（摘编自《人民日报评论员：让载人航天精神光耀神州》，《人民日报》2005 年 10 月 18 日）

角度二：热爱祖国、为国争光的坚定信念。

写作示例：热爱祖国、为国争光，是航天人核心价值观的集中体现。50 多年来，广大航天工作者怀着强烈的政治责任感和历史使命感，自觉把个人理想同祖国命运紧紧联系在一起，把个人志向同民族振兴紧紧联系在一起，矢志不渝，执着追求，全力以赴投入航天事业。以钱学森、任新民为代表的一批杰出科学家自愿放弃国外优厚的待遇、优越的工作和生活条件，义无反顾地回到祖国，甘愿在艰苦的条件下投身新中国的航天事业，作出了开创性的巨大贡献。一部中国航天事业发展史，就是一部航天人热爱祖国、报效祖国的奋斗史、奉献史。

（摘编自《大力弘扬载人航天精神》，《人民日报》2013 年 7 月 24 日）

角度三：勇于登攀、敢于超越的进取意识。

写作示例：敢于创新，敢于胜利，一步一个脚印，成就了中国航天大国的地位。

不仅是航天,在其他高科技领域,我们也取得了一系列重大成就:世界最大射电望远镜的建造,北斗卫星的发射,大推力长征五号火箭发射成功,大飞机自主研制成功,深潜技术的突破,高铁产业的走向世界等。敢于创新,敢于胜利,让我们不断从科技大国向科技强国迈进。

(摘编自《光明日报评论员:大力弘扬载人航天精神》,《光明日报》2016 年 11 月 19 日)

第二部分　模拟考场

【新题预测】

1. 新题设计

伴随着新课程改革的渐次深入推进,“语文为王”的时代已然而至,高考对学生核心素养的考查更加深入,如何有效提升语文学科核心素养成为广大师生最关注的热门话题之一。其中,作文的考查是重中之重。高考是“立德树人、服务选拔、导向教学”的人生大考,近几年的作文命题完全符合高考的这一要求,通过考试命题引导教学,引导师生关注时代、家国、社会。具体而言,作文命题更加着眼于现实生活,厚植家国情怀,发掘文化资源,增强民族文化自信,点燃青春理想等方面。

2. 考情分析

考题年份	作文题目	命题意图
2021 全国卷甲	以“可为与有为”为主题写一篇文章。	引领师生紧跟时代步伐,关注时代主旋律,引导师生关注中国革命、建设、改革的历程,激发对党和国家的热爱之情。
2021 全国卷乙	围绕当代青年“修身”“矫思”“立义”等思考自身生涯规划写一篇文章。	引领学生从新时代出发,结合个人特点规划自身生涯,激发广大青年树立远大理想,深入考查学生的人生观、价值观、世界观。

续表

考题年份	作文题目	命题意图
2021 新高考卷Ⅰ	围绕“体育之效”阐述学生自身感悟与思考。	引导学生关注体育与身体强弱的关联，引导学生增强体质，锤炼意志品质。
2021 新高考卷Ⅱ	漫画作文《“人”字描红》。	漫画材料形象内蕴较深，审题难度较大，其核心考查学生对“人性”“人品”“人生”的理解与思考。
2020 全国卷Ⅰ	围绕齐桓公、管仲、鲍叔牙的故事写发言稿。	启发学生对传统文化、美德的理解与认识，考查学生逻辑思辨能力。
2020 全国卷Ⅱ	主题演讲：“携手同一世界，青年共创未来”。	考查学生的责任与担当意识，引导学生深入认识人类命运共同体，思考人类危机的应对之道。
2020 全国卷Ⅲ	以“如何给自己画好像”为主题，给高一新生写一封信。	启发学生认识自我，认清自我，思考人生的理想、价值。
2020 新高考卷Ⅰ	以“疫情中的距离与联系”为主题写一篇文章。	启发学生关注现实生活，关心家国，深入领会民族美德，厚植家国情怀。
2020 新高考卷Ⅱ	以“带你走进________”为题，写一篇主持词。	引领师生关注时代、家国、风土人情等，厚植家国情怀。

续表

考题年份	作文题目	命题意图
2019 全国卷Ⅰ	面向复兴中学写一篇演讲稿，发出“热爱劳动，从我做起”的倡议。	引导学生关注劳动这一中华民族的传统美德，考查学生是否德智体美劳得到了全面发展。
2019 全国卷Ⅱ	围绕“五四运动”“新中国建国”“纪念五四运动百年大会”等宏大情境写作应用文。	创设特定写作情境，引导关注家国命运、祖国建设、民族兴亡，考查学生担当民族、家国、历史使命的责任精神。
2019 全国卷Ⅲ	漫画作文写作：《毕业前最后一课》。	引导学生正确理解师生关系，关注当代校园，启发学生的感恩意识。

3. 预设新题

阅读下面一则材料，根据要求作文。

新华社深圳9月25日电　2021年9月25日晚，在党和人民亲切关怀和坚定支持下，孟晚舟在结束被加拿大方面近三年的非法拘押后，顺利回到祖国。21时50分许，孟晚舟缓步走出机舱，向在场人群挥手致意，并发表简短讲话，现场爆发热烈欢呼。“回首三年，我更加明白，个人命运、企业命运和国家命运是十指相连，祖国是我们最坚强的后盾。”孟晚舟深情地说：“有五星红旗的地方，就有信念的灯塔。如果信念有颜色，那一定是中国红！”

青年有信仰，国家有力量，民族有未来，人民有希望。这一事件昭示我们，当代中国青年，要立足百年未有之大变局，志存高远，不负时代，树立远大理想。2022年正值中国共产主义青年团成立100周年，光明中学举办了“青春激扬跟党走，______”主题征文活动。请你以光明中学一名高中生的身份写一篇文章，向校团委投稿。

要求：选好角度，确定立意，明确文体，自拟题目；不要套作，不得抄袭；不得泄露个人信息；不少于800字。

【阅卷者说】

1. 命题特色

纵观近三年全国卷考情，高考作文命题以“立德树人”为主旨，融入了新课标理念，强调内容导向，注重情境运用，明确任务指令，坚持考查学生的综合素养。综合看来，具有以下命题特征：

命题思路	1. 贴近现实生活，厚植家国情怀。近年，高考作文连续多年考查宏大主题，试题命制材料抓取社会生活热点，强调考生理性思考，关注考生对现实生活的切身感受，引导考生树立正确的人生观、价值观。“预设新题”的材料“孟晚舟归国”选自社会特点，关注度极高，将重大社会生活事件融入作文试题材料，可以引导学生关注时代、社会、家国，厚植考生家国情怀。 2. 点燃青春理想，传承红色基因。习近平总书记指出：“青年一代有理想，有本领，有担当，国家就有前途，民族就有希望。”试题所选材料为孟晚舟归国感言，可以充分引导广大青年树立远大志向，将个人的理想与民族复兴结合起来，将企业安危与国家命运联系起来，将“小我”融入社会、时代、家国的“大我”之中，勇担时代家国重担。同时，材料引用了孟晚舟女士的名言：“如果信念有颜色，那一定是中国红！”广大考生可以从中汲取精神力量，浸染红色基因，这足以激发学生的爱党、爱国热情。 3. 注重情境设计，凸显任务驱动。《普通高中语文课程标准(2017 年版2020 年修订)》中指出，考试测评题目应以具体情境为载体，以典型任务为主要内容。近年高考全国试卷作文题目绝大多数为任务驱动型作文，是基于“真实情境”的语言表达实践。因而“预设新题”中的作文试题设置了两重写作情境：一是宏观的社会热点事件，即孟晚舟女士获释，乘坐中国政府包机归国；二是光明中学举办庆祝中国共产主义青年团成立 100 周年主题征文活动。同时给考生设定了光明中学高中生的身份，并以此身份设定写作任务。
命题形式	类型：任务驱动型材料作文、半命题作文。近三年全国卷作文试题类型十分丰富，包括任务驱动型材料作文、命题作文、命意作文、漫画作文等。“预设新题”中的作文命题属于任务驱动型材料作文、半命题作文，命题形式灵活，有一定写作难度。

续表

命题预测	1. 命题趋势：突出情境及任务驱动，包括宏大主题背景+特设小情境+应用文写作。 2. 命题着眼点：多角度关注中国社会，关注青年对生活的思考和体验；注重考查人文素养+思辨能力。此外，命题注重理性与人文色彩并重。 3. 命题选材原则：贴近生活，引领考生关注时代、社会、家国。近年高考作文命题越来越贴近现实生活，强调对社会和自我的观察与思考。可以说，关注国家、社会及现实生活，辩证地认识并提出自己的科学见解，一定是未来高考作文不变的要求。
备考策略	1. 关注时政热点。如中国共产党人的精神谱系、扶贫政策、红色经典、科技创新、文化自信、体育、美育等。 2. 强化写作训练。熟练掌握各种类型的应用文写作，包括书信、演讲稿、辩论词等，注意写作身份的体认、真实情景的创设、高级语言的培养和真情实感的流露。 3. 加强行文逻辑思辨的表达训练。在平常的写作训练中，要着重培养概念辨析、分类比较、辩证思考等能力，善于寻找作文的切入点。

2. 审题思维

区域	审题要点	内容
任务区	写作背景	背景一：世界处于百年未有之大变局，中美贸易战中华为公司受到美国政府无端打压，华为公司高管孟晚舟女士被非法拘押；在党和人民亲切关怀和坚定支持下，孟晚舟在结束被加拿大方面近 3 年的非法拘押后，顺利回到祖国。 背景二：2022 年，正值中国共产主义青年团成立 100 周年。
	写作身份	光明中学高中生。
	写作场景	向校团委投稿。

续表

区域	审题要点	内容
	写作文体	征文大赛稿件。
	写作内容	“青春激扬跟党走，________”主题征文活动。
材料区	主题任务	光明中学举办庆祝中国共产主义青年团成立100周年征文活动，给考生设定了光明中学高中生的身份，并以此身份设定写作任务主题，即以“青春激扬跟党走，______”为主题写一篇文章，向校团委投稿。
	思维任务	任务驱动型材料作文，对考生思维品质要求较高，应灵活掌握线性思维、关联思维、辩证思维、比较思维、批判思维等。如试题材料中隐含背景是中美贸易战，中国、美国、加拿大三国博弈异常激烈；华为公司又是中国民营企业的翘楚，成为中美贸易战被美方打压最严重的高科技企业；而孟晚舟女士被加方非法拘押三年后释放，是中国政府不懈努力、据理力争的结果……面对材料，考生要写作深刻，就必须拥有良好的思维品质，理清其中复杂的关系；同时，考生还要思考自身与材料中的榜样人物、家国、世界的关系，才能写出大气磅礴的文章。
	时代意义（价值观引领）	优秀的作文试题，不仅可以考查学生的写作水平，更应考查学生的综合素养、道德水准。“预设新题”中的试题不仅给予学生充分的写作空间，考查学生的写作能力，同时，也考查学生是否拥有一定的综合素养和知识眼界，是否关心家国，关注时代，关注社会，是否拥有正确的人生观、价值观，能否与时代、家国同呼吸共命运。

续表

区域	审题要点	内容
要求区	标题、立意、字数	标题:半命题式。 立意:半开放式,限定主题。 字数:不少于800字。

3. 写作立意

示例:

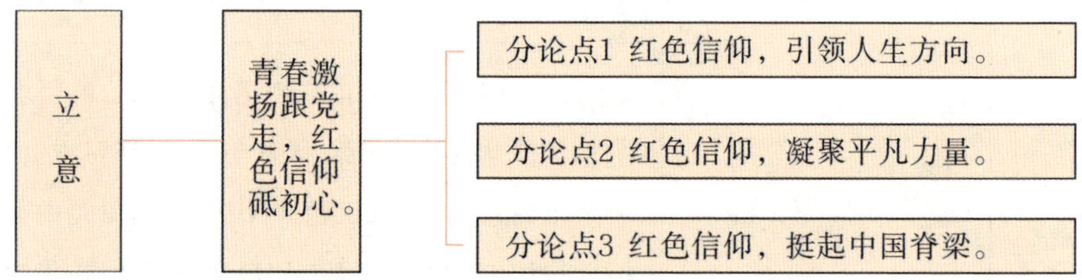

4. 结构模型

示例:

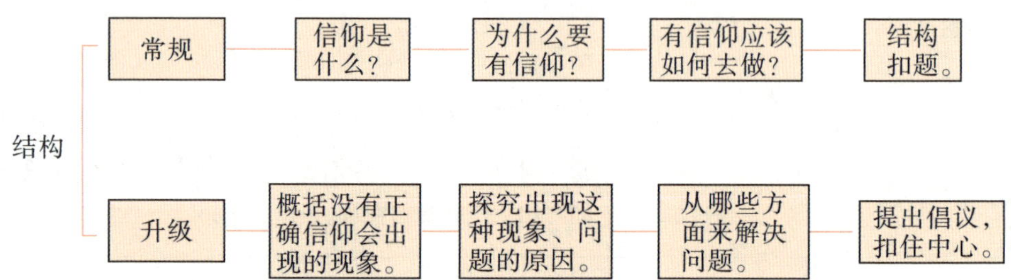

【拟题示例】

砥砺青春志,华章谱盛世

坚守梦想,成就多彩的人生

若无自律,何来梦想成真?

自我约束,不负韶华

见义勇为,涵养正气

救人于危难,情暖于世间

精忠报国，挺直民族的脊梁

不忘初心，方得始终

莫忘长征精神，照耀民族前途

只问使命，无问东西

莫让浮云遮望眼

让榜样之光照亮前路

以工匠精神雕琢时代品质

人生需要潜伏

让青春在奋斗中绽放光芒

务实进取，淡泊名利

信仰，点燃生命的梦想

实干胜于空谈

做好小事，成就大事

欣赏他人是一种可贵的品德

信仰，铸就不平凡的人生

担当重任，书写“大写”的人生

耐得住寂寞，守得住繁华

懂得埋头，才能出头

人生因挑战自我而精彩

认清自我，人生成功蜕变的开始

强弱可变，不骄亦不躁

怀揣理想，执着天下

吾将上下而求索

工匠精神源于敬畏和精益求精

以奋斗与担当写下青春诗行

生态之美，美美与共

记住每一朵翻腾的浪花

用奋斗诠释劳动精神

【佳作展示】

青春激扬跟党走,同心共圆中国梦

夏金良

月是故乡明,心安是归途。作为亿万中华儿女的一员,强大的祖国是每个中国人的最坚强靠山,民族繁荣昌盛也是百年来炎黄子孙的夙愿。因为,个人的命运从来就与国家、民族的命运血肉相连。只有国家足够强大,我们个人的自由、幸福才有保障。①作为青年一代,当激扬青春之韶光,树立远大梦想。

试想,如果我们还处在那个积贫积弱、任由列强践踏蹂躏的年代,活在就连生存都无法保障的国度,我们每一个人的尊严又从何谈起?然而,我们是幸运的,生在红旗下,长在春风里。无疑,孟晚舟女士也是幸运的,更是幸福的,她的身后有强大的祖国,有牵挂她的亿万同胞!2021年9月25日晚,孟晚舟女士在党和人民亲切关怀和坚定支持下,终于结束了近3年的被加拿大方面非法拘押的日子,顺利回到祖国。正如孟晚舟女士所言:“回首三年,我更加明白,个人命运、企业命运和国家命运是十指相连的,祖国是我们最坚强的后盾。”②试想,若无党和政府的坚定支持,孟晚舟何以归来?何时归来?

正义也许迟到,但绝不会缺席。③正如外交部发言人华春莹女士所言,孟晚舟归来,并非偶然;这充分证明,在中国共产党坚强领导下的强大中国,永远是每一位中国公民的坚强后盾,中国党和政府具有坚定的意志、强大的能力,来维护中国公民、中国企业的正当合法权益,坚定维护党和国家的利益和尊严,更没有任

抢分点

①开篇“月是故乡明,心安是归途。”引用孟晚舟女士的归国长文的题目,暗合作文试题材料中的事件,增加文化气息;同时开篇点题,点明个体与家国的紧密联系,为下文深入分析张本。

②第2自然段承接第1自然段中心,从反面假设论证分析,进而与孟晚舟女士获释归国进行深刻对比,得出“激扬青春跟党走”的坚定信心。

③第3自然段首句为过渡句,呼应上文,简明扼要地阐明个人对孟晚舟归国事件的观点,同时引起下文更加深入的分析。如此,文章层次清晰并逐层递进。

何力量能够阻挡中国发展前进的步伐，没有任何力量能够阻挡中华民族复兴的伟大梦想。

然而，祖国的强大并非一蹴而就；正是全体国人在中国共产党的坚强领导下，无数华夏儿女才创造了一个又一个人间奇迹："嫦娥"奔月、"蛟龙"入海、"天问"逐梦、禾下乘凉……正是在一代又一代共产党人的不懈努力下，伟大的中国共产党才凝聚了"敢叫日月换新天"的伟大精神力量：长征精神、延安精神、红岩精神、抗美援朝精神、"两弹一星"精神、工匠精神……④

④该段列举大量广为人知的事实作为论据，语言简练而富有文艺气息。

艰苦岁月锤炼品质，红色信仰照亮前方。正如孟晚舟所说："有五星红旗的地方，就有信念的灯塔。如果信念有颜色，那一定是中国红！"中国共产党的伟大精神已然凝聚成伟大的红色信仰，给青年一代指明了奋斗的方向。⑤青年兴则国家兴，青年强则国家强。青年一代有理想，有本领，有担当，国家就有前途，民族就有前途，人民就有希望。值此中国共产主义青年团成立100周年之际，作为党和国家社会主义事业的接班人，我们当代中国青年要立足百年变局，志存高远；青春激扬当不负时代，不负韶华，传承红色基因，共圆伟大梦想；我们青年一代要树立远大理想，奋勇向前，让五星红旗的颜色更加鲜艳，为实现中华民族百年复兴的伟大梦想贡献力量。⑥

⑤第5自然段深入解析孟晚舟归国事件背后蕴含的精神力量，指引青年一代应志存高远，传承红色基因，凝聚民族复兴的伟大力量。

⑥紧扣中国共青团成立100周年的宏大情境，同时再次点题，指明青年一代前进的方向。

百年风雨过，赤心未蹉跎；心中有灯火，信仰照山河。作为青年的我们，应不再迷惘，党和祖国的召唤是我们奋勇前进的力量，前辈的殷殷期盼是我们指引航向的光芒！站在中国共青团建团百年的历史交汇点上，让我们胸怀伟大梦想，以激扬的青春、红色的信仰、励志勤学的荣光，向伟大的共产主义青年团献礼！⑦

⑦结尾处再次呼应建团百年背景，首尾呼应，重申文章旨意。

模拟评分:一类文。评分:内容 20+表达 18+发展 18=56 分。

名师点评:本文紧扣“青春激扬跟党走,同心共圆中国梦”的中心构思全篇。文章紧扣试题材料,深入分析,层层深入,渐次展开,结构清晰,前后照应,衔接紧密。全篇材料充实,论据新颖,涉及领域丰富,足见作者有一定的综合素养和知识眼界;同时作者关心家国,关注时代,关注社会,拥有正确的人生观、价值观,与时代、家国同呼吸共命运,具有担当和责任意识。

(三河市第一中学　吕秋燕)

【考题发散】

典型考题一:

阅读下面一则材料,根据要求作文。

2020 年 12 月 17 日,嫦娥五号返回器携带月球样品成功着陆内蒙古四子王旗预定区域,我国首次地外天体无人采样返回任务获得圆满成功,标志着中国航天又向前迈出了一大步。

从东方红、长征、神舟,到北斗、嫦娥、天问……60 多年来,我国航天事业一项项关键技术的突破、一个个辉煌成就的取得,都是在党的领导下几代航天人不懈奋斗的成果,其中蕴含着深厚博大、一脉相承的航天精神。

上面的材料,引发了你怎样的思考与感悟?复兴中学拟于 2022 年 5 月举办第 11 届校园科技艺术节开幕式,请你以校学生会主席的身份写一篇发言稿,题目为“__________,拥抱星辰大海”。

要求:选准角度,确定立意,明确文体;不得套作,不得抄袭;不得泄露个人信息;不少于 800 字。

命题点:本题为任务驱动型半命题材料作文题,写作难度较大,但试题材料审读分析难度不大。试题紧扣立德树人,高度关注时代理论焦点——中国共产党人的精神谱系之载人航天精神,充分考查考生的认知水平、道德价值观念、思维品质和视野格局。总体看来,试题着眼于宏大主题背景与微观写作背景相结合,融入了多种任务驱动要素,需要考生有较高的考场试题分析、写作驾驭能力。

参考立意：

①高扬科技之帆，拥抱星辰大海。

②勇于开拓创新，拥抱星辰大海。

③为国争光砺初心，拥抱星辰大海。

④我辈壮志凌云，拥抱星辰大海。

典型考题二：

阅读下面的材料，按要求作文。

材料一：2021 年 11 月，孟煦东演唱的歌曲《2035 去台湾》火遍全网：

坐上那动车去台湾
就在那 2035 年
去看看那外婆澎湖湾
还有那脚印两对半
坐上那动车去台湾
就在那 2035 年
去看看那情歌阿里山
还有那神奇的日月潭
…………

材料二：2021 年 11 月 10 日，有记者提问，近日大陆网友传唱一首歌《2035 去台湾》，歌词说要搭动车去看台湾好风光，引起两岸关注。中央台办发言人朱凤莲女士回应称："这实际上反映了两岸民众对实现京台高铁从福建到台北这么一个远景规划的美好愿望。希望两岸应通尽通，更方便地往来交流，多看两岸美景，多品两岸美食。我相信，这个愿望是一定会实现的。"

假设在 2035 年，你以中国共青团学生代表的身份，迎接第一批坐上京台高铁来到大陆的台湾同学，请你以"血浓于水话统一，民族复兴中国梦"为主题在欢迎晚会上发表主题演讲。

要求：选准角度，确定立意，明确文体，自拟标题；不得套作，不得抄袭；不得泄露个人信息；不少于 800 字。

命题点：本题为任务驱动型材料作文，有一定写作难度。试题命意着眼民族复兴,两岸统一的家国使命,紧扣立德树人,高度关注时代热点,充分考查考生的责任与使命意识、家国情怀。同时,该题命制着眼于宏大主题背景与微观写作背景相结合的出发点,融入了多种任务驱动要素,但需要学生转化身份角色,也包括时空转化,需要考生具有良好的思维品质。

参考立意:

①国家统一,共谋两岸福祉。

②两岸统一绘蓝图,民族复兴中国梦。

③铭记历史共创未来,两岸统一话复兴。

④顺应历史潮流,期待美好未来。

典型考题三:

阅读下面一则材料,根据要求作文。

2021 年 7 月 24 日,中共中央办公厅、国务院办公厅印发了《关于进一步减轻义务教育阶段学生作业负担和校外培训负担的意见》。"双减"重拳直击学科培训,不允许占用学生的假期时间进行补课,也不允许补课机构超纲教学,非学科教培机构禁止以其他名义对学生进行学科培训,"双减"政策让整个教育培训行业陷入巨大震荡。

教育是最大的民生工程,社会触及面极其广泛,涉及千家万户的切身利益,关系到家国长远福祉;教育也是一个系统工程,营造良好的教育生态环境,有利于我国青少年全面健康成长。针对"双减"政策,无论家长、学生、老师、学校都有一定的感想;针对以上问题,请同学们站在全面、发展的视角客观地予以分析,并以"如何面对'双减'?"为题写一篇发言稿。

要求:选准角度,确定立意,明确文体;不得套作,不得抄袭;不得泄露个人信息;不少于 800 字。

命题点:本题为任务驱动型命题作文,有一定写作难度。试题着眼于当前社会各界高度关注的时代热点——"双减"政策。这一政策关系到千家万户的切身利益,也关系国家命运福祉。如何看待"双减"政策,需要家长、学生、学校乃至社会各界拥有发展的、全面的眼光,冷静客观地加以分析;同时,也需要每个人既能关注自身,更要关注社会、家国的健康发展。该题秉承着宏大主题背景与微观写作背景相结合的命题思路，融入了多种任务驱动要素，需要考生具有良好的思维品质，能够多角度分析问题。

参考立意：

①积极响应国家“双减”政策，营造良好的教育生态。

②教育关系国计民生，切莫功利化、资本化。

③教育应提升质量，回归公益本位。

④唯功利、唯分数的教育观该转变了。

主题写作三　厚植家国情怀，筑牢理想信念之基

第一部分　时新素材

【慧眼聚焦】

1. 时代背景

当前，中国特色社会主义进入新时代，世界处于百年未有之大变局，两者同步交织、相互激荡，新时代与大变局最显著的特征就是中国特色社会主义蒸蒸日上、实干兴邦、充满希望，而霸权主义和强权政治色厉内荏、腐朽虚伪、日趋衰落。2018年6月，习近平总书记在中央外事工作会议上以纵深的历史眼光和宽广的全球视野指出：“当前中国处于近代以来最好的发展时期，世界处于百年未有之大变局，两者同步交织、相互激荡。”基于此，引导广大青年学子深刻认识新时代和百年大变局，具有极其重要的战略意义。

2. 高考背景

随着普通高中语文课程改革深入推进，高考作文命题也发生了深刻的变化，总体上坚持“守正创新，稳中求变”的命题原则与思路，进一步强化落实立德树人的教育根本任务。在写作方面呈现出宏大主题与微观角度相结合、情境化与任务驱动相结合的命题趋势与特点，其中高考写作对青年核心价值观念的引领是重中之重，尤其是青年学子的家国情怀、理想、责任与担当意识成为考查热点；同时，命题样式

也在不断创新,新的命意作文成为作文考查的宠儿。因此,在新高考改革的背景下,关注“厚植家国情怀,筑牢理想之基”这一时代命题尤为重要。

3. 与教材人文主题的对接

高中语文统编教材极为注重学生核心价值观的养成,引导学生树立正确的人生观、价值观、世界观,注重引领学生正确处理个人理想与民族复兴、职业规划与国家建设的关系。例如,统编教材第一单元人文主题设定为“青春激扬”,旨在引导学生感悟青春情怀,理解青春价值。教材注重引领学生树立“以天下为己任”的伟大抱负,引领学生关注国家命运前途,激发青春的热情,敞开心扉,追逐梦想,拥抱未来。

【热点素材】

1. 热点时评

既有家国情怀,也有人类关怀

——努力成长为堪当民族复兴重任的时代新人

“你们眼中的笑意温暖了我们的心田,你们的友好善意将永驻我们心中。”在北京冬奥会闭幕式上,国际奥委会主席巴赫先生表达了对冬奥志愿者的由衷感激和敬意。北京冬奥会期间,以青年为主的1.8万余名赛会志愿者用饱满的热情、周到的服务为赛会顺利举办奉献力量,向世界展示了新时代中国青年自信开放、蓬勃向上的形象与风采,成为一张闪亮的“中国名片”。

青年是国家的未来,也是世界的未来。国务院新闻办公室不久前发布的《新时代的中国青年》白皮书,全面展示了新时代中国青年更加开放自信地融入世界的精神风貌。新时代中国青年既有家国情怀,也有人类关怀,秉承中华文化崇尚的四海一家、天下为公理念,积极学习借鉴各国有益经验和文明成果,与世界各国青年共同推动构建人类命运共同体,共同弘扬和平、发展、公平、正义、民主、自由的全人类共同价值,携手创造人类更加美好的未来。

青年向上,时代向前。今天的中国日益走近世界舞台中央,对外开放的大门越开越大。习近平总书记强调,“70后、80后、90后、00后,他们走出去看世界之前,中国已经可以平视这个世界了”。通过留学、务工、旅游等方式,全方位、深层次了解世界、融入世界、拥抱世界,学习借鉴其他国家的有益经验和文明成果;在各种国际舞台上,讲述中国故事、参与全球青年事务治理,在双多边框架下积极交流互动、促进合作共赢……“走出去”的道路越来越宽,沟通合作的“朋友圈”越来越大,新时代中国青年以前所未有的深度和广度认识世界、融入世界,在对外交流合作中展现出理性包容、自信自强的精神风采,不断增强做中国人的志气、骨气、底气。

习近平总书记强调:“构建人类命运共同体是一个美好的目标,也是一个需要一代又一代人接力跑才能实现的目标。”新时代中国青年深刻认识到,每个民族、每个国家的前途命运都紧紧联系在一起,应该风雨同舟、守望相助,努力把共同的地球家园建成一个命运与共的大家庭。积极倡导、努力践行构建人类命运共同体理念;积极投身“一带一路”建设,践行共商共建共享理念;“中国青年志愿者海外服务计划”累计派出超过700名青年志愿者,在亚洲、非洲、拉丁美洲的20多个国家,开展医疗卫生、农业技术、土木工程、工业技术、经济管理、社会发展等方面服务……新时代中国青年在心与心的交流对话中汇聚青春共识,在手拉手的并肩前行中绘就美好图景,用实际行动展现构建人类命运共同体的青春担当。

世界充满希望,也充满挑战。百年变局和世纪疫情叠加,给世界经济发展和民生改善带来严重挑战,当今世界面临越来越突出的治理赤字、信任赤字、和平赤字、发展赤字。时代呼唤全世界青年团结一心,加强彼此了解,相互取长补短,用欣赏、互鉴、共享的观点看待世界,携手构建人类命运共同体。“坚持向美、向上、向善的价值追求”“展现朝气蓬勃的精神风貌”“为国家发展进步奋斗担当”“为世界和平发展贡献智慧力量”,新时代中国青年向全世界青年发出倡议,真诚希望全世界青年能够携起手来,为建设一个持久和平、普遍安全、共同繁荣、开放包容、清洁美丽的世界贡献智慧力量,展现青春担当。

世界的未来属于年轻一代。未来的世界,关系到每一名青年的前途命运,更取决于每一名青年的拼搏奋斗。全球青年有理想、有担当,人类就有希望,推进人类和平与发展的崇高事业就有源源不断的强大力量。拓展放眼全球的国际视野、厚植兼济天下的人类情怀、锤炼舍我其谁的历史担当,新时代中国青年把青春梦融入中国梦、世界梦,踔厉奋发,勇毅前进,一定能让青春在为祖国、为民族、为人民、为人类的不懈奋斗中绽放绚丽之花。

(摘编自《人民日报》2022年5月2日)

多维解读(写作切入角度)

角度一:青年兴则国家兴,青年强则国家强。

“广大青年要成为实现中华民族伟大复兴的生力军,肩负起国家和民族的希望。”在五四青年节和北京大学建校120周年校庆日即将来临之际,习近平总书记来到北京大学考察,与莘莘学子共话追梦的激情和理想、圆梦的奋斗与奉献,深刻阐述建设中国特色世界一流大学的政治方向和实现路径,为广大青年提供健康成长的指引,为高校建设擘画清晰的未来蓝图。未名湖畔的叮嘱,博雅塔下的勉励,让无数青年心潮澎湃、热血沸腾,极大鼓舞起年轻一代为理想奋斗的信心与决心。

(摘编自《寄语青年:肩负起国家和民族的希望》,《人民日报》2022年9月30日)

角度二:响应时代与家国的召唤,投身家国建设的大潮。

生于伟大的国家,长在最好的时代,投身国家建设,逐梦伟大征程,这是新时代青年最大的幸运。家国情怀永远是广大青年激扬青春的强大力量。在广袤的乡土田野间,千千万万个以黄文秀为榜样的优秀青年投身于乡村振兴主战场,建设美丽的家乡;在遥远的深空,英雄航天员把祖国利益作为最高利益,以巨大的勇气战斗在寂静的空间站;在与疫情进行殊死搏斗中,青年救护者挺身而出,一幕幕舍生忘死、守望相助的场景感人至深。热爱脚下的土地,用内心感应时代脉搏,用不懈奋斗逐梦美好未来,在平凡中坚守、在坚守中奉献、在奉献中闪光,这是新时代青年应该展现的风采。

(摘编自毛毅《家国情怀是激扬青春的强大力量》,2023年1月9日)

角度三:青年是追梦者,也是圆梦人。

中国的未来属于青年,中华民族的未来也属于青年。青年一代的理想信念、精神状态、综合素质,是一个国家发展活力的重要体现,也是一个国家核心竞争力的重要因素。中国特色社会主义进入新时代,中国日益走近世界舞台中央,中华民族距离伟大复兴的目标从未如此之近,广大青年生逢其时,也重任在肩。追梦需要激情和理想,圆梦需要奋斗和奉献。当此之时,正需要广大青年在奋斗中释放青春激情、追逐青春理想,为国家建设、民族复兴凝聚起磅礴的青春力量。

(摘编自《寄语青年:肩负起国家和民族的希望》,《人民日报》2018年5月3日)

写作指津:

该时评以北京冬奥会国际奥委会主席巴赫先生对中国青年志愿者的高度赞扬

开篇,全文思路严谨、层层深入、材料丰富、论述深刻。从布局谋篇来看,本文以"既有家国情怀,也有人类关怀"为中心,开头以时事评论入题,新颖别致,有的放矢;在全文主体段落论述过程中,作者先后提出"青年是国家的未来,也是世界的未来""青年向上,时代向前""构建人类命运共同体是新时代中国青年的担当""世界充满希望,也充满挑战"四大分论点,逐层深入,说理深刻,有理有据;结尾部分,作者指出"未来的世界,关系到每一名青年的前途命运,更取决于每一名青年的拼搏奋斗",指明了个人理想和奋斗与国家、世界的关系,站位高远,具有极其重要的现实意义。此外,文章论证思路严密且灵活多变,综合运用道理论证、举例论证、引用论证等多种论证手法,值得广大考生借鉴。

2. 热点话题

江山就是人民　人民就是江山

道阻且长,行则将至。2022 年 10 月 16 日,中国共产党第二十次全国代表大会在北京胜利召开。习近平总书记在党的二十大报告中阐述了新时代新征程中国共产党的使命任务,强调前进道路上必须牢牢把握的"五项重大原则"——坚持和加强党的全面领导、坚持中国特色社会主义道路、坚持以人民为中心的发展思想、坚持深化改革开放、坚持发扬斗争精神。

江山就是人民,人民就是江山。"以人民为中心的发展思想,不是一个抽象的、玄奥的概念,不能只停留在口头上、止步于思想环节,而要体现在经济社会发展各个环节。"党的十八大以来,以习近平同志为核心的党中央提出以人民为中心的发展思想,坚持一切为了人民、一切依靠人民,始终把人民放在心中最高位置、把人民对美好生活的向往作为奋斗目标。

习近平在中国共产党第二十次代表大会报告指出,坚持以人民为中心的发展思想。维护人民根本利益,增进民生福祉,不断实现发展为了人民、发展依靠人民、发展成果由人民共享,让现代化建设成果更多更公平惠及全体人民。

(摘编自《以人民为中心发展中国特色社会主义政治经济学》等)

青年说(价值观思想方面的解读)

"江山就是人民,人民就是江山""我将无我,不负人民""我愿意做到一个'无我'的状态,为中国的发展奉献自己"这是一份庄重承诺,也是一种公开勉励。"人民”是不变的价值指向,“为人民”是不变的价值追求,“人民性”是永恒的价值底色。只要把人民放在心上,把使命扛在肩上,与人民心心相印,与人民同甘共苦,与人民团结奋斗,在中国共产党的领导下,古老而现代的中国一定会焕发出蓬勃的生机,更加繁荣昌盛。

(摘编自《共享发展理念融入高校思政教育的探索与实践》等)

一句话概括:江山就是人民,人民就是江山。这也就是说,我们要把人民放在心上,把使命扛在肩上,与人民心心相印,与人民同甘共苦,与人民团结奋斗。

多维解读(写作切入角度)

角度一:人无精神不立,国无精神不强。

“我将无我,不负人民”这是习近平总书记对国家和人民的赤子之心,是人民领袖对14亿多人民的赤诚奉献,这种伟大的精神,具有强大的感召力。青年一代,当以此为训,励志而修身,奋然而前行。

角度二:生命因奋斗与奉献而有价值。

生命是短暂的,但是奋斗却可以在短暂的一生中创造辉煌的成就;这份生命的光芒,也将温暖万家百姓,照亮家国四方。

角度三:大格局成就大作为。

“无我”是一种大格局,是夙夜在公、勤勉工作,是立党为公、执政为民。有了这种格局,才能诚心诚意为民、公平公正惠民,才能引领着全党全国各族人民追梦圆梦的壮阔征程。

适用话题:人民至上/责任担当/人生规划/民族复兴/家国情怀

运用场景一:以身许国

2019年3月22日下午,意大利众议长菲科在同习近平主席举行会见,临近结束时,突然抛出了一个问题。“您当选中国国家主席的时候,是一种什么样的心情?”听到众人的笑声,菲科补充道:“因为我本人当选众议长已经很激动了,而中国这么大,您作为世界上如此重要国家的一位领袖,您是怎么想的?”习近平主席的目光沉静而充满力量,他说:“这么大一个国家,责任非常重,工作非常艰巨。我将无我,不负人民。我愿意做到一个‘无我’的状态,为中国的发展奉献自己。”

青年一代要以习近平总书记为榜样,把人民放在心上,以身许国,树立远大理想。

（摘编自《习近平谈治国理政》等）

运用场景二：人民至上

大境界造就大胸怀。“我将无我，不负人民”是一种大境界，是不计得失、不谋私利，是鞠躬尽瘁、无私奉献。从“人民对美好生活的向往就是我们的奋斗目标”的拳拳之心，到“为人民服务，担当起该担当的责任”的铮铮之誓，再到“我是人民的勤务员”的不渝初心，无不蕴含着以身许党许国、报党报国的宏大境界。有了这种境界，才能全心全意爱民、贴心交心亲民，锻造出心系人民、为民担当的博大胸怀。

（摘编自《人民领袖的边疆情怀——习近平总书记对云南人民的深情厚爱》等）

3. 热点新词

人类命运共同体

人类命运共同体旨在追求本国利益时兼顾他国合理关切，在谋求本国发展中促进各国共同发展。人类只有一个地球，各国共处一个世界，要倡导“人类命运共同体”意识。人类命运共同体这一全球价值观包含相互依存的国际权力观、共同利益观、可持续发展观和全球治理观。2022 年 11 月，人类命运共同体理念写入联大一委三项决议。

人类只有一个地球，一个世界。2012 年 11 月党的十八大明确提出要倡导“人类命运共同体”意识。习近平就任总书记后首次会见外国人士就表示，国际社会日益成为一个你中有我、我中有你的“命运共同体”，面对世界经济的复杂形势和全球性问题，任何国家都不可能独善其身。“命运共同体”是近年来中国政府反复强调的关于人类社会的新理念。2011 年《中国的和平发展》白皮书提出，要以“命运共同体”的新视角，寻求人类的共同利益和共同价值的新内涵。

当今世界面临着百年未有之大变局，世界多极化、经济全球化、文化多样化和社会信息化潮流不可逆转，各国间的联系和依存日益加深，但也面临诸多共同挑战。粮食安全、资源短缺、气候变化、网络攻击、人口爆炸、环境污染、疾病流行、跨国犯罪等全球非传统安全问题层出不穷，对国际秩序和人类生存都构成了严峻挑战。不论人们身处何国、信仰何如、是否愿意，实际上已经处在一个命运共同体中。与此同时，一种以应对人类共同挑战为目的的全球价值观已开始形成，并逐步获得国际共识。

玻利维亚前外长费尔南多·瓦纳库尼·马马尼指出，中国国家主席习近平提出的构建人类命运共同体理念不仅契合人类共同发展的需求，还强调人与自然环境的关系，为世界提供了应对挑战、共创未来的方案。

（摘编自新华网等）

青年说（价值观思想方面的解读）

人类社会是一个相互依存的共同体已经成为共识，但不同国家和国家集团之间为争夺国际权力发生了数不清的战争与冲突。瞬息万里、天涯咫尺的全球化传导机制把人类居住的星球变成了“地球村”，各国利益的高度交融使不同国家成为一个共同利益链条上的一环。一个国家的粮食安全出现问题，则饥民将大规模涌向别国；互联网把各国空前紧密地连在一起；气候变化带来的冰川融化、降水失调、海平面上升等问题，不仅给岛国带来灭顶之灾，也将给世界数十个沿海发达城市造成极大危害。

（摘编自《构建人类命运共同体——全球化》等）

一句话概括：经济全球化促使人们对传统的国家利益观进行反思，人类命运共同体是破解人类发展、生存困局的金钥匙。

多维解读（写作切入角度）

角度一：大道之行，天下为公。

党的十八大以来，习近平总书记洞察世界大势，以深邃的历史眼光和广博的天下胸怀，为全世界贡献了人类生存与发展的中国方案。

角度二：同舟共济，共创未来。

“天下大同，世界一家。”构建人类命运共同体，世界各国协同联动，紧密携手共创未来，才是人类的未来，才是这个星球的未来。

角度三：辅车相依，唇亡齿寒。

面对越来越多的全球性问题，人类命运共同体早已深入人心。任何国家都不可能独善其身，要想自己安全，必须让别人安全；要想自己活得好，必须让别人活得好。

适用话题：天下大同/唇亡齿寒/和谐/共创未来

运用场景一:弘扬冬奥精神,构建人类命运共同体。

北京冬奥会、冬残奥会的成功举办再次证明,人类生活在同一个地球村,命运紧密相连,奥林匹克运动倡导的“更团结”正是当今时代最需要的。前进道路上,我们要共创未来,把握世界大势,顺应时代潮流,坚定不移站在历史正确的一边,站在人类进步的一边,坚守和平、发展、公平、正义、民主、自由的全人类共同价值,团结合作、携手前行,为推动构建人类命运共同体做出新的更大贡献。

(摘编自《人民日报》社论《树立新时代改革开放新标杆》等)

运用场景二:团结合作,构建人类命运共同体。

当北极冰川融化,海平面持续上升;当山火、地震、海啸频发,空气和水污染加剧……没有谁能独善其身。面对全球性的危机和挑战,团结合作、成为命运共同体是我们唯一的选择。无论是2008年的金融危机,还是现在仍在蔓延的新冠肺炎疫情,都在告诉我们一个事实,仅凭一个或几个国家的力量来解决我们面临的问题,那无异于天方夜谭。

第二部分　模拟考场

【新题预测】

1. 新题设计

命意作文,是命题者提示作文立意的一种作文写作方式。这种写作方式相较于命题作文难度有所降低,相较于话题作文难度有所提升。在具体考试命题中,这种“立意提示”往往通过题目、试题材料或写作提示来呈现,考生需要认真思考后把握命题者的立意。与话题作文、命题作文、材料作文相比较,这种作文的立意是半隐半显的,写作难度系数大多取决于写作中心、试题材料、任务情境等。

当前,随着普通高中语文课程改革深入推进,高考作文命题在不断产生新变化。新的命意作文,具有命题作文、材料作文、任务驱动作文三者共同特征,注重在特定情境下考查学生写作水平,进一步强化了落实立德树人的教育根本任务,在写作方面呈现出写作命意与材料解读相结合、宏大主题与微观角度相结合、情境化与任务驱动相结合的命题趋势与特点。

目前,在高考作文命题方面,任务驱动型作文仍是主流方向,但命意作文也不容忽视,应当成为近年一线师生备考的重中之重;命题作文、半命题作文在大型联考中的考查热度渐渐升高,极有可能回归一线高考考场。

针对命意作文,审题时需要从以下几方面入手:

(1)明确任务指令。命意作文在试题中会给出具体的写作指令,要求考生在整体理解的基础上洞察写作任务指向。如,2022 年全国新高考 II 卷创设了复兴中学团委主题征文活动,学生结合材料写一篇文章,体现学生的认识与思考。

(2)置身写作情境。命意作文试题一般通过试题材料和写作要求创设明确的情境,考生须置身写作情境方可洞悉写作中心指向。如 2022 年高考全国 II 卷设定了考生身份、场所、活动主题、写作方向等重要信息,考生需要准确理解,把握内涵。此外,置身写作情境,也便于考生充分挖掘写作空间,巧妙构思写作思路。

(3)抓准试题命意。针对命意作文,学生既要置身写作情境也要深入挖掘写作的任务指令,在此基础上,考生方可准确把握写作试题命意,进而确定自己考场作文的中心。一道新命意作文,可谓是考生与命题人之间一场"灵魂的对话",其中最重要的是考生要深入挖掘试题写作材料及要求,并与命题人试题命意相通,方可获得最佳立意。

2. 预设新题

阅读下面的材料,根据要求写作。(60 分)

材料一:"清澈的爱,只为中国!"这是年仅 18 岁的烈士陈祥榕生前写下的誓言。2020 年 6 月在喀喇昆仑山加勒万河谷,陈祥榕与越境来犯外军殊死搏斗,英勇牺牲。

材料二:"中国近代工程之父"詹天佑说:"各出所学,各尽所知,使国家富强不受外侮,足以自立于地球之上。"

材料三:马克思在《青年在选择职业时的考虑》中说道:"如果我们选择了最能为人类福利而劳动的职业,那么,重担就不能把我们压倒,因为这是为大家而献身。那时我们所感到的就不是可怜的、有限的、自私的乐趣,我们的幸福将属于千百万人。"

作为新时代的青年，我们要有理想、有本领、有担当，不负自己，不负时代与家国；那么，读了以上三则材料，你对“个人奋斗与国家发展的关系”有怎样的认识与思考？请你以复兴中学校团委书记的身份写一篇发言稿，在国旗下讲话时，谈一谈你的看法。

要求：选好角度，确定立意，自拟标题；不要套作，不得抄袭；不得泄露个人信息；不少于800字。

【阅卷者说】

1. 命题特色

高考作文命题必须引导青少年关注时代，关注国家，关注社会，树立正确的人生观、世界观、价值观，成长为国家的栋梁之材！这是高考考查的重点和肩负的使命。纵观近三年全国卷考情，高考作文命题坚持“立德树人”，坚持考查学生的写作能力、综合素养，其命题强调内容导向，注重情境运用，明确任务指令，融入了新课标理念，指明了我们高考考场作文备考的方向。主要包括以下三方面：

首先，重点关注宏大主题与微观角度相结合的试题命制角度。高考作文连续多年考查的多为宏大主题，试题命制材料抓取社会生活热点，关注考生对现实生活的切身感受，着重考查考生能否理性思考，是否具有一定的人文情怀；试题命制材料包括名人名言、时事、学术经典等，政治站位高，贴近社会热点，可以引导学生关注时代，关注社会，关心家国，厚植家国情怀，浸染红色基因，从而引发学生对事件的思考。

其次，命题者注重考查考生核心价值观念，注重政治站位，传承红色基因，凝聚建设家国的精神力量。新题预设的材料之一是马克思在《青年在选择职业时的考虑》中有关青年职业规划的论述，这一材料可以充分引导广大青年树立远大志向，勇担时代家国重担；可以引导青年将个人的理想、职业规划与国家建设、民族复兴结合起来，将个人理想与国家命运联系起来，将“小我”融入社会、时代、国家的“大我”之中。

最后，命题者注重情境设计，凸显任务驱动。新题设计中的作文试题选取了宏大主题——如何处理个人与国家的关系这一重大问题；同时，命题角度设定复兴中学国旗下讲话这一日常校园情境，给考生设定了一名团委书记的身份，并以此身份设定写作任务。

2. **审题思维**

区域	审题要点	内容
材料解析	关键词句	新时代的青年,应深刻认识个人奋斗与国家发展的关系
	话题(主题)	新题预设旨在落实立德树人的根本任务,重在引导学生关心家国,关注时代,关注社会,深入思考当前社会热点,提升写作能力,引领一线师生科学备考。试题以新时代、世界百年未有之大变局为命制背景,以国旗下讲话为预设写作情境,具有深层次的时代意义。试题重在考查学生对于个人理想、职业规划与国家建设、民族复兴关系的认识,是否能够处理好二者的关系及能否与时代、国家同呼吸共命运。
	思维角度	试题是命意作文,创设了特定情境,融合了任务驱动作文的写作特点,对考生思维品质要求较高。考生应灵活掌握关联思维、辩证思维、比较思维、批判思维等思维方法。从关联思维来看,个人理想、职业规划与国家建设、民族复兴密切相关,个人理想、价值、职业规划的实现要主动融入国家建设、民族复兴,当然,这也是国家富强、民族复兴的重要内容,它们之间密切相关。从比较思维来看,个人理想、职业规划与国家建设、民族复兴,是两个不同的层面,二者比较起来有很多不同,处理好二者关系要有较清晰的比较思维。从辩证思维来看,青年一代,没有正确的人生观、世界观,就无法清醒地认识到个人在集体、国家之中的价值与定位,个人也难以树立远大的理想,也就没有中华民族的伟大复兴!中国人民应更加清晰地看到,只有国家强大,个人才能拥有幸福的人生、岁月静好;越是接近民族复兴越不会一帆风顺,越会充满风

续表

区域	审题要点	内容
	思维角度	险、挑战，乃至惊涛骇浪；面对世界百年未有之大变局，我们必须坚定不移将个人理想、职业规划融入国家建设、民族复兴的大局之中，把伟大祖国建设得更加强大、美好……面对材料，考生要想写作深刻，就必须拥有良好的思维品质，理清其中复杂的关系。
任务情境	写作背景	背景一：当今时代，世界正处于百年未有之大变局中，新时代的青年必须要树立正确的人生观、世界观，正确处理个人理想、职业规划与国家建设、民族复兴的关系。 背景二：新时代与百年未有之大变局。 背景三：以复兴中学校团委书记的身份写一篇发言稿，在国旗下讲话时，谈一谈你的看法。
	写作身份	团委书记。
	写作对象	教师及学生。
	写作文体	发言稿。
	写作内容	个人理想、职业规划、国家建设、民族复兴。
写作要求	标题、立意、字数等	标题：自主命题。 立意：隐性限制命意。 字数：不少于 800 字。

3. **写作立意**

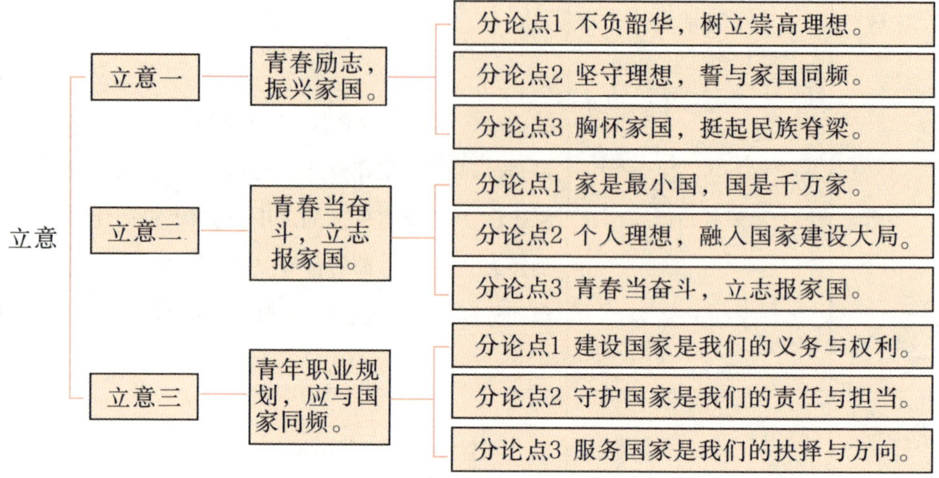

4. **结构模型**

示例：

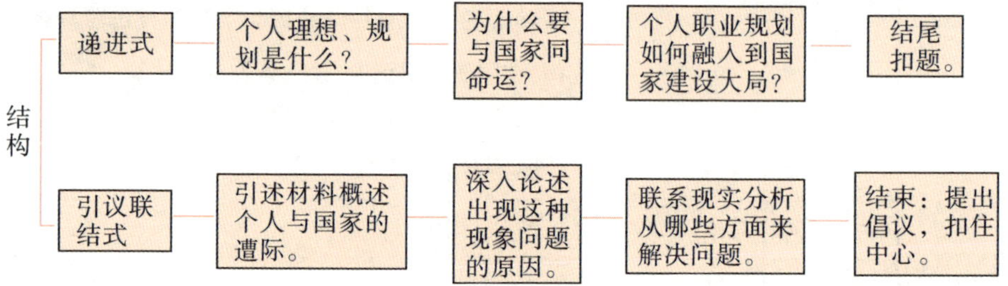

【拟题示例】

1. **修辞式**

家是最小国，国是千万家！

若无国家，安有小家？

家国情怀，是青年的精神丰碑

何以为家？何以为国？

2. 对称式

砥砺青春意志,建设美好中国

青年胸怀家国,人生逐梦前行

树立远大理想,振兴中华民族

青春当奋斗,立志报家国

3. 化用式

与时代同频,与家国同运

心怀家国,淡泊名利

许身家国,不忘初心

个人之理想,当融于国家

4. 引用式

莫让青春付流水

留取丹心照汗青

甘以热血沃中华

吾将上下而求索

5. 对比式

个人与国家,二者皆不负

胸怀一己之志,身肩家国之责

以身许国,铸就青春大格局

国家与个人,从来不是矛和盾

6. 反常式

个人规划,亦需要反刍

个人理想,无须虑及国家?

位卑岂须忧国?

【佳作展示】

青春当奋斗，立志报家国

夏金良

尊敬的老师、亲爱的同学们：

大家好！我是复兴中学团委书记，非常荣幸在这庄严而神圣的时刻与各位老师、同学谈一谈“个人奋斗与国家发展的关系”这一话题。今天，我在国旗下讲话的题目是《青春当奋斗，立志报家国》。

马克思在《青年在选择职业时的考虑》中说道：“如果我们选择了最能为人类福利而劳动的职业，那么，重担就不能把我们压倒，因为这是为大家而献身。那时我们所感到的就不是可怜的、有限的、自私的乐趣，我们的幸福将属于千百万人。”的确如此，我们作为新时代的青年，若能奋发有为，拼搏向上，将个人的理想、职业规划融入祖国的伟大建设之中，与祖国共奋进，我们与祖国的未来一定无限美好！①

家是最小国，国是千万家。个人、家庭的前途命运，同国家、民族的前途命运紧密相连。毋庸置疑，人生在世，每个人都渴望生活在一个富强、民主、文明、自由、幸福的国度，但是这种幸福并不是当今世上的每个人都能拥有的。立足当今世界百年变局，世界上还有数以千万的难民仍然无家可归、流离失所，生活在炮火连天、朝不保夕的日子里……似乎上帝忘记了他们的存在，世界的文明之光并未温暖这里的人民。我们不禁感叹，没有一个富强、民主、独立的国家，又何谈个人的人生理想、职业规划……②世界并不太平，我们只是

抢分点

①开篇引用试题材料，分析材料，阐明本文中心论点，开门见山。

②承接上一段，深入分析个人与国家的关系。文章立足世界百年变局，关注时代，关心国家，深入分析当前国际局势，具有世界眼光，深入论证了个人与国家的关系。

生活在和平的国家,而不是生活在和平的年代。

江河汇聚而成奔涌之伟力,凝心聚力方成富强之家邦。鲁迅先生曾言:"愿中国青年都摆脱冷气,只是向上走,不必听自暴自弃者流的话。能做事的做事,能发声的发声。有一分热,发一分光。就令萤火一般,也可以在黑暗里发一点光,不必等候炬火。"回顾鸦片战争以来中华民族的百年屈辱,我们深知:当今,中国百姓的幸福生活、岁月静好,是无数先烈、仁人志士用生命和鲜血换来的。我们不能忘却,林则徐虎门销烟的民族血泪、梁启超先生"十年饮冰,难凉热血"的悲吟与坚守;不能忘却赵一曼女士"未惜头颅新故国,甘将热血沃中华"的爱国赤子之情;更不能忘却,毛泽东、周恩来等老一辈无产阶级革命家甘洒热血为家国的革命豪情……③

③本段立足近代中国百年屈辱历史,通过引用论证、举例论证深入分析个人与国家的关系,论据丰富。

青春当奋斗,立志报家国。正如习近平总书记所言,我们要认识到,千家万户都好,国家才能好,民族才能好。国家富强,民族复兴,人民幸福,不是抽象的,最终要体现在千千万万个家庭都幸福美满上,体现在亿万人民生活的不断改善上。我们新时代的青年,要以詹天佑、陈祥榕为榜样,始终牢记幸福都是奋斗出来的;我们要将个人理想、职业规划融入伟大的社会主义国家建设中来。鲁迅弃医从文、钱伟长弃文学理、樊锦诗梦守敦煌……无不是将个人的梦想融入国家、民族建设之中,用汗水浇灌未来、用奋斗灌注理想,成就了自我,报效了国家。④

④本段紧扣文章标题与中心,巧妙引用习近平总书记讲话,站位高远;同时运用举例论证的方法深入解析论点。

强国浪花正翻涌,少年青春恰逢时。江河奔涌,汇聚后浪的力量,让后浪奔涌的浪花流向大海,汇聚成支撑中国的力量。⑤革命先烈、时代的楷模给予我们成长的方向,时代的重任助推我们不断地成长。一代人有一代人的使命,一代人有一代人的担当。唯愿诸君将振兴中华之责任,置于自身之肩上。

⑤本段运用比喻论证,以“后浪”喻“青年”,分析论证有高度、深度,也使得分析论证形象、生动、通俗易懂。

青春中国恰逢青春后浪,仰望星空,让我们写下宏愿:“青春当奋斗,立志报家国!”

我的演讲完毕,谢谢大家!

模拟评分:一类文。评分:内容20+表达20+发展18=58分。

名师点评:本文紧扣“青春当奋斗,立志报家国”进行构思,准确把握写作情境,明确落实了任务要求。本文论证思路清晰,层层递进,前后照应。全篇论证思路清晰,论据丰富,论证方法多变。文章立足青年一代,紧扣个人理想、职业规划与国家建设、民族复兴的关系,其气势喷薄、意境宏阔,情感真挚,语言精练,且彰显文气。

(香河县第一中学　杨雪辉)

【考题发散】

典型考题一:

阅读下面的材料,根据要求写作。(60分)

国家主席习近平在二〇二三年新年贺词中提道:“历史长河波澜壮阔,一代又一代人接续奋斗创造了今天的中国。今天的中国,是梦想接连实现的中国。北京冬奥会、冬残奥会成功举办,冰雪健儿驰骋赛场,取得了骄人成绩。神舟十三号、十四号、十五号接力腾飞,中国空间站全面建成,我们的‘太空之家’遨游苍穹。人民军队迎来95岁生日,广大官兵在强军伟业征程上昂扬奋进。第三艘航母‘福建号’下水,首架C919大飞机正式交付,白鹤滩水电站全面投产……这一切,凝结着无数人的辛勤付出和汗水。点点星火,汇聚成炬,这就是中国力量!”

“明天的中国,希望寄予青年。青年兴则国家兴,中国发展要靠广大青年挺膺担当。年轻充满朝气，青春孕育希望。广大青年要厚植家国情怀、涵养进取品格，以奋斗姿态激扬青春，不负时代，不负华年。”

请结合以上材料，将“青年理想”与“家国情怀”联系到一起，写一篇文章，体现你的感受与思考。

要求：选准角度，确定立意，明确文体，自拟标题；不要套作，不得抄袭；不得泄露个人信息；不少于800字。

命题点：本题为任务驱动型半命题材料作文，材料中引用了国家主席习近平在2023年新年贺词中的内容，以近年来经常讨论的“家国情怀”与“青年理想”作为切入点，意在引导考生在家与国的辩证关系中，树立青年责任，坚守初心，把个人理想与国家发展融为一体。

参考立意：

①吾有所爱，其名华夏。

②怀拳拳爱国心，做时代弄潮儿。

③时代长征路，青年与祖国同行。

④这盛世，如你所愿。

⑤欲强家国，吾辈当自强。

典型考题二：

阅读下面的材料，根据要求写作。(60分)

白日不到处，青春恰自来。苔花如米小，也学牡丹开。　　——〔清〕袁枚《苔》

2022年11月1日，《人民日报》刊载文章《青苔如米小，以梦现芳华》，文章中写道：“回顾百年，无数平凡之躯承载高尚品格，走过百转千回、逆浪狂风；用个人理想点亮国家需要，不骄不馁，不怨不悔，砥砺前行。展望百年，前人的火把已然传递到我们手中，我辈应学习‘苔之品质’，在铸就中华民族伟大复兴的画卷中找准自身的‘平凡坐标’，以平凡造非凡。”

身处新中国改革开放新征程，我辈应做“时代新苔”，以“苔之品质”扬帆起航，书写新的时代华章。学校计划请你作为高三学生代表，在2022年最后一次升旗仪式上发言，主题是“厚植家国情怀，铸牢理想之基”，请完成一篇演讲稿。

要求：结合材料内容及含意完成写作任务；选好角度，确定立意，明确文体，自拟标题;不要套作,不得抄袭;不得泄露个人信息;不少于800字。

命题点:这是一篇任务驱动型作文,本题目以清代袁枚的一首小诗《苔》和《人民日报》上刊载的文章《青苔如米小,以梦现芳华》作为考生写作的基点,引导考生思考家与国、个人与国家、小我和大我的关系。考生需要特别注意“高三学生代表”的身份和发言对象,在写作中要始终不忘青年应有的家国担当。

参考立意:

①微米之苔,力能扛鼎。

②家是最小国,国是千万家。

③弘扬家国情怀,青年勇挑重担。

④家国情怀是一种责任和担当。

典型考题三:

阅读下面的材料,根据要求写作。(60分)

虚荣的人注视着自己的名字,光荣的人注视着祖国的事业。 ——何塞·马蒂

青年人选择职业和专业方向,首先要选择国家急需的。只有把个人的前途和命运与国家的兴衰紧密地联系在一起,才会有所作为,才会无愧于祖国和民族。

——于　敏

作为即将毕业的高三学生,你将面临人生的重大选择。请结合上述材料,谈谈你的思考和认识。

要求:自选角度,确定立意,明确文体,自拟标题,不要套作,不得抄袭,不得泄露个人信息;不少于800字。

命题点:这是一道材料作文,材料选自中外两位名人的观点。何塞·马蒂的名言强调摒弃虚荣,做关注国家的“光荣的人”;核物理学家“中国氢弹之父”于敏的名言,告诉我们作为青年,要将自己的个人爱好与国家的兴旺盛衰紧紧联系,要有责任担当与家国情怀。试题注重引领学生正确处理个人需求、理想、职业与家国、集体、民族的关系,引导学生树立正确的人生观、价值观、世界观。

参考立意:

①正确选择个人职业,事关个人价值的实现和国家的发展。

②以自我为中心或徒有虚荣者,必将陷入自私自利的泥潭。

③心系国家，心忧黎民，才能无愧于国家和民族。

④青年择业，折射的是不同的价值观和人生观。

主题写作四　弘扬传统文化，传承民族基因

第一部分　时新素材

【慧眼聚焦】

1. 时代背景

中华优秀传统文化是中华五千年文明的智慧结晶，其中蕴含的宇宙观、天下观、社会观、道德观等，为人们认识和改造世界提供了有益启迪。习近平曾多次指出，中华优秀传统文化是中华民族的根和魂。坚持和发展马克思主义，必须同中华优秀传统文化相结合。基于此，引导广大青年学子弘扬传统文化，传承民族基因势在必行。

2. 高考背景

近年来，高考作文命题着重引导学生关注传统文化，增强文化自信，对“传统文化的弘扬和传承”这一主题多有呈现，如：2021 年全国乙卷作文“‘弓’‘矢’‘的’的智慧启示”、新高考卷Ⅱ作文“‘人’字描红”漫画，都引导考生有鉴别地对待、有扬弃地继承传统文化，古为今用、推陈出新；2022 年全国甲卷作文化用《红楼梦》中“大观园试才题对额”的情节，既让考生重温经典，感受传统文化之妙，又让传统文化点亮新时代，别出心裁，曲径通幽。因此，在新高考改革的背景下关注“传统文化的弘扬与传承”这一时代命题尤为重要。

3. 教材对接

高中语文教材“人文主题”指出：“要引导学生热爱传统文化，肩负起中华民族伟大复兴的责任和使命。”教材精选了反映中华优秀传统文化的经典名篇，内容涉及必修和选择性必修五本教材，一共选入古代诗文有 67 篇（首），占全部选文总数 136 篇（首）约 49.3%，其中古诗词是 33 首，古文是 34 篇，可见本主题在教材中的重

要地位。

【热点素材】

1. 热点时评

人民艺起评:建设富有中华民族个性与气派的社会主义文化

中华优秀传统文化是中华文明的智慧结晶和精华所在,是中华民族的根和魂。党的二十大报告指出:“只有植根本国、本民族历史文化沃土,马克思主义真理之树才能根深叶茂。”同时,作为中国式现代化重要组成部分的精神文明,需要“传承中华文明”。而在这些重大思想和论断指引下,我们正在不断推进的文化建设,也要“传承中华优秀传统文化”,要“坚守中华文化立场,提炼展示中华文明的精神标识和文化精髓”。这些重要论述都向我们表明,中国特色社会主义文化建设,是必然要体现中华文明的深厚积淀和鲜明特色的。而传承发展好中华民族的优秀传统文化,则是赋予当代中国文化以更强烈民族个性与文明气派的重要基础,在社会主义文化强国建设中,在为社会主义现代化建设凝心聚力的大局中,都发挥着不可替代的巨大作用。

当然,一个国家的文化传统是极为庞大且复杂的。面对这种状况,我们必须坚持马克思主义的指导思想地位不动摇。要以科学的立场和方法,辩证地对待古今中外各种文化资源。对于本国的传统文化也应予以深入细致地判断和甄别,取其精华,去其糟粕,既不主观臆断、虚无主义,也不保守封闭、复古倒退。党的二十大报告明确提出了马克思主义基本原理同中华优秀传统文化相结合的重大命题,指出了中华优秀传统文化重要理念与科学社会主义核心价值观的契合性,为我们进一步深入理解中华优秀传统文化的内涵、价值,正确处理文化传承、借鉴、发展的关系,更好地开展当代中国文化建设,提供了重大启示和根本指引。

基于此,我们在传承中华优秀传统文化的进程中,就要不断推动其实现创造性转化、创新性发展。要使中华优秀传统文化在新的时代真正“活起来”,必须使其与社会主义社会相适应,与社会主义文化相贯通,特别是要能够顺应并满足人民群众精神文化生活需要,能够促进全社会价值建设、道德建设和社会文明程度提升,能够增强国家文化创新、创造和传播能力。我们必须根据时代特点和发展需要,不断守正创新。既要研究好、留存好中华优秀传统文化的各类具体内容和原初载体,更要善于“抽象继承”，发掘传统文化资源中能够穿越时空，具有永恒魅力和普遍价值的思想内核与精神实质，一方面促其与各种现代社会活动、文化媒介相结合，另一方面在保有中华文化主体性、自觉性的前提下，积极鼓励古今中外各种文化元素的交流融通，突破传统与现代、中国与外国的截然区隔和二元对立，最终“返本开新”，聚合成崭新的富有中华民族个性、气派，又包容开放的社会主义文化。

在这一进程中，我们还要强调，历史不是断裂的，近代以来一辈辈先进中国人在抗争、求索、奋斗、建设中所孕育积累的文化精神财富，特别是中国共产党团结带领中国人民创造出的革命文化和社会主义先进文化，立基于中华优秀传统文化之上，构成了我们这个国家和民族的“新传统”，赋予当代中国文化以更为丰满、昂扬的个性与更为强大的能量。“周虽旧邦，其命维新。”我们要传承好中华优秀传统文化，也要借鉴吸收人类一切优秀文明成果，更要积极开展新的创造实践，不断培植富于民族特色、彰显文明特质的新文化，为全面推进中华民族伟大复兴提供强大的精神力量。

（摘编自人民网 2022 年 11 月 14 日）

多维解读（写作切入角度）

角度一：展示中华民族独特精神标识，构筑中国精神、中国价值、中国力量。

要坚持守正创新，推动中华优秀传统文化同社会主义社会相适应，展示中华民族的独特精神标识，更好构筑中国精神、中国价值、中国力量。要坚持马克思主义的根本指导思想，传承弘扬革命文化，发展社会主义先进文化，从中华优秀传统文化中寻找源头活水。

——习近平 2022 年 5 月 27 日在中共中央政治局第三十九次集体学习时的讲话

角度二：中华优秀传统文化得到创造性转化、创新性发展。

我们确立和坚持马克思主义在意识形态领域指导地位的根本制度，新时代党的创新理论深入人心，社会主义核心价值观广泛传播，中华优秀传统文化得到创造性转化、创新性发展，文化事业日益繁荣，网络生态持续向好，意识形态领域形势发生全局性、根本性转变。

——习近平 2022 年 10 月 16 日在中国共产党第二十次全国代表大会上的报告

角度三：不断培育和创造新时代中国特色社会主义文化。

要秉持开放包容，坚持马克思主义中国化时代化，传承发展中华优秀传统文化，促进外来文化本土化，不断培育和创造新时代中国特色社会主义文化。要坚持守正创新，以守正创新的正气和锐气，赓续历史文脉、谱写当代华章。

——习近平 2023 年 6 月 2 日在文化传承发展座谈会上的讲话

角度四：为强国建设、民族复兴注入强大精神力量。

我们要全面贯彻新时代中国特色社会主义思想和党的二十大精神，更好担负起新的文化使命，坚定文化自信，秉持开放包容，坚持守正创新，激发全民族文化创新创造活力，在新的历史起点上继续推动文化繁荣、建设文化强国、建设中华民族现代文明，不断促进人类文明交流互鉴，为强国建设、民族复兴注入强大精神力量。

——习近平 2023 年 6 月 7 日致首届文化强国建设高峰论坛的贺信

写作指津：

该时评思路严谨、结构明晰、论述深刻。我们可以从中借鉴构段谋篇和引用论证的写作技法。从构段谋篇上来看，本文以"传承中华优秀传统文化"为话题，开头即指出"中华优秀传统文化是中华民族的根和魂"这一中心论题，入题迅速、观点鲜明；主体段落中，作者指出"传承中华优秀传统文化，要不断推动其实现创造性转化、创新性发展"，说理深刻、辩证周密；结尾部分，作者提出"传承中华优秀传统文化要为全面推进中华民族伟大复兴提供强大的精神动力"，论证层层深入，直指"中国特色社会主义文化建设"，具有很好的借鉴意义。另外，本文多次采用引用论证的手法，如首段中引用了党的二十大报告中关于"传承中华优秀传统文化"的相关论述，巧妙地联系了当前的时政热点，增加了文章的说服力；尾段中引用了"周虽旧邦，其命维新"一语，既体现了中华优秀传统文化的魅力，又生动地说明了"传承需要吸收和创新"的道理。

第二部分　模拟考场

【新题预测】

1. 新题设计

在高考作文命题方面，宏大主题与微观角度相结合、情境化与任务驱动相结合的命题趋势仍是主流方向，应当成为一线师生备考的重中之重。综观最近几年全国各地高考作文试题，半命题材料作文占有率相对较少，但却再次走入各种大型模拟考试的现场，回归一线考场的趋势渐成。

针对情境任务驱动型作文，审题时需要从以下几方面入手：

(1)明确任务指令。高考情境任务驱动作文的试题都会创设明确的情境，给出具体的写作指令，要求考生在整体理解的基础上清楚任务的指向性。2022年高考全国甲卷创设了"大观园试才题对额"的写作情境，同时明确了任务指令："这个现象也能在更广泛的领域给人以启示，引发深入思考。请你结合自己的学习和生活经验，写一篇文章。"

(2)理解任务内涵。任务驱动型作文试题，一般在所给材料中都提供具体情境，深入挖掘情境，才能准确理解任务指向。2022年高考全国甲卷，考生在置身试题情境基础上，对于"匾额题名""直接移用""借鉴化用""根据情境独创""艺术效果"等重要信息，需要准确理解，把握内涵。

(3)挖掘写作空间。针对任务驱动型作文试题，考生既要从试题中挖掘出写作的任务指令，也要洞悉自身可以自由创作的空间，迅速找准立意角度，巧妙构思写作思路，精选写作素材，可谓是"戴着镣铐跳着自由舞蹈"！

2. 预设新题

阅读下面的材料，根据要求作文。

材料一：高尔基曾言："对于有文化的人，读书是高尚的享受。"

材料二：什么是文化？作家梁晓声用四句话概括：根植于内心的修养；无须提醒的自觉；以约束为前提的自由；为别人着想的善良。

材料三：习近平总书记在党的二十大报告中指出："全面建设社会主义现代化国家，必须坚持中国特色社会主义文化发展道路，增强文化自信。""建设社会主义文化强国，发展面向现代化、面向世界、面向未来的，民族的科学的大众的社会主义文化，激发全民族文化创新创造活力，增强实现中华民族伟大复兴的精神力量。"

文化蕴涵着人类的智慧、价值追求和审美情趣，其核心是价值观。中华文化源远流长，博大精深，蕴含着高尚的民族精神。当今时代，世界正处于百年未有之大变局，新时代的青年必须要对中华民族优秀传统文化有清醒而深刻的认识。青年一代，没有清醒的文化自觉，就没有高度的文化自信，没有高度的文化自信，就没有中华民族的伟大复兴!

班级计划举行读书会,围绕上述材料展开讨论。针对以上论述,你有怎样的认识?请写一篇议论文谈一谈自己观点。

要求:结合材料,选好角度,确定立意,自拟标题;不要套作,不得抄袭;不要泄露个人信息;不少于800字。

【阅卷者说】

1. 命题特色

纵观近三年全国卷考情,高考作文命题坚持"立德树人",注重考查学生的综合写作能力、素养,其命题强调内容导向,注重情境运用,明确任务指令,融入了新课标理念,指明了高考考场作文备考的方向。主要包括以下两方面:

首先,试题命意在于点燃学生文化自信,传承民族文化基因,凝聚建设社会主义文化强国的精神力量。习近平总书记指出:"全面建设社会主义现代化国家,必须坚持中国特色社会主义文化发展道路,增强文化自信。""建设社会主义文化强国,发展面向现代化、面向世界、面向未来的,民族的科学的大众的社会主义文化,激发全民族文化创新创造活力,增强实现中华民族伟大复兴的精神力量。"试题所选材料为党的二十大报告中的内容,可以充分引导广大青年树立远大志向,将个人的理想与文化自信、文化自强、民族复兴结合起来,将个人理想与国家命运联系起来,将"小我"融入社会、时代、家国的"大我"之中,勇担时代家国重担。

其次,命题者注重情境设计,凸显明确的任务驱动。近年高考全国试卷作文题目绝大多数为任务驱动型作文,是基于"真实情境"的语言表达实践。"预设新题"中的作文试题选取了宏大主题——文化,引领学生深入思考文化自信、文化自强、文化自觉、文化强国等一系列重大问题;同时,命题角度设定在班级读书会这一日常学习情境设定写作任务,即写一篇议论文。这种命题设计有利于降低宏大主题的考查难度,便于学生深入思考及表达,有利于深入考查和展示学生的综合素养。

2. **审题思维**

区域	审题要点	内容
材料解析	关键词句	置身百年未有之大变局,深刻认识文化强国战略。
	话题(主题)	新题预设充分体现了《中国高考评价体系》的命题精神,旨在落实立德树人的根本任务,重在引导学生深入思考当前社会热点,提升写作能力,引导学生关心家国,关注时代,关注社会,引领一线师生科学备考。试题以世界百年未有之大变局和党的二十大胜利召开为命制背景,以班级读书会为预设写作情境,具有深层次的时代意义。结合这一重大事件,试题重在考查学生对于文化传承、文化自信、文化自强是否有深入的认识,能否与时代、家国同呼吸共命运。
	思维角度	试题对考生思维品质要求较高,考生应灵活掌握线性思维、关联思维、辩证思维、比较思维、批判思维等。如从线性思维来看,考生需要对文化发展具有较深入的认识、理解。从关联思维来看,文化自信、文化自觉、文化自强与国家振兴密切相关,文化的复兴是国家富强、民族复兴的重要内容,它们之间密切相关。从比较思维来看,考生需要对传统文化与新时代文化建设、传统文化与西方文化等都要有深刻而清醒的认识。从全面思维来看,青年一代,没有清醒的文化自觉,就没有高度的文化自信;没有高度的文化自信,就没有中华民族的伟大复兴!中国人民应更加清晰地看到,国家强大,个人才能更有尊严;面对世界百年未有之大变局,我们必须坚定不移走文化强国之路,百折不挠地办好自己的事,独立自主,艰苦奋斗,实现科技自立自强,把伟大祖国建设得更加强大、美好……面对材料,考生要写作深刻,就必须拥有良好的思维品质,理清其中复杂的关系。

续表

<table>
<tr><th>区域</th><th>审题要点</th><th>内容</th></tr>
<tr><td rowspan="5">任务情境</td><td>写作背景</td><td>背景1:当今时代,世界正处于百年未有之大变局之中,新时代的青年必须要对中华民族优秀传统文化有清醒而深刻的认识。
背景2:党的二十大胜利召开。
背景3:班级计划举行读书会,围绕上述材料展开讨论,谈一谈自己的观点。</td></tr>
<tr><td>写作身份</td><td>一名高中生。</td></tr>
<tr><td>写作对象</td><td>班级同学及教师。</td></tr>
<tr><td>写作文体</td><td>议论文。</td></tr>
<tr><td>写作内容</td><td>文化传承、文化自信、文化自觉及文化强国建设。</td></tr>
<tr><td>写作要求</td><td>标题、立意、字数等</td><td>标题:自主命题。
立意:隐性限制命意。
字数:不少于800字。</td></tr>
</table>

3. 写作立意

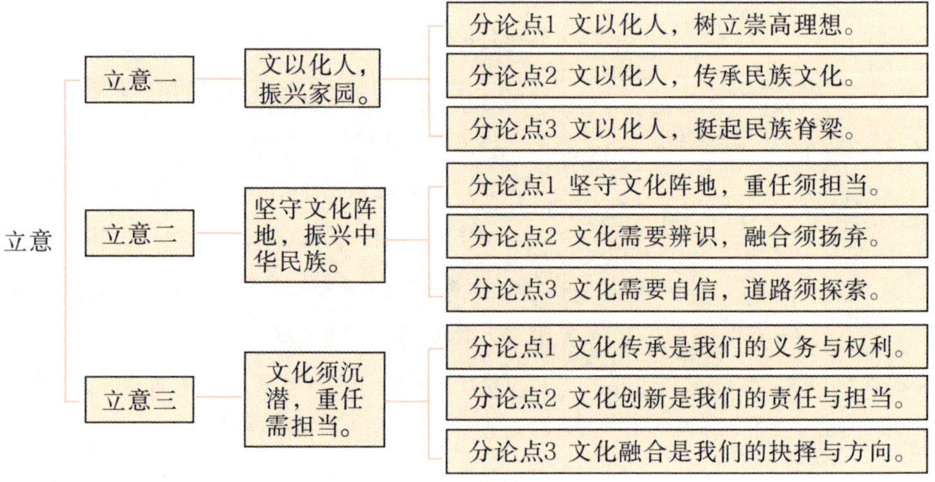

4. 结构模型

示例：

结构

递进式	传统文化是什么？	为什么要有传承？	传承传统文化应该如何去做？	结尾扣题。
引议联结式	引述材料概述民族文化传承失败现象。	深入论述出现这种现象问题的原因。	联系现实分析从哪些方面来解决问题。	结束：提出倡议，扣住中心。

【拟题示例】

1. 修辞式

若无文化，人类情何以堪？

记住每一朵翻腾的浪花

文化，应是一盏灯！

何以为文化？何去何从？

2. 对称式

砥砺青春志，华章谱盛世

耐得住寂寞，守得住繁华

坚守文化阵地，振兴中华民族

筑文化之自信，显中华之魅力

3. 观点式

传承民族优秀文化，成就多彩人生

浸染一身书香，不负韶华

守正创新，涵养正气

坚守文化阵地，挺直民族脊梁

莫忘传统文化，照耀民族前途

让优秀传统文化，照亮人生前路

文化，是一种信仰

文化因创新而精彩

让传统文化在新时代绽放光芒

传承优秀的传统文化,铸就不平凡的人生

4. 化用式

不忘初心,方得始终

只问传承,无问创新?

守正创新,淡泊名利

文化繁荣,守正创新

文化之美,美美与共

5. 引用式

莫让浮云遮望眼

问渠那得清如许,为有源头活水来

以工匠精神雕琢时代品质

吾将上下而求索

海棠依旧?绿肥红瘦?

6. 对比式

文化,务实亦须务虚

坚守阵地,放眼世界

懂得传承,才能创新

文化,有醴酒,亦有糟粕

7. 反常式

文化,亦需要反刍

残缺之美,亦是一种文化

简约而不简陋

文化批判,是传承的捷径

【佳作展示】

坚守文化阵地，振兴中华民族

夏金良

尊敬的老师、亲爱的同学们：

大家好！今天我在读书会上想谈一谈自己浅显的见解，题目是《坚守文化阵地，振兴中华民族》，请大家予以批评指导。

作家龙应台曾言："文化绝不是一幅死的挂在墙上已经完成的油画：油墨已干，不容任何增添涂改。"千百年来，中华文化在神州大地上代代相传，烛照千秋，辉映未来；作为青年，我辈欣逢盛世当不负盛世，勇担使命，弘扬优秀传统文化，振兴伟大的中华民族！①

正如习近平总书记所说："文化兴国运兴，文化强民族强。没有高度的文化自信，没有文化的繁荣兴盛，就没有中华民族伟大复兴。"无论在哪个时代，青年人都是弘扬传统文化，传承民族基因，振兴家国的中流砥柱。而今，责任的大旗正向我们递来，我们应勇于坚守文化阵地，共同振兴家国。②

文化是一方阵地，是一面旗帜，也蕴含着振兴家国的力量。青年一代，要清醒地认识到：没有民族文化的觉醒，就没有高度的文化自信；没有高度的文化自信，就没有中华民族的伟大复兴！民族的自信来源于文化的丰厚底蕴，一个富强、自信的民族，往往有浓厚的文化积淀。吴国桢于暮年在美国完成了《中国的文化》一书，虽然那时，他已漂泊异国他乡数十年，心中的家国，更多是儿时的记忆；但他心在中华，始终未曾忘拯

抢分点

①开篇恰当引用龙应台的名言点题，增加了本文的文化气息；同时引出中心论点，开门见山。

②承接上一段，起到过渡作用，进一步申明青年人要有传承民族文化，振兴家国的责任担当；同时，引出下文。

③精心选材，以吴国桢先生及其著作为典型论据深入分析论证；同时，略举数位人物为辅助论据，论据丰富且详略得当。

救中华传统文化的信念。无独有偶,近百年来,闻一多、胡适、张岱年、季羡林……一位位国学大师都在以笔为刀挖掘振兴民族的力量。可见,无论年龄、地位、家世或者身在何方,只要你有一颗热爱文化的心,始终坚守文化阵地,都能将文化传承发展下去。③

然而,我们作为炎黄子孙,在新时代是否能够继承中华民族优秀的传统文化?是否能够续写更加辉煌灿烂的篇章?每个人都有义务,也应有能力传承我们的文化,绘就属于我们这一代的伟大作品。④

④巧妙使用过渡段,使得文章层次清晰并逐层递进,使文章内容得到升华。

"只有一个国家的文化和历史活着,这个国家才活着。"当今时代,世界正值百年未有之大变局,世界上诸多文化思潮涌动,我们既要坚守民族文化阵地,也要放眼世界,方可继往开来,孕育时代新人。作为青年一代,我们要勇担时代、家国重任,既要坚守我们的民族文化阵地,传承祖国优秀的传统文化,将民族的文化基因融入我们的血液;同时,我们也要胸怀天下,融汇东西方优秀的文化因子,立志成长为有理想、有责任、有担当的时代青年。如此,我们才能筑牢我们的文化阵地,我们方为时代新人,我们才能担起家国赋予我们的时代重任。⑤

⑤本段引用名言增加论证高度、深度;同时,引起下文高屋建瓴的时评论述,增加文本解读时事评析的厚重感、时代感。

优秀的传统文化铸就了高尚的民族精神品格,孕育了中华儿女共同的价值追求。当今时代,我们青年一代,理应把文化传承作为己任,胸怀强国有我,不负家国之志。"蛟龙号"总设计师、潜航员叶聪,潜心研究,让大国重器落地;"嫦娥"团队中那些90后的年轻人,同先辈合作将"玉兔"送上月球背面;哈工大那群二十几岁的青年,成功在轨抢救回了"龙江二号"……这些走在时代前列的年轻人,完美地诠释了什么是

⑥本段论据丰富,列举联排,使得文章内容更加充实。

"文化自信,强国有我"的责任担当。⑥

文化是一个民族的灵魂。文运同国运相牵,文脉同国脉相连。文化兴则国运兴,文化强则民族强。正如习近平总书记所言,没有高度的文化自信,没有文化的繁荣兴盛,就没有中华民族的伟大复兴。⑦当今时代,吾辈青年应传承中华民族优秀传统文化,将其发扬光大,让更多的人认识中华文化,实现中华民族的伟大复兴。

谢谢大家,我的发言完毕!

⑦结尾处多以整句分析,富有气魄;同时,回扣开头,文笔有气势,重申文之旨意。

模拟评分:一类文。评分:内容 20+表达 20+发展 18=58 分。

名师点评:本文紧扣"坚守文化阵地,振兴中华民族"进行构思,明确落实了任务要求。本文论证思路清晰,层层递进,前后照应。全篇材料充实,素材新颖,涉及领域丰富。文章立足文化复兴、民族自信、民族复兴,其气势喷薄而出。意境宏阔,情感真挚。符合中学生的身份,语言精练,名言的运用恰到好处,和文章贴合严密,彰显文气。

(固安县第一中学　赵　宇)

筑文化之自信,显中华之魅力

张文静

尊敬的老师、亲爱的同学们:

大家好!今天我想谈一谈一己浅见,题目是《筑文化之自信,显中华之魅力》,请大家予以批评指导。

回溯历史,古朴厚重的史册,发黄的文化典籍,蕴含着民族复兴的力量:满目疮痍的中华大地上,有人挺起不屈的脊梁,披荆斩棘;有人扛住风刀霜剑,铁骨铮铮。百年飘零已过,我为之骄傲的祖国,她正风华正茂;我为之感动的祖国,她正欣欣向荣。①

抢分点

①开篇回溯历史,以两组对偶句式表达我们中国是一个历史文化悠久的民族,气势宏阔,增加了本文的文化气息。

中国，文明之古国，四大发明屹立不倒，儒家文化传颂至今，诗词歌赋妙笔天成，这些文化深烙于心，把我和祖国紧紧联系在一起。日月盈昃，辰宿列张，从两弹一星的初试，到如今天宫探月，一项又一项成就展现了中国大国风范，凝聚了中国文化自信，彰显了中国文化魅力。②

文以化人，铸就民族精神。悠悠历史，见证了无数繁荣文化的覆灭；中华文化长河流淌千年，那些才华横溢的诗人，留下了千古不朽的诗篇，铸就了民族精神。③陶渊明不羁世俗的牵绊，吟诵"采菊东篱下，悠然见南山"的闲情雅致；李白被放逐，写出"长风破浪会有时，直挂云帆济沧海"的豪迈胸襟；杜甫在离乱中，仍有"何时眼前突兀见此屋，吾庐独破受冻死亦足"的家国之忧；龚自珍为国效力，抒写出"落红不是无情物，化作春泥更护花"的壮志情怀；文天祥用生命诠释了"人生自古谁无死，留取丹心照汗青"的中华魂！文以化人，伟大的中华文化铸就了民族精神的丰碑！

文以化人，点燃家国梦想。习近平总书记曾言："中国梦归根到底是人民的梦，必须紧紧依靠人民来实现。"作为华夏儿女，我们立足本职岗位，奋发图强，就是在助力伟大中国梦早日实现。以理想为帆，国民才女武亦姝，在夺取《中国诗词大会》冠军后苦读两年，最后考取清华大学；以奋斗为桨，徐颖与团队合力把"北斗"送上星空，书写着青年一代的辉煌；以创新为刃，王佩瑜作为年轻的京剧艺术传承者，将民族文化与现代艺术相结合并加以传承！青年有理想、有本领、有担当，国家就有前途，民族就有希望！生逢盛世，文

②承接第一段中心，起到过渡的作用，从中国悠久的历史，转而分析中国悠久的文化，自然引出下文的三个分论点。

③本段提出分论点一：文以化人，铸就民族精神。本段运用举例论证、引用论证等方法，论证层次清晰，彰显了中华民族文化之深厚底蕴。

④本段提出分论点二：文以化人，点燃家国梦想。本段列举武亦姝、徐颖、王佩瑜等当代优秀青年的例子，展开分析，论证深刻而有力量。

以化人；华夏热血儿女，当牢记总书记嘱托，立鸿鹄之志以报家国！④

文以化人，凝聚复兴伟力。任何时代，裹足不前终会被发展的洪流淘汰；然而，支撑五千年中华文明绵延至今的，是植根于中华民族血脉深处的文化基因。立足百年变局，文以化人，凝魂聚力，激发起无数国人投身中华民族伟大复兴事业，创造了举世瞩目的成就。看港珠澳大桥架起"中国跨度"，北京大兴机场飞出"中国高度"，京张铁路跑出"中国速度"，"神舟""北斗""蛟龙""嫦娥"……这无数的伟大成就，无不闪耀着中华文化的荣光，无不凝聚着复兴家国的力量！立足当今，青年一代更要传承好民族文化，积蓄力量，投身国家建设、民族复兴的伟大征程之中。⑤

⑤本段提出分论点三：文以化人，凝聚复兴伟力。本段立足百年变局，纵论五千年中华文化，论证站位高远，材料丰富而简要。

中国一路风尘仆仆走来，脚下踏的是深厚的文化底蕴。正如习近平总书记所言，我国青年一代，必将大有可为，也必将大有作为，这是"长江后浪推前浪"的历史规律，更是"一代更比一代强"的青春责任。

中华优秀传统文化穿梭在时光长河，从古至今，它依旧散发着魅力，屹立于东方。国家复兴，民族富强，离不开传统文化。吾辈青年传承文化，引领征程，切莫让传统文化渐渐远去，切莫让文明圣火逐渐暗淡。唯愿炎黄之子孙，不忘本来，吸收外来，面向未来，不断铸就中华文化新辉煌。⑥

⑥结尾处再次设计宏阔的场景，回扣开头，文笔有气势，重申文之旨意，筑文化之自信，显中华之魅力。

谢谢大家，我的发言完毕！

模拟评分：一类文。评分：内容19+表达19+发展18=56分。

名师点评：本文紧扣"筑文化之自信，显中华之魅力"进行构思，明确落实了任务要求。本文主体结构采用三段并列式，全文结构清晰且富有变化。论证过程中，综合运用了举例论证、引用论证等多种论证方法，选取了武亦姝、徐颖、王佩瑜等当代优秀青年的例子,具有较强的典型性和说服力;同时,文章立足百年变局,站位高远,使文章思想、情感得到进一步升华。结尾部分更是以宏阔的气势,回扣开头,重申主旨。

(大厂回民中学　夏金良)

【考题发散】

典型考题一:

阅读下面的材料,根据要求写作。(60 分)

2022 年 12 月 15 日,《人民日报》刊载文章《共品茶香茶韵》,文章指出习近平总书记对非物质文化遗产保护工作作出重要指示强调,“中国传统制茶技艺及其相关习俗”列入联合国教科文组织人类非物质文化遗产代表作名录,对于弘扬中国茶文化很有意义,“要推动中华优秀传统文化创造性转化、创新性发展,不断增强中华民族凝聚力和中华文化影响力,深化文明交流互鉴,讲好中华优秀传统文化故事,推动中华文化更好走向世界”。

茶,源自中国,盛行世界,既是全球同享的健康饮品,也是中华文化的靓丽名片。茶在中国种植、制作历史悠久,品类繁多。从制茶技艺在口传身授中实现代际传承,为多民族实践所共享和珍视,到茶叶作为“使者”,通过经贸往来和人文交流,在世界各地广泛传播……一杯茶,千年香,万里传,为文化多样性和文明创造力写下生动注脚。

请结合以上材料,请将“茶”与“传统文化”联系到一起,写一篇文章,体现你的感受与思考。

要求:选准角度,确定立意,明确文体,自拟标题;不要套作,不得抄袭;不得泄露个人信息;不少于 800 字。

命题点:本题为任务驱动型半命题材料作文,写作难度较大,但试题材料审读分析难度不大。试题命题将“传统文化”这一抽象的大主题,与申遗成功的“中国传统制茶技艺及其相关习俗”联系到一起,充分考查考生的认知水平、价值观念和视野格局。同时着眼于宏大主题背景与具体时事的结合,需要考生有较高的考场试题分析和写作驾驭能力。

参考立意:

①“中国茶”里的文化自信。

②品茶,品味,品人生。

③一杯中国茶,共创多彩文明。

④谦和礼敬的处世哲学是中国茶的文化内核。

⑤交融互敬的文明共享,是“中国茶”的价值追求。

典型考题二:

阅读下面的材料,根据要求写作。(60 分)

材料一:2022 年 10 月 3 日晚,河南卫视《重阳奇妙游》为广大观众开启了一场醇厚、丰富、温暖的文化之旅。《重阳奇妙游》通过《云窟万象》《登高抒怀》《酿秋》《得见李白》,综合运用舞蹈、歌曲、戏曲等艺术形式,打造出了一场融入历史典故、还原历史场景的美轮美奂的视听盛宴。

材料二:我们要或使用,或存放,或毁灭。那么,主人是新主人,宅子也就会成为新宅子。然而首先要这人沉着,勇猛,有辨别,不自私。没有拿来的,人不能自成为新人,没有拿来的,文艺不能成为新文艺。

材料三:党的二十大报告指出:“只有植根本国、本民族历史文化沃土,马克思主义真理之树才能根深叶茂。”

为营造校园文化艺术氛围,丰富同学们的课余文化生活,复兴中学团委将组织以“弘扬传统文化,传承民族基因”为题目的征文活动,请结合以上材料写一篇文章,体现你的认识与思考。

要求:选准角度,确定立意,明确文体,自拟标题;不要套作,不得抄袭;不得泄露个人信息;不少于 800 字。

命题点:三则材料共同指向“中华优秀传统文化”(中国文化)这一话题,材料一是说河南卫视深层次地挖掘并诠释了传统节日的现代意义和价值,更加彰显了中华优秀传统文化的长久活力;材料二是鲁迅先生在《拿来主义》一文中,对待传统文化、传统文艺的态度。他认为,对待传统文艺要敢于“拿来”,即对待传统文艺要敢于吸收借鉴,敢于创新。材料三是习近平总书记在二十大报告中对我国文化建设高屋建瓴的指导。总之,审题要围绕“传统文化”“民族文化”“文化自信”等核心词展开。可从“文化要发展,需要汲取吸收,与时俱进,加以创新”“对民族文化,要有传承,有自信,有担当,通过努力使其发扬光大”等角度立意。

参考立意：

①立足传统,融入现代。

②摆正姿态,敢于“拿来”。

③愿传统文化薪火不辍。

④用文化自信引领文化发展。

⑤从传统文化中汲取文化自信的力量。

⑥弘扬传统文化,讲好中国故事。

主题写作五　关注科技,解放思想开拓创新

第一部分　时新素材

【慧眼聚焦】

解放思想是改革与开拓创新的前提条件,而科技是国家强盛之基,创新是民族进步之魂。实现民族复兴,就需要重视科技创新,不断解放思想,用创新来驱动发展。在以人工智能、虚拟现实等为引领的新一轮工业革命中,科技创新成为综合国力竞争的制高点。唯有将科技与创新紧密结合,给新质生产力插上充满活力的双翼,才能抓住历史机遇,迎来飞跃和发展。作为新时代的青年,我们需要不断解放思想,以开放、前瞻的视野不断创新思考,不断破旧立新,拓展思维边界,激发创造力,才能肩负起新时代国家建设的伟大使命。

近年来的高考作文命题更加关注学生分析问题、勇于创新的基本素养,尤其关注“科技创新”这一核心主题。如:2023 年高考全国甲卷作文题“技术发展对个人时间的影响”,引导考生在科技时代中,利用技术,创新性地安排时间,驾驭时间。2022 年高考全国甲卷作文题“跨越,再跨越”直观地呈现了我国科技创新的跨越式发展,引导考生体会冬奥会成功举办背后的国家力量和不断创新超越的民族精神。2022 年新高考全国卷Ⅱ作文题“选择 · 创造 · 未来”,引导考生要做奋发有为者,选择热爱的行业,创新发展思路,开创美好未来。总体看来,“科技创新”的话题依然是高考作文备考的重点。

【热点素材】

1. 热点时评

增强创新意识 培养创新思维

实施自贸试验区提升战略，注册资本登记制度改革、“先照后证”改革等推广开来，制度创新激发发展活力；仰望寰宇有“嫦娥”奔月、“天问”落火，逐梦海疆有“深海勇士”号、“奋斗者”号深潜，科技创新拓宽认知边界；敦煌研究院通过数字孪生技术还原洞窟壁画，让文物“重现”，三星堆博物馆运用增强现实、混合现实技术为游客提供沉浸式体验，文化创新增强文化自信……创新才能把握时代、引领时代，党的十八大以来，我国各方面创新层出不穷，为经济社会发展提供了澎湃动能。

纵观人类发展历史，创新始终是一个国家、一个民族发展的重要力量，也始终是推动人类社会进步的重要力量。不创新不行，创新慢了也不行。习近平总书记强调：“要增强创新意识、培养创新思维，展示锐意创新的勇气、敢为人先的锐气、蓬勃向上的朝气。”创新思维能力，就是破除迷信、超越陈规，善于因时制宜、知难而进、开拓创新的能力。提高创新思维能力，就是要有敢为人先的锐气，打破迷信经验、迷信本本的惯性思维，以满腔热忱对待一切新生事物，敢于说前人没有说过的新话，敢于干前人没有干过的事情，以思想认识的新飞跃打开工作的新局面。

创新是一个复杂的社会系统工程，涉及经济社会各个领域。当今世界，经济社会发展越来越依赖于理论、制度、科技、文化等领域的创新，国际竞争新优势也越来越体现在创新能力上。习近平总书记指出，“勇于推进理论创新、实践创新、制度创新、文化创新以及各方面创新，通过革故鼎新不断开辟未来”。推进中国式现代化是一个探索性事业，还有许多未知领域，需要我们在实践中去大胆探索，通过改革创新来推动事业发展，决不能刻舟求剑、守株待兔。在强国建设、民族复兴的新征程上，我们必须提高创新思维能力，顺应时代发展要求，着眼于解决重大理论和实践问题，积极识变应变求变，大力推进改革创新，不断塑造发展新动能新优势，充分激发全社会创造活力。

问题是创新的起点，也是创新的动力源。社会总是在发展的，新情况新问题总是层出不穷的,其中有一些可以凭老经验、用老办法来应对和解决,同时也有不少是老经验、老办法不能应对和解决的。从某种意义上说,创新的过程就是发现问题、研究问题、解决问题的过程。习近平总书记指出:“我们要增强问题意识,聚焦实践遇到的新问题、改革发展稳定存在的深层次问题、人民群众急难愁盼问题、国际变局中的重大问题、党的建设面临的突出问题,不断提出真正解决问题的新理念新思路新办法。”改革攻坚要有正确方法,坚持创新思维,跟着问题走、奔着问题去,准确识变、科学应变、主动求变,才能在把握规律的基础上实现变革创新,不断推动事业向前发展。

没有创新思维,就难以有创新的行动和实践。只有不断提高创新思维能力,让创新成为一种习惯和本能,我们才可能以求新求变的活力冲破守成的暮气,闯出一片新的天地。要求黑龙江“构筑我国向北开放新高地”,叮嘱四川“积极探索生态产品价值实现机制”,要求江苏“不断创新吸引外资、扩大开放的新方式新举措”,推动内蒙古“积极探索资源型地区转型发展新路径”……习近平总书记在各地考察时,对各地提出的要求、期望,正需要以深化改革创新来落实。对党员干部而言,要把创新思维转化为创新能力,敞开思想谋划新思路、放开手脚追求新突破,努力想新办法、找新出路,创造新经验、开创新局面,不断实现新时代新征程的目标任务。

中华文明是革故鼎新、辉光日新的文明,静水深流与波澜壮阔交织;中华民族始终以“苟日新,日日新,又日新”的精神不断创造自己的物质文明、精神文明和政治文明。不断提高创新思维能力,保持守正不守旧、尊古不复古的进取精神,涵养不惧新挑战、勇于接受新事物的无畏品格,大胆闯、大胆试,我们定能不断谱写“惟创新者进,惟创新者强,惟创新者胜”的更辉煌篇章。

(摘编自《人民日报》2023年9月18日)

多维解读(写作切入角度)

角度一:坚持创新,才能不断向前。

当今世界,科学技术发展日新月异,创新成为世界各个国家角逐的核心竞争力。不创新就会落伍,不创新就会滞后。创新能扫除迂腐的陈见,推陈出新,引领科技迅猛发展,给世界经济带来无限活力,能给我们带来更大的发展空间。时代、国家的发展,民族的兴旺都离不开创新。坚持创新,才能不断向前。

角度二:创新是民族振兴、国家富强的动力。

创新是民族振兴、国家富强的动力,故步自封遗患无穷。近代以来,中华民族任人宰割的屈辱历史告诉我们,要想使我们的国家能屹立于世界民族之林,就要迈开创新的脚步,走在世界各国发展的前列。创新要融入生产、生活各个行业、领域。我们要大胆创新,勇于探索,悉心求证,克服前进路上的艰难险阻,推动民族走向振兴,国家走向富强。

角度三:问题是创新的起点,也是创新的动力源。

所有的科技发明人都是在生活中发现问题,解决问题,用他们的创新思维在实现自我价值的同时,推动了社会的进步。纺织工人实践中发明了珍妮纺纱机,拉开了工业革命的序幕。爱迪生的电灯点亮了世界。汽车、电脑、手机……无数的基于现实问题的创新发明,使生活更加充实而美好。

(摘编自百度文库《作文素材 50 篇》)

写作指津:

文章开篇使用创新相关事例引出主题,强调了创新的重要意义。然后分别从历史与今天两个层面,论述了创新对于国家发展、社会进步的重要意义。作者还多次引用习近平总书记的讲话,论证了创新的必要性和方法。接下来,作者聚焦"问题",强调问题是创新的起点,更是动力源,并强调唯有不断提高创新思维能力,让创新成为一种本能和习惯,才能闯出一片新天地。文章结尾呼应主题,回扣创新,多使用"革故鼎新""静水深流""交织""涵养"等词语,表述恰切,文笔优美。

金句积累

生活从不眷顾因循守旧、满足现状者,而将更多机遇留给勇于和善于改革创新的人们。唯改革者进,唯创新者强,唯改革创新者胜。——习近平

创新是一个民族进步的灵魂,是一个国家兴旺发达的不竭动力,也是中华民族最深沉的民族禀赋。——习近平

过去,我们在科研领域,常常扮演着追随者和模仿者的角色,研究方向的选定、科研项目的设立,都要先看看国际上有没有人做过。量子信息是一个全新的学科,我们必须学会和习惯做科技的领跑者和引领者。——潘建伟

第二部分 模拟考场

【新题预测】

1. 新题设计

阅读下面的材料，根据要求写作。

真正危险的不是计算机开始像人那样去思考，而是人类开始像计算机一样思考。

——西德尼·哈里斯

当今时代，诸如AI、大数据、网络暴力、信息茧房、ChatGPT聊天机器人程序等网络新名词、新事物不断涌现，网络与现实世界深度融合，当代青年的学习、生活方式也相应发生了重大改变。

作为新时代的青年，读了以上材料，你对"当代青年如何面对网络与生活"这一社会焦点有怎样的认识与思考？请你以光明中学高三毕业生的身份写一篇文章，谈一谈你的看法。

要求：选准角度，确定立意，明确文体，自拟标题；不得套作，不得抄袭；不得泄露个人信息；不少于800字。

2. 审题思维

审题步骤		内容	思维发散
第一步：全面审读题目	材料解读	"计算机开始像人那样去思考"说明科技与人工智能的高速发展，这并不值得忧虑，而真正值得我们担忧的，是"人类开始像计算机一样思考"，也就是人类思维能力、创新能力的退化。	由此可见，不管是计算机，还是人工智能，科技的发展究竟是福是祸，决定权在于人类，就在于人类是否能用好科技发展的成果。"用好"即发扬其优点，规避其风险，让科技为人类所用，而不是让科技操控人类。
	情境任务	光明中学高三学生的身份，写一篇文章。	作为当代青年，面对网络生活应该避害趋利。

续表

审题步骤		内容	思维发散
	写作要求	谈看法，要深入了解当今信息时代网络媒介的特点，学会正确运用网络媒介获取信息，表达交流。	学会理解、编写、评判媒介信息，辨识其观点立场，多角度分析问题，进而形成独立、科学地判断，科学地面对“网络”与“生活”。
第二步：提炼写作关键词	网络与现实、真正的危险、时代青年、人类像计算机一样思考。		
第三步：确定立意方向	一档立意	1. 提升媒介素养，畅享信息时代。 2. 理性思考，文明“冲浪”。 3. 适应信息时代生活，提高媒介素养。	
	二档立意	1. 科技只能为我所用，而不能替代人类劳动。 2. 对科技发展既要乐观以待，也要秉烛忧思。	
	三档立意	1. 莫让科技泯灭人性。 2. 共筑网络长城，踔厉奋发新时代。	

3. 写作立意

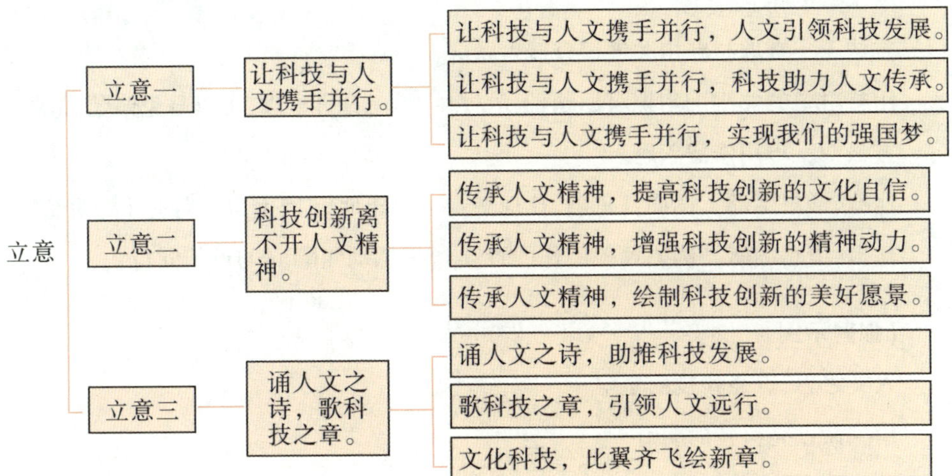

4. 拟题秘诀

郑板桥在总结自己的创作经验时说:“题高则诗高,题矮则诗矮,不可不慎也。”我们也常把标题比作“眼睛”,以此来说明它的重要性。

高考作文近年来常常要求“题目自拟”,这种写作要求既提高了难度,也为考生提供了展示才华的机会。可是考场作文的写作总是在仓促之间,那么如何在短时间里让考场作文的标题光彩夺目,个性张扬,表现自我,吸引阅卷老师的目光呢?

方法一　标题要旗帜鲜明。

拟题目一定要紧扣话题,有的放矢,让人一看就知道题目与材料的关联,一看就知道作者对话题是什么样的观点态度。好标题文题对应,能提纲挈领、准确鲜明地表达文章的核心观点。避免题文不符、大而无当,题目不能过于宽泛,没有针对性。

要想避开这些,我们必须在审题立意上下功夫,吃透材料,准确立意,不要“离材”万里;态度明确,观点鲜明,不要故作高深;大题小做,以小见大,尽量切口小、挖掘深,不要泛泛而谈、大而无当。

方法二　标题要简洁凝练。

标题过长,语言不简洁,显得松散。所以标题要高度概括,言简意赅,忌拖沓冗长。具体而言,可以尝试做到以下三点:

巧用整句及特殊句式(祈使句、肯定句、反问句等)。

力求有文采。

力求有韵味。

方法三　提取材料中关键词直接入题。

用材料中的关键词句拟写标题,揭示材料中心,直言事理,可以避免偏题,跑题。

方法四　巧用修辞入题。

比喻,形象生动。例如:《创新,让他们走出沼泽地》《用生命点亮责任的明灯》

比拟,情感细腻。例如:《检阅你的青春》《把感动叫醒》《与诚信同行》

【拟题示例】

人文之思,点亮科技的星空

用生命点亮科技的明灯

科技是把“双刃剑”,既能造福人类也可能危害人类

科技创新,让他们走出生命的沼泽地

让科技意识永驻田间

让敬畏之烛光照科技创新

网络与生活齐飞,青年谱写时代篇章

科技发明有禁区,创新技术须谨慎

不忘初心,科技闪耀

科技创新,决不能停止脚步

让科技创新之花绽放

攀登科技高峰,摘创新之果实

科技与发展共舞,创新与时代齐飞

科技创新需要“后浪”

科技创新永远在路上

【佳作展示】

网络与生活齐飞,青年谱写时代篇章

夏金良

当今时代,诸如AI、大数据、信息茧房、ChatGPT聊天机器人程序等网络新名词、新事物不断涌现……面对来势凶猛的人工智能时代,人们似乎还未做好充分的准备。①

对于人工智能,以斯蒂芬·霍金为代表的“焦虑派”认为,这是人类目前最糟糕的创造,它有可能给人类带来灭顶之灾;而“乐观派”则认为,人类应该为一个不需要工作、劳动的人工智能时代的来临而欢呼。然而,作为身处其中的当代青年,我们该如何面对网络与生活?②

抢分点

①开头引用材料,做出猜测,激发读者阅读兴趣。

②回扣材料的同时,从当代青年角度,提出问题。

作为一名即将毕业的光明中学高三学生，身处信息时代，我们呼唤高科技融入生活，也必将在网络之中塑造全新自我。③

毋庸置疑，迅猛发展的网络带来了时代红利，人工智能为青年插上了腾飞的翅膀。④人工智能时代，网络与现实世界深度融合，当代青年的学习、生活方式也相应发生了重大改变。5G、云计算、人工智能……突飞猛进的信息技术越来越多地改变着我们的生活：ChatGPT课业辅导智能答疑；智能出行辅助，令人不再纠结于出行路线和方式；大数据天气播报，瞬息变化尽在掌握……人工智能时代到来，网络助推我们的生活变得更美好，学习也更高效；同时，我们似乎也渐渐模糊了“信息茧房”之外的现实世界的模样。⑤

其实，身处信息时代的青年，比守身如玉更具挑战的是守脑如玉！⑥网络是把双刃剑，合理使用方可适应时代，畅享生活。立足反面观之，朋友圈“三人成虎”的谣言屡见不鲜，“键盘侠”躲在暗处喷遍每个角落，站队骂街等网络暴力时有发生……种种网络乱象恰恰是部分人媒介素养低下的外化。⑦信息时代，提升人们的媒介素养是全社会的责任。作为新时代青年，我们要主动涵养批判精神，对纷繁复杂的碎片化信息要有理智的判断，不能人云亦云；否则，我们就会在信息洪流中迷失方向。⑧

然而，在信息时代，社交媒体赋予了人们自由表达的权利，但很多人没有承担好表达的责任。虚拟世界不仅满足了人们尽快占有信息的需要，也给人际交往留下了广阔的想象空间，却不必承担现实生活中的责

③明确情境，提出中心论点。

④紧紧连结中心论点，科技的发展给当代青年人带来好处和机遇。

⑤从生活的多个角度阐释科技发展带来的好处，同时也提出忧虑。

⑥生动形象地写出信息时代对青年人大脑的冲击和挑战。

⑦从多个角度辩证审视网络发展带来的负面影响。

⑧在这种背景下，对当代青年人提出要求，扣题紧密。

任与压力；更有不良信息，腐蚀青年心灵，以致其长期沉溺于网络，无心向学。韩非子曾言："世异则事异，事异则备变。"随着时代发展，面对诸多网络乱象，我们必须高举法律之剑为青年健康成长撑起一片蓝天，网络也绝非法外之地。⑨

⑨结合现实升华主题，网络给我们带来更多的表达权利，更应该承担好表达的责任，明确表达观点。

人类历史的每一次进步，都伴随着蜕变的阵痛。唯有无惧拔喙剪羽之痛，方能在网络信息时代塑造全新的自我。⑩

⑩自然过渡到面对当前的科技发展创新的时代我们应做的事的讨论。

人工智能时代，互联网深刻塑造了青年，青年也深刻影响了互联网。面对网络与生活，我们要充分发挥网络的优势，规避其弊端；当代青年当胸怀高尚志趣，投身绿色网络建设，追求真知以报家国，绘就信息时代新篇章。⑪

⑪回扣中心论点，结构完整，思路清晰严谨。

模拟评分：一类文。评分：内容 19 分+表达 18 分+发展 18 分=55 分

名师点评：身处人工智能时代的当代青年，该如何面对网络与生活？我们呼唤高科技融入生活，也必将在网络之中塑造全新自我。迅猛发展的网络带来了时代红利，人工智能为青年插上了腾飞的翅膀。合理使用方可适应时代，畅享生活。总体来看，全文写作思路清晰，逻辑严密，思想深刻，言简意赅。

（廊坊市第一中学　王　瀚）

人性与技术何去何从？

吴　静

随着科技的飞速发展，计算机已逐渐渗透到我们的日常生活，影响并改变着我们的思考方式和行为模式。这是一把双刃剑，它带来的便利性和高效性让人瞠目，但也给我们带来了一种无法忽视的危机感。

抢分点

①深入思考，提出中心论点，开门见山。

当我们感叹于人工智能的高效性和便捷性时，我

们也开始警醒:真正危险的不是计算机开始像人那样去思考,而是人类开始像计算机一样思考。①

首先,我们需要理解的是,计算机和人类截然不同。②计算机是基于算法和逻辑的产物,它们没有情感,没有道德,没有自我意识。而人类,作为生物进化的产物,拥有着独特的情感、智慧和创造力。人类对世界有独到的理解和看法,也有道德伦理和社会责任等复杂的思考和判断。这些是人类与生俱来的特性,也是我们与计算机最大的区别。

然而,当人类开始像计算机一样思考时,这种区别可能会被抹杀。③我们开始追求效率和速度,忽视了思考的深度和广度;我们开始依赖数据和算法,忽视了人性的复杂性和多样性;我们开始追求精确和准确,忽视了决策中的风险和不确定性。这种过度依赖和追求效率的心态,可能会让我们失去对世界的感知和理解,甚至可能影响到我们的决策和行为。

那么,这种过度依赖和追求效率的心态,真的那么可怕吗?答案是肯定的。我们不应该忽视科技给我们带来的便利性,但我们也不能让科技过度控制我们的思想和行为。毕竟,科技是为人服务的,它应该用来增强和扩展我们的能力,而不是取代我们的智慧和情感。④

因此,真正危险的并不是计算机开始像人那样去思考,而是人类开始像计算机一样思考。我们应该保持警惕,不过度依赖科技,不忽视人性与情感的价值,而是要努力实现科技与人的和谐共生,充分发挥人的智慧和创造力。

只有当我们意识到这一点,并努力去实现它的时候,我们才能真正把握住科技的主动权,才能让科技为

②明确计算机和人类的不同,呼应材料,提出论点。

③进一步分析论证,从反面分析思考。

论证方法:用排比举例,气势强烈,从反面写出了人们依赖科技而忽视人文思考。

④点出过度依赖科技的危害。

论证方法:用设问的论证方式,肯定过度依赖科技的确很可怕。通过道理论证,再次强调作为人要利用科技,也要发挥人的主观能动性。

⑤文章结尾简明扼要,呼应标题,逻辑严密。

人类带来更多的福祉。⑤

模拟评分:一类文。评分:内容 17 分+表达 18 分+发展 18 分=53 分

名师点评:文章紧紧围绕“人性与技术何去何从?”这一核心命题展开分析思考,中心明确,思路清晰,逻辑严密,层层递进,论证方法灵活,值得借鉴。

(大厂回民中学　夏金良)

【考题发散】

典型考题一:

阅读下面的材料,根据要求写作。

智能手机,已经成为我们每个人日常生活中必不可少的科技产品。根据某调研机构的数据报告,2023 年全球的手机产量约 12 亿部,约 43 亿人使用智能手机。手机的迭代更新越来越快。

然而,另一项调查报告表明,近一年来全球估计有 53 亿部手机被淘汰,进入正规二手交易市场参与回收利用的只有 10%左右。废弃手机如果随意丢弃,一块废旧手机电池可污染 6 万升水,手机里的铅、汞等能对土壤与水源造成严重污染。

以上材料引发了你怎样的思考?请完成一篇文章。

要求:结合材料的内容选好角度,确定立意,明确文体,自拟标题;不要套作,不得抄袭;不得泄露个人信息;不少于 800 字。

命题点:智能手机是现代社会高科技产品的代表,也是学生非常熟悉和感兴趣的事物。在很多科技创新的领域,都出现了技术迭代速度越来越快的现象。智能手机的更新就具有这个特点。科技的这种高速发展,一方面带来了社会的快速发展,为人们的生活创造出无限的便利;另一方面,也带来了新的社会问题和隐患——资源浪费和环境污染即是其中之一。学生立意应以辩证的态度看待科技的高速发展,既认可其巨大的社会价值,又指出其潜在的问题和风险。同时要注意,问题和风险在科技带来的影响中只是次要的,成就仍然是主要的,切不可主次颠倒。

参考立意:

①既要科技发展,也要碧水蓝天。

②用好科技这把双刃剑。

③直面科技之弊,让科技真正造福人类。

④科技发展不仅要高速,更要高瞻远瞩。

典型考题二:

阅读下面的材料,按要求写作。

材料一:2013 年 9 月 30 日,习近平在中共中央政治局第九次集体学习时强调:“实施创新驱动发展战略是一项系统工程,涉及方方面面的工作,需要做的事情很多。最为紧迫的是要进一步解放思想,加快科技体制改革步伐,破除一切束缚创新驱动发展的观念和体制机制障碍。”

材料二:截止到 2023 年 5 月 30 日,“嫦娥四号”探测器和“玉兔二号”月球车已经工作了四年多,这是全世界在月球工作时间最长的航天器。中国探月工程总设计师吴伟仁坦言,人类对未知世界的探索没有止境,“探索浩瀚宇宙,发展航天事业,建设航天强国,是我们不懈追求的航天梦”。

古人言:“十年磨一剑。”以上材料引发了你怎样的联想和思考?请结合自身感受谈一谈你的认识。

要求:选好角度,确定立意,明确文体,自拟标题;不要套作,不得抄袭;不得泄露个人信息;不少于 800 字。

命题点:古人言:“十年磨一剑。”今日我国取得了一系列重大科技成就,这些伟大成就的取得离不开十年前党和国家的高瞻远瞩、伟大擘画,离不开广大科技工作者的勇于创新、解放思想。探月工程是中国在社会主义新时代的系统科研工程,代表了中国一系列最新、最高的科技成就。为什么中国能够在短时间内取得这么多举世瞩目的成就呢?材料引用探月工程总设计师吴伟仁的语句,启发学生认识探索精神的重要性。要做成一件事,首先是要敢做一件事。当代青年想要有所作为,必须首先解放思想,大胆探索未知世界和未知领域,在探索中成长,在探索中成就自我、为国奉献。学生可以从“探索精神与科技创新的关系”“如何发扬探索精神”等角度立意,同时引申到科技报国的伟大志向,展现当代青年的雄心壮志。

参考立意:

①探索未知世界,勇攀科技高峰。

②抱强国之志,解科技之秘。

③青年应当有探索未知的勇气。

④不懈探索,大胆创新。

典型考题三:

阅读下面的材料,根据要求写作。

2023年3月,中国完全自主知识产权的三代压水堆核电机组“华龙一号”通过竣工验收;4月,中国首次发布了“天问一号”传回的火星全球影像图;6月,大飞机C919顺利完成首个商业航班飞行;6月,中国航天创造了一箭发射41星的新纪录……

习近平总书记指出:“实施创新驱动发展战略是一项系统工程,涉及方方面面的工作,需要做的事情很多。最为紧迫的是要进一步解放思想,加快科技体制改革步伐,破除一切束缚创新驱动发展的观念和体制机制障碍。”

以上材料引发了你怎样的联想和思考?华夏中学将举办一场主题为“解放思想与科技创新”的演讲比赛,你作为高三(1)班的学生代表参赛。请结合材料完成一篇演讲稿。

要求:选好角度,确定立意,明确文体,自拟标题,不要套作,不得抄袭;不得泄露个人信息,不少于800字。

命题点:本题属于任务驱动型作文,学生首先要注意演讲稿的格式以及演讲的语言风格。材料中给出的“华龙一号”“天问一号”等科技新闻,代表了中国进入新时代的最新发展成就,能够激发学生强烈的爱国热情和民族自豪感。习近平总书记的论断,高屋建瓴地指出了“解放思想”对“科技创新”的关键性作用。解放思想是前提,只有全体青年乃至全国人民都真正地解放思想,才能真正地实现解放生产力,实现全社会的科技创新。学生写作时,要以新时代青年的立场来分析材料,可以探讨“解放思想与科技创新的关系”,也可以从“如何解放思想”“如何破除创新的思想障碍”等角度深入思考。同时,作为一篇演讲稿,应该以开阔的格局对全体青年发出呼吁,并表达出自己的远大志向。

参考立意:

①解放思想,大胆创新。

②投身科技创新,绽放思想鲜花。

③突破思想旧牢笼,挑战科技新高峰。

④以创新之声,谱未来华章。

主题写作六　“和平年代,同样需要英雄”写作例话

第一部分　时新素材

【慧眼聚焦】

关注时代,关注国家,关注社会,引领青年学子成长为有益于国家和社会的人,是高考作文命题的热点和基本方向之一。黑格尔曾言:“一个民族,只有拥有一群仰望星空的人,这个民族才有希望。”英雄,必是那仰望星空的人,就像黑夜中的启明星,给苦难的民族带来希望,指给我们走出泥泞的方向!在和平年代成长起来的一代代青少年,对于“英雄”一词的内涵可能会有不同的认识和理解;但也毋庸讳言,有些青少年认识最多的是“脸蛋英雄”“嗓子英雄”“相亲英雄”“吸金英雄”“虚拟英雄”;更有甚者,由于某些娱乐作品及虚无主义思想的影响,“英雄”被消解,质疑英雄,丑化英雄,竟成了现实与虚拟世界里的某些人心仪的时尚。针对这些问题,我们必须引导青少年树立正确人生观、世界观、价值观,将立德树人落在实处,这也是高考考查的重点和肩负的使命。

“英雄”是个老话题,但我们正面临着新问题。在写作时,考生要在以下几方面花费一番心思,写出一番真知灼见。

关注问题的时代性。关注时代,是时评类作文的鲜明特色,加之作文试题限定“和平年代,同样需要英雄”这一主题又是当下社会热点话题,考生必须写出时代感。

认清问题的民族性。英雄是有民族性的,我们在评析“英雄”这一人物时是需要站在民族和国家层面去评价的,否则,我们的评价很难做到合情合理。

凸显问题的针对性。丑化、戏谑英雄的现象,是部分数典忘祖之人的无德之行,而不是大部分或是全部。针对这些不时出现的歪曲历史、贬低英雄等现象,我们必须坚定地予以回击。

第二部分　模拟考场

【新题预测】

阅读下面材料，根据要求写一篇不少于800字的文章。

从小到大，我们听过、看过无数英雄的故事。英雄，是家国危难时刻挺身而出的革命志士；英雄，是和平年代鞠躬尽瘁默默钻研数十载的科技人员；英雄，是坚守脱贫攻坚第一线的基层干部、累倒在手术台旁的医生、对每个孩子都关怀备至的教师……“天地英雄气，千秋尚凛然。”英雄，是中华民族的脊梁，无论哪一个时代，英雄的事迹和精神都是激励家国奋然前行的强大力量。

以上材料引发了你怎样的思考？在远离战火的和平年代，我们更需要英雄，需要树立正确的“英雄观”。请以“和平年代，同样需要英雄”为主题写一篇演讲稿，在班会上谈一谈你的观点。

要求：文体自选，题目自拟，不得抄袭，不得套作。

命题点：材料从不同年代、不同行业、不同层次阐述了人们在各个历史时期对于英雄的认识理解，客观上降低了审题的难度；试题限定了写作的文体（演讲稿），指明了写作主题（和平年代，同样需要英雄），引导学生正确看待、评价英雄，树立正确的人生观、价值观、世界观，可以有效地检测学生思维品质、道德情操，这在一定程度上又增加了写作的难度。引导语提示考生，这篇作文是在主题班会上面向全体师生的演讲稿，考生不仅要关注应用文写作的格式要求，还要关注演讲的对象。青年一代是祖国的未来，青年人有理想、有担当、有健全的思想人格，国家才有希望；考生应从自身实际，不同角度、层次出发，高站位，深评析，写出富有时代性、民族性、思辨性的优秀文章。

参考立意：

①和平年代，我们同样需要英雄。那么，我们该如何定义和平年代的英雄？

②和平年代，我们同样需要英雄。我们需要英雄身上所具有的优秀品质，如责任、担当、舍己为人……

③和平年代，我们同样需要英雄。在和平年代，我们该树立怎样的英雄观，该

如何去做,如何继承和发扬英雄的精神?

误区提醒:

误区一:不能准确理解不同时代"英雄"的内涵,不能在平凡的人群中发现英雄的精神、品质,以致于在分析英雄形象时无法深入,使整篇文章看起来假大空。

误区二:引导语对于考生写作提出了多个限定条件,如演讲场合、演讲对象、演讲主题等,试题属于应用文写作,强调实用性,这在一定程度上,对考生提出了更高的要求;考生写作时容易忽略个别写作限定条件。

【佳作展示】

和平年代,英雄是时代的脊梁

夏金良

尊敬的老师、亲爱的同学们:

大家好!今天我演讲的主题是"和平年代,同样需要英雄"。

说起英雄,我们的脑海里常常会涌现闪光的名字与伟岸的形象。"一腔热血勤珍重,洒去犹能化碧涛",鉴湖女侠秋瑾的豪情唤醒了万千国人麻木不仁的心;"五岭逶迤腾细浪,乌蒙磅礴走泥丸",红军两万五千里长征留给华夏儿女奋勇前行的红色记忆……英雄的丰功伟绩激励着我们成长。

今天,面对是否需要英雄的时代之问,我想要说:和平年代,同样需要英雄,英雄的力量永不消逝!①

英雄对一个时代所言是脊梁。没有英雄的时代是空洞、索然无味的,因为只有英雄的热血才能唤醒我们困顿的心;因为只有英雄不灭的精神才能激励和平年代的人们在各行各业砥砺前行;勿以为和平年代便可安逸终生,没有硝烟的战争,更需要英雄的责任与担当。②

抢分点

①开篇点题,追忆英雄,立足和平年代,紧扣演讲主题,指出英雄于今天的意义。

②深入分析,指出英雄是时代的脊梁。

今天的英雄是各行各业的精英,是各个领域技艺精湛、登峰造极的大国工匠,是袁隆平、南仁东、朱枞鹏、王伟、李芳……和平时代的英雄不必轰轰烈烈,名誉满身,但他们有一个共同点,就是都具有罗曼·罗兰所言说之“心灵的伟大”。毕业于哥伦比亚大学的黄泓翔放弃世界级咨询公司的高薪聘请,一头扎在南非,致力于保护野象,他的目的很简单,改变其他国家人民对我国看法,我们不再是买卖者,我们是不折不扣的保卫者。在被问及在多年参与野生动物保护调查或行动当中,获得过什么奖励时,他说:“我觉得最大的奖励就是不死。”为了梦想,拥有顶级文凭的毕业生在枪林弹雨中穿梭,是为时代脊梁。和平年代的英雄便是这一类人,他们立足于本职岗位,不沉溺于物欲的满足,而是将自我价值的实现放在更高的精神层面上。③

③透过表象看本质,和平年代,英雄是各个行业的精英,是大国工匠,是不沉溺于物欲有着更高精神追求的普通人。

对于青年人而言,英雄更是理想的燃火者。④有了英雄的引领,我们不必将心中的炽焰深藏,不用为了躲避他人的嘲笑而畏惧表现自我,英雄让我们始终铭记心中的一份无畏与担当,灵魂深处闪烁着灼灼星光。我们应对理想与精神的追求保持热情,这才可能交出一份满意的人生答卷。

④进一步挖掘现实意义。对青年人而言,英雄是理想的燃火者。

社会飞速前进,丰富的物质与眼花缭乱的娱乐掀开了社会急剧变革的大幕。一系列的科技成果与繁杂琐屑让人目不暇接,但我们必须守护我们心中的那抹微光。这便要求我们对于英雄保有尊敬的态度,如此才能“江山代有才人出,各领风骚数百年”。⑤

⑤发出倡议:对英雄保有尊敬的态度,守护心中的那抹微光。

英雄是时代的脊梁,为我辈指明了前进的方向!

我的演讲完毕,谢谢大家!

模拟评分:一类文。评分:内容 20 分+表达 18 分+发展 18 分=56 分

名师点评:古语有之,"千古文章意为高!"立意是一篇文章的根本,这篇文章立意高远,值得借鉴。本文站在时代、家国、民族的高度,深入发掘现实生活中各行各业平凡岗位上的不平凡的"英雄",赋予和平年代"英雄"更深层次的精神内涵。文章选材紧扣时代,涉及各行各业,内容丰富,详略得当。作者胸怀家国,关注时代和青年,高站位而深分析,论证充分而有力,气势磅礴,富有时代、民族气息,具有英雄伟质。

(大厂回民中学　吴　静)

第三节　聚焦思维,走进话剧——《雷雨》教学新思考

话剧《雷雨》(节选)入选普通高中语文部编版教材必修下册第二单元,该单元为戏剧单元,通过剧中人物的悲情遭遇,表现了不同时代、不同国度的剧作家对人及社会现实苦难的关照。该单元旨在"通过阅读鉴赏、编排演出等活动深入理解戏剧作品,把握其悲剧意蕴,激发心中的良知与悲悯情怀",学会"欣赏剧作家设计冲突、安排情节、塑造人物的艺术手法,体会戏剧语言的动作性和个性化等"。本单元主题设定为"良知与悲悯"。同一篇目,话剧《雷雨》(节选)也同样入选了人教版教材必修四第一单元"阅读鉴赏"部分,单元教学旨在"欣赏话剧剧本,应当注意把握剧中的主要矛盾冲突,品味个性化的人物语言。进一步,也可以从舞台演出的角度,去推想戏剧的艺术效果"。面对同一篇目,不同版本的教材对一线教师的教学指导要求有着莫大的差异。随着高中语文教育教学改革的推进,基于教材的这一系列变化,高中语文课堂教学如何切实提升学生语文学科核心素养,将立德树人的根本任务落到实处?这一命题值得广大一线教师深入思考。

基于这一课堂教学设计理念,再次教学《雷雨》(节选)时,笔者进行了如下探究:

一、借助思维导图,厘清人物关系

话剧《雷雨》剧中人物关系错综复杂,人物形象众多且颇具争议,能否厘清剧中

人物是解读整部话剧的关键。借助思维导图,调动主题关键词、图像、颜色等构图要素,师生可以把剧中众多人物的复杂关系形象地展示出来,尤其是对剧中人物间隐匿的不伦关系要表现得更加深入、明显。在教学过程中,教师引导学生借助思维导图厘清剧中人物,有助于启发学生的发散思维,提升学生探索创新的思维品质。在《雷雨》(节选)的教学中,笔者设计了"师生共同绘制剧中人物关系思维导图"的课堂教学活动:

师:同学们,《雷雨》剧中矛盾冲突主要集中在哪些人物身上?他们之间是什么关系?请结合思维导图加以分析。

明确:

1. 指导学生分组讨论;

2. 师生合作;

3. 归纳总结。

师:同学们,剧中人物关系错综复杂,梳理其关系有一定难度,所以我们要借助思维导图,可以收到化繁为简的效果。(学生快速浏览教材,也可以借助《雷雨》剧本)

(学生自主绘制思维导图,学生之间、师生之间交流研讨思维导图)

师:现在,同学们已经绘制完毕,下面请大家在组内分享、研讨彼此绘制的思维导图,也可以与老师分享、研讨。

师:大家绘制得很好,通过研讨也发现了不少问题。下面,老师和大家一起分享、探讨老师所绘制的思维导图。

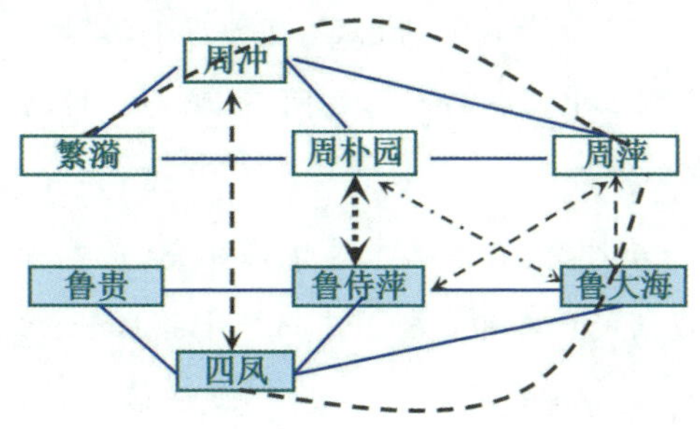

剧中人物及关系导图

师: 大家发现,剧中人物主要有四种关系:主仆、夫妻、血缘、不伦关系。各种关系交织、纠缠在一起。

生1: 周朴园—鲁侍萍:(前)夫妻、主仆关系。

周朴园—鲁大海:父子、资本家与工人的关系。

生2: 繁漪—周萍:(继)母子、情人关系。

周萍—四凤:(同母异父)兄妹、情人关系。

师: 几位同学分析得很透彻,但细心的同学会发现,老师绘制的思维导图用了蓝、灰、虚、实等不同颜色、类型的线条,分别代表了怎样的关系?

生: 蓝色实线代表的都是为世人所知的、能被人们正常接受的世俗伦理关系,灰色虚线代表的是非正常的、见不得人的不伦关系。

教师小结: 借助思维导图,我们理清了剧中错综复杂的人物关系。同学们,错综复杂的关系,无法调和就成了矛盾。突出的矛盾积聚到一定程度就会成为主要矛盾、甚至会引爆!后果不仅严重,有时还会很惨烈!

二、应用科学思维,破解戏剧冲突

科学思维,强调"运用抽象与联想、归纳与概括、推演与计算、模型与建模等思维方法来组织、调动相关的知识与能力,解决生活实践或学习探索情境中各种问题。"在设计《雷雨》(节选)教学时,我们可以选择归纳与演绎的思维方法,调用研习《窦娥冤》时归纳的鉴赏方法及理论来带领学生解读《雷雨》;同理,我们也可以运用教材《雷雨》(节选)中所研习的戏剧理论知识,来深入开展《雷雨》整本书阅读学习鉴赏活动。因此,笔者在《雷雨》整本书阅读鉴赏中设计了"温故知新"的教学活动:

师: 首先,请同学们回顾上节课所讲内容,回答以下问题。

生1: 戏剧冲突,指剧本中人物与人物之间,人物与环境之间,人物内心的各种动机之间的抵触、摩擦和撞击。

生2: 人物之间的戏剧冲突,在本质上是性格冲突,是各种不同性格的人,在一个特定的时空环境中遭遇的由于相互的差距而产生的抵触、摩擦和撞击。因而,戏剧冲突也就成为推动情节向前发展的重要动力,也就成为把握戏剧主题的重要突破口。

师:《雷雨》全剧中都有哪些矛盾冲突?主要集中在哪些人物身上?哪些人物

身上有哪些无法化解的矛盾？结局又如何？

明确：

1. 指导学生分组讨论；

2. 师生合作；

3. 归纳总结。

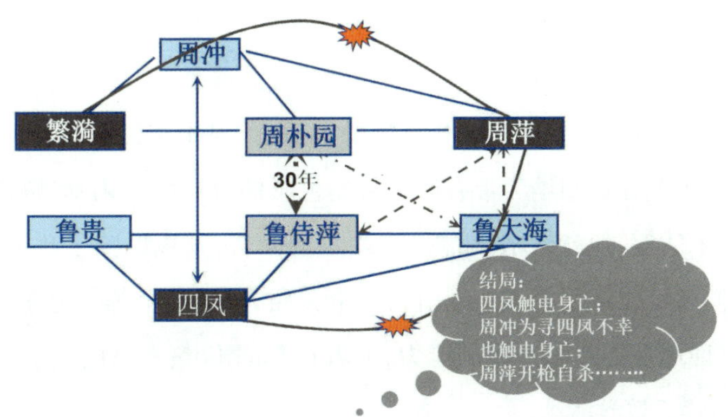

剧中人物矛盾导图

生1：周萍和繁漪，二人之间是继母与养子的关系以及不伦的情人关系，这二人之间的矛盾冲突是无法大白于天下的，是见不得光的。根据人物性格和剧情分析推断，这是最容易引爆的危险关系之一。

生2：周萍和四凤，二人之间是男女恋爱关系和同母异父的兄妹关系，这二人之间的矛盾冲突是无法大白于天下的，是无法弥补的不伦关系。根据人物性格和剧情分析推断，这也是最容易引爆的危险关系之一。

生3：周朴园和鲁侍萍之间，主要是社会阶级矛盾和家庭矛盾，以及二人之间的30年的感情纠葛，二者之间的矛盾是最深层、最核心的矛盾冲突。根据人物性格和剧情推断，这对矛盾无法调和却也不会继续发展，但埋下了产生其他矛盾的祸根。

师生合作：根据剧中人物关系、相关情节，我们可以推断：在众多的矛盾之中，周萍成为矛盾的核心、焦点，四凤成为矛盾冲突中最容易断裂的一环，繁漪成为矛盾冲突中最容易引爆的一环！老师在他们的灰色关系线上标注了一个红色引爆标志!

师:同学们,人物之间的戏剧冲突,是推动情节向前发展的重要动力。事实上,剧中人物之间最危险的关系,最终也成为剧中一系列家庭、社会矛盾冲突爆发的导火索,引燃了周、鲁两家之间莫大的人生悲剧!

三、启动人文思维,聚焦戏剧主题

人文思维,强调“运用历史的、辩证的、审美的、系统的思维方式应对各种问题。能够根据对问题情境的分析,从多元性、情境性、关联性、层次结构性、动态平衡性、开放性和时序性等方面把握问题与事物的本质”。对于统编版教材《雷雨》(节选)部分而言,其主题往往归纳为带有浓厚封建色彩的资产阶级内部、资产阶级与无产阶级之间的矛盾等;但就话剧《雷雨》全剧主题而言,其主题除了政治、阶级层面的思考外,我们还可以运用人文思维引领学生关照人性、社会等其他角度。为了引领学生养成辩证地把握戏剧主题的能力,笔者在《雷雨》整本书阅读鉴赏中设计了如下的“移步换景”教学活动。

师:同学们,苏轼曾言:“横看成岭侧成峰,远近高低各不同。”关于话剧《雷雨》(节选),我们发现教材节选部分的戏剧主题集中在社会阶级矛盾。那么,我们是不是可以尝试换一个观察角度?

生:对,可以换不同角度。我喜欢四凤,真希望她和周萍不是兄妹!他们的命运太可怜了!

师:没错,剧中人物的命运让人痛心!我们也应该从“人”的角度关注剧中人物命运——生、死、喜、怒、哀、乐。那么,我们该怎样把握作品主题呢?

生:从戏剧冲突入手,因为戏剧冲突是深入把握戏剧主题的金钥匙。

师:很好。那么,我们共同探究。同学们,剧中高潮部分,四凤惨死,周萍自杀;那么,剧中人物被命运安排的悲情人生就此结束了吗?

生:没有。十年后,在教堂里,繁漪被人用铁链锁了起来;鲁侍萍俨然疯了;周朴园面容苍老憔悴、神情悲伤忧郁。三个人在一起,境况非常凄惨!

师:面对此情此景,请同学思考下面的问题。

提问:周朴园自认为他的家庭是最“幸福”、最圆满的家庭,可生活在这个家庭中的每个成员真的“幸福”吗?面对十年后的情境,反观他当年所建立的所谓的“幸福”的家庭,周朴园他还幸福吗?

生:毋庸置疑,答案是否定的!

师:——可是,是什么力量毁掉了让周朴园引以为自豪的幸福家庭?让我们共同寻找其中的原因。

明确:

1. 指导学生分组讨论;

2. 师生合作;

3. 归纳总结。

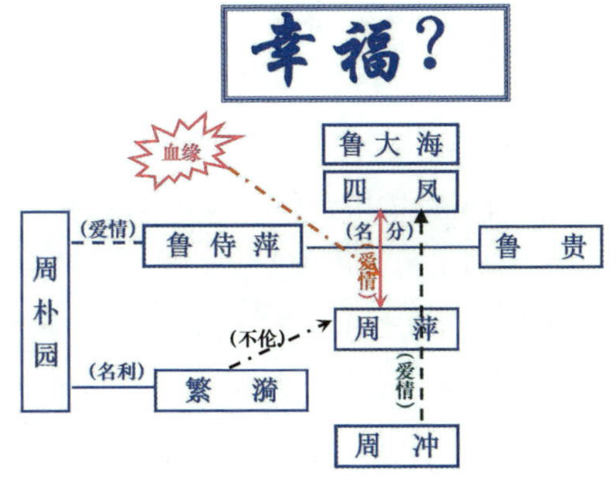

作品主题解读导图

师:通过分析剧中情节及人物关系,我们不难发现,造成这场人间悲剧的因素众多,但有两个环节是最致命的。

生1:一是周朴园和鲁侍萍之间的爱情关系被金钱、名利、等级观念及封建思想深重的周家家长给拆散了。

生2:二是生活在畸形社会、封建家庭之中的周萍和继母繁漪发生了不伦的男女关系。

师:分析很准确。生活在这个家庭的人们爱慕虚荣、追求名利、身份地位,忘记了幸福的生活该有的样子!最终,剧中主人公摧毁了手中的幸福,走向了让人撕心裂肺的人间悲剧!我想,这也是曹禺先生希望每位读者都应认真思考的关于“人”的生命主题。

曹禺先生撕开灵魂的伤疤,不是把痛苦和悲剧写出来供世人咀嚼,而是警醒世人思考人之一生追求的是什么？是幸福！是在唤醒人们内心深处的“良知与悲悯”情怀。

建设启德高效课堂，要唤醒学生的良知与悲悯情怀，要将核心价值理念融入教学过程之中，践行学科育人理念；建设启德高效课堂，要从转变课堂教学的“教”与“学”设计思维方法入手，努力探索在高中语文课堂上培养学生语文学科素养的新途径。建设“启德高效课堂”，在设计课堂教学目标、教学任务、教学环节时，首先要关注核心价值观念所包含的政治立场和思想观念、世界观和方法论、道德品质和综合素质等3个一级指标和10个二级指标；其次，要关注科学思维、人文思维、创新思维等思维方式、方法，并将其运用到教育教学活动过程中，将语文学科素养的养成和语文课堂教学有机融合为一体。面对部编版教材，教师在设计课堂教学任务时，要运用恰当的思维方法，科学、合理地引领学生整合学科知识；在正确的思想价值观念的指导下，课堂教学要高质量地认识问题、分析问题、解决问题，才能引领学生提升关键能力、必备品格，培养出德智体美劳全面发展的社会主义建设者和接班人。这是一线教师肩负的使命与担当，也是对当前国家新一轮课程改革的呼应。

第二章
诗意栖居　以染其魂

《人,诗意地栖居》是德国19世纪浪漫派诗人荷尔德林的一首诗,后来海德格尔从哲学角度予以阐发,“诗意地栖居在大地上”,引发了人类对于生存状态的哲学思考。其实,荷尔德林创作这首诗歌之时,已是贫病交加且又居无定所,他以一个诗人的直觉和敏锐,意识到随着科学的发展、工业文明的到来,人类应该在丰富多彩的物质世界中找寻灵魂的归宿。

面对新时代高中校园教育生态,普通高中语文学科应该多角度、深入地探索学科育人的路径。本章主要聚焦课堂(校园)之外的学习活动,浸染语文学科的诗意之美。

第一节 诗意栖居 散文创作

进入21世纪,很多学生远离了乡村与田野,在城镇长大,触目所及的都是鳞次栉比的高楼大厦,是高速发展的现代都市文明,我国基础教育生态发生了深刻变化。然而,田园郊野之上的乡土文明恰恰蕴藏着当代青少年心中缺失的优秀传统文化基因,因而,我们开展学科育人工作,需要聚焦课堂(校园)之外的学习活动,培养学生语文学科素养。

其中,聚焦课堂(校园)之外的世界,开展文学创作,浸染诗意灵魂是培养学生学科素养的最佳路径。尽管这是很好的育人路径,但在教学中,很多学生是不愿动笔写作的,一是缺少写作动力,二是缺少写作习惯,三是缺少写作素材。常言道,身教胜于言传,对于这些写作困难,最好的解决方案,就是师生同题写作,教师写下水文,以自己的文学作品为示范,引领学生进行文学创作,然后对学生的作品适时予以点拨指导,这样可以激发学生的写作热情,有效提高学生的写作素养。在众多同题写作中,游记、校园日记是最受欢迎的,师生有相似的游览经历,有共同的写作素材,便于开启学生的写作之门。比如,在给学生布置游记写作任务之前,我会将自己创作的游记《山水行迹之古北口镇》《山水行迹之西子湖畔》等印发给学生,然后学生也会仿照老师的作品动起笔来,创作了《山水行迹之黄山》《山水行迹之西柏坡》《登泰山记》等;再比如,在安排学生写作校园随笔时,我会将我创作的《猫》印发给学生;也可以安排学生写同题小作文。这些都是学生喜闻乐见的文学创作样式。总之,聚焦课堂之外,开启学生的文学创作之门的路径很多,需要师生共同探索。

教师作品

(一)山水行迹之古北口镇

夏金良

不知从何时起,对山水有了特殊的感情!山的沉稳仁厚,水的灵动秀美,足以让我沉醉其中不能自拔!

今天就和大家谈一谈山水胜境——古北口镇。

百度百科介绍到，古北口镇位于北京市密云区，背靠中国最美、最险的司马台长城，坐拥鸳鸯湖水库，是京郊罕见的山、水、城相结合的旅游度假景区。与河北交界，交通便捷，距首都国际机场和北京市区均在一个半小时左右车程，距离密云区和承德市约45分钟车程。古北口镇夜景堪称一绝，景区内建有精美的山地四合院建筑，是长城脚下独具风情的山水小镇。

其中，司马台长城历史颇为悠久。司马台长城始建于明洪武初年，后经蓟镇总兵戚继光和总督谭伦加固，其山势陡峭，地势险峻，工程建设分外艰难。游客在山下望司马台长城，只见它背倚蓝天，横亘天宇之间，野云悠悠，极高极险。

在司马台长城上

司马台长城被鸳鸯湖分为东西两段。

长城的最高处为“仙女楼”，需登“天梯”而上。天梯高达100米，坡度85度，几近垂直，无胆量的绝难征服。仰头上望，那砖石砌就的台阶仅可容脚，两侧悬崖陡壁，中间这一道台阶细如线，薄如刃，陡如立，不由人望“阶”兴叹，倒吸一口凉气。爬上仙女楼，景色果然更加壮美秀丽，俯首看脚下的悬崖，刀削斧劈一般，几缕雾岚挂在绝壁处，更显得陡峭惊险。西北边金山岭长城与司马台长城浑然一体，活像一条即将腾飞的苍龙。长城上大小不同、形态各异的敌楼,恰到好处地矗立在各个制高点上,威风凛然,冷峻挺拔。整段长城,完美和谐,气势磅礴,处处显示出她的巧妙、奇特、雄伟和壮丽。再看看连绵不断的燕山山脉奔涌而起,叠起无数的奇幻;看着辽阔的华北平原无边无际,一直铺向目不所及的天边……

望着这博大奇异的景色,不由令人心潮澎湃;矗立良久,我沉醉其中不能自已,于是作诗以记之:

清明日游古北口镇

青山如黛俊如郎,桃花粉面俏红妆。
春风微醺留人醉,渡娘摇橹唤客偿!

清明日登古北口镇司马台长城

夷汉相交司马台,硝烟战火化尘埃。
美人楼下春江泪,英雄骨里明月怀!

注:北京密云司马台长城地势险要,山川形胜,自古乃兵家必争之地,夷汉自此分开!据民间传说,北宋时杨家将七郎八虎战幽州,杨七郎就战死在司马台;大明朝始修司马台长城,戚继光任蓟州总兵,更是多次登台驻守;长城东段有仙女楼等美人楼16座,西段有英雄骨灰楼18座。有感而作于返程途中。

(二)山水行迹之西子湖畔

夏金良

古语云:“上有天堂下有苏杭!”

但凡喜欢游学的朋友,都梦想着求学江浙,有机会到苏杭一带走走;如若能在西湖周遭逗留几日更是人生之幸事!

戊戌年端午前后,趁着短暂的假期,我们师友同行前往杭州,我终于在繁忙的工作之余,得以探见西子真容!

在赶往西湖的路上,我的心一如风中湖水,激荡起伏!口中默默诵着唐朝著名诗人白居易留给西子的诗作：

春题湖上

〔唐〕白居易

湖上春来似画图，乱峰围绕水平铺。
松排山面千重翠，月点波心一颗珠。
碧毯线头抽早稻，青罗裙带展新蒲。
未能抛得杭州去，一半勾留是此湖。

透过文字，我们仍然可以想见当年白居易驻足西子湖畔，欲行未行，留恋忘归的形容；品读乐天先生的风雅之作，我也极尽想象之能事，在心灵小屋中，用最绚丽的色彩和最浪漫的笔触描摹西子的妆容！

千百年来，西湖被中国文人赋予了太多的情愫。在他们的笔下，西湖更像是楚楚动人的红颜知己。宋朝苏轼有词作《饮湖上初晴后雨》，颇受世人喜爱、推崇。

饮湖上初晴后雨二首(其二)

〔宋〕苏　轼

水光潋滟晴方好，
山色空蒙雨亦奇。
欲把西湖比西子，
淡妆浓抹总相宜。

在灿烂的阳光照耀下，西湖的水，波光潋滟，看起来很美；雨天时，群山环抱的西湖朦胧迷茫，若有若无，显得非常奇妙；正如苏子所言，把西湖比作美女西施，淡妆浓抹，正是恰到好处的。

俗话说，百闻不如一见。转眼间，我到了西子湖畔。当我真正站在苏堤遥望雷峰塔，亲手拂拭湖面碧波时，我的心醉了！

夏日的西湖，更像一幅水墨氤氲的风景画，三面群山环抱的湖面，汪汪一碧，水平如镜。青山如黛，夹岸松树密密地铺满山面，山峦起伏，一派苍翠。夜晚，一轮圆月映入湖中，温润如玉，随波跳荡悬浮。

行走在西子湖畔，醉人的不仅是如画的风景，更是沉睡于湖畔松石间的那些雅士英豪的故事，或温婉深情、催人泪下，或令人气血激荡、可歌可泣。夕阳下的武松墓、苏小小墓、岳王庙，多了几分令人肃穆、沉醉的心伤，更能让人感受到那份流淌于民族血液之中的穿越历史时空的力量！

于我而言，西湖给予我许多：她姣好的容颜、醉美的华裳和流淌千年的碧波陈酿；于西湖而言，我留下的只有些许深情、一份笔墨、几缕诗行！

西湖夜雨畅游

一壶山色半湖春，
烟雨西泠倩花魂。
千古英雄留青冢，
雷峰夕照近黄昏！

注：戊戌年端午日晚游西湖，夜登雷峰塔，突遇天公电闪雷鸣，大雨如泼，而后雨过天晴。其中，“倩花魂”原为“宿花魂”。

（三）山水行迹之岳麓书院

夏金良

正是橘柚飘香时，烟水茫茫赴潇湘。深秋时节，我和廊坊市第八高级中学的张文静老师、三河市第一中学吕秋艳老师开启了湖南培优问道的集中研修之旅。尽管研修时间短暂，但我却被强大的湖湘精神所震撼，更加坚定了我的育人之路：读行思天下，笔底阅人生。

“惟楚有才，于斯为盛！”千百年来，岳麓书院弦歌不绝，文脉延绵，张栻、朱熹、王阳明、王夫之、魏源……无数先贤圣哲都曾在此讲学，其治学之道令人神往。近代以来，无数仁人志士、革命先烈为振兴中华而抛头颅洒热血，黄兴、蔡锷、蒋翊武、陈天华……这些教科书里的革命先烈，就长眠于岳麓山。百年风云激荡，走进岳麓山下的湖南第一师范，感受一代伟人毛泽东在此求学、任教的八年经历，探寻青年毛泽东在此寻求革命真理的历程，更是被伟人胸怀天下的家国情怀所鼓舞。

司马迁曾言："高山仰止，景行行止。虽不能至，然心向往之。"高尚品德如巍巍高山让人仰慕，光明言行似通天大道使人遵循；瞻顾岳麓圣迹，青年一代当思，学习之意义应不唯安身立命，不趋精致利己，亦应逐胸怀家国、关心天下苍生疾苦之更高层级的意义！

在岳麓书院内

是以，古人云："文章，经国之大事，不朽之伟业也！"今作诗以记之：

求学岳麓书院有感

岳麓千年秀，
文枢一脉香。
良才染风骨，
人杰柱天长。

(四)猫

夏金良

三年前,一个深秋时节的早晨,一只猫闯入了我的视野。

关于这只猫的故事,还要从三年前的一个晨读说起……

早晨5点40左右,天还很黑,但同学们大都到了教室,开始了一天的学习。这时我到校陪护自习,我站在教室门口,同学们头也不抬地认真读书。

看着同学们读得如此认真,我就站在讲台上,生怕走到他们中间会打扰他们学习。

过了一会儿,教室后排有一名同学犯困了,我走到这名同学身边,打算提醒一下。

还没等我张口说话,一股难闻的气味扑面而来……

提醒完这名同学,我就回到了讲台上,继续扫视我们高一(8)班的这些可爱的孩子。

我在讲台上站定,还不到一分钟,那股难闻的气味再次冲了过来;有的同学,一脸坏笑,看看前后桌同学,又继续读书了。

短短几分钟,这股气味轮番轰炸我们,搅得几位同学实在无法静心学习。其实,大部分同学和我一样,是在故作镇定:因为这股子气味不是一般的难闻。

大概5点50分,一位同学跟我请假去厕所;这一下,同学们的目光全都聚拢过来,有的满脸坏笑,有的眉眼紧锁,有的抬头看了一眼,然后面无表情地继续低头学习。

但是,同学间发出的极其细微的耳语,分明是在给这位同学点赞:好小子,实力杠杠的……十年一遇,八班第一……

这时,有位靠窗的同学打开了教室的窗户,随后,靠窗的同学心照不宣地把窗户都打开了;一阵阵混合了草木气息的寒气扑面而来……我心中暗想:刚才怎么没有想到开窗通风呢?大家确实需要呼吸一口新鲜空气。

深秋时节,寒气袭人。同学们忍受不住这份寒冷,又赶紧把窗户关得严严实实。可是,那位制造浊气的同学已经去卫生间了,怎么那股子难闻的气味又飘了过来?大家正在纳闷之际,那位去厕所的同学回教室了。同学们,你看我我看你,眼中满是不解。

这时,这位同学刚要坐到座位上,突然喊道:“老师!您看,这是什么呀?”

同桌同学刚弯腰一看,“哎呀,好臭……”

随后,那位去厕所的同学边呕吐边喊道:“老师,是屎!好脏啊!哎呀,我的鞋上……”

瞬间,全班同学的头都大一圈,心想:“屎,教室里哪来的屎?是什么屎?好恶心!”

我刚想让同桌同学帮忙收拾一下,这位同学早已经跳到了我的身边,躲在我身后弯着腰呕吐起来。大家见此状,纷纷捂住口鼻,纷纷投来废纸,让这位同学清理鞋子和地面;我转身去教室门后取墩布,准备自己好好清理一下教室。刚要去拿墩布,却发现一只非常可爱的小黄猫正懒洋洋地躺在墩布上酣睡。见到这么一只小可爱,同学们忘记了满教室的臭味,瞬间被这温顺的小可爱给萌到了。

“老师,这只猫咪太可爱了……”

“老师,让我看看……”

“我家里就有一只波斯猫……”

“我一直想养一只猫,可我爸偏不让……”

顿时,教室里乱成了一锅粥,我在一片惊呼声中发现,在小黄猫卧着的墩布旁边还有黑乎乎的一坨脏东西。

“老师,那是猫屎吧!”

“啊!好恶心!”

这些娇滴滴的孩子们,似乎只知道猫咪可爱,却从未曾知晓猫屎如此令人作呕。看着这只憨憨的小可爱,心想:一个安静的早读就这样被这只猫搅和了,留不得你了,我只能把你请出教室了。说时迟,那时快。我一伸手抓起猫就来到了教室的窗户下,打开窗户就要扔到楼外,见状,同学们又是惊呼一片:

“老师,别扔……”

“老师,饶了它吧……”

“老师,会摔死它的……”

听到一片哀求之声,我的手举在窗户上停留了片刻,回头看看同学们的表情,随后还是扔了出去。扔完后,我回头一看,天呐!好多同学都面带哀伤,伤心至极,似乎在为这只小可爱伤心,甚至是默哀……想必也是在用无言的痛心,声讨我这位狠心的班主任。

看着同学们的表情,我的心中又是好笑又是难过。

可怜的孩子们,难道在你们的心中,班主任会这样狠心吗?

可怜的孩子们,难道在你们的眼中,猫能如此轻易地被摔死吗?而且还是一楼……

可怜的孩子们,难道在你的童年时光,竟然未曾听说,猫有九条命吗?猫的轻功在动物界可是相当了得!

于是,我决定,利用十分钟召开一次特殊的班会——《我和我的学生,还有那只猫》。

扫地不伤蝼蚁命,爱惜飞蛾纱罩灯!夏老师是有爱心的!绝不会这么狠心把这么一只在寒风中寻得一夕温暖的小可爱给摔死的。猫的轻功虽不能登萍渡水,但也是横扫宠物界无敌手。即使从二楼将猫扔下去,它也是毫毛无伤的;老师只是把它送回到它的世界。

而你们,我可爱的孩子们,你们被安置在世界的一个角落太久了……

学生作品

登泰山记

王左彤

怀着无所畏惧的心,我来到了泰山脚下。这是我第一次爬泰山,也是我第二次爬山。我不爱爬山,但山里清爽的空气和山顶一览众山小的感觉是我所喜欢的。

登山的前一天晚上,我和父母来到一家饭馆简单地吃了些饭。饭馆的老板是河北人,他和妻子以及他们的孩子来泰安生活了十多年了,早已对这里有了难以割舍的情怀。

老板特别热情，介绍说，很多人选择晚上登山，是为了看日出。刚说完，饭馆里就走进来几位男大学生，他们也不例外。看着他们朝气蓬勃的样子，我有些羡慕，也有些期待，又有些感慨。

辞别了饭馆老板一家，我们回到酒店为明天的爬山做准备。兴奋与期待使我有些难以入眠了，我一直很想来泰山看看，想突破自我，想挑战它。

第二天，我和家人准备好后来到泰山脚下，望着那不知多远的山顶，心中充满了斗志。坐大巴车需要排队等待，我一向不喜欢等待，索性决定从山脚爬到山顶。不知不觉爬了十分钟，石阶很宽，坡度也是缓的，我暗中欣喜：想要爬到山顶也许没那么难。实际上，我们爬过的路程连五十分之一都不到。山上的空气无比清新，我抚摸着路边的岩石，仿佛因天气阴沉而闷闷的心情也慢慢地烟消云散。转眼就过了一个小时，本以为快到半山腰了，下山的人却说这里不过是走到了半山腰的五分之一罢了。我抬头望了望，并没有退缩，反而更加迎难而上。

这是冬天，此时的我却已经大汗淋漓。母亲见状把登山杖给了我，我却用不习惯，总觉得有些累赘，索性把登山杖还给了母亲。我继续爬着，看着一块块纹路清晰的岩石与奋力前行的人们，我已经忘记了时间，忘记了爬过多少石阶。

“天门一长啸，万里清风来。”终于，我爬到了中天门。这里的天空，似乎比之前更亮了，是如此的炫目。寒冷的风吹在脸上，我并不觉得冷，反而心中充满了希望。

我担心母亲的身体，就让母亲乘坐索道到山顶，而父亲爬过很多次山，执意要爬到山顶，我也是如此。很快，我们到达了“泰山十八盘”，我用三个字来形容那便是“长，险，陡。”这是泰山最主要的标志之一，一千六百多级石阶让人望而生畏。此刻，泛紫的唇与疼痛疲惫的双腿使我有些怕了。我本就身体柔弱，爬到山顶对我来说是巨大的挑战。可当我抬头看那一排接一排的石阶，转身看着一路挥洒汗水走来的路，竟不自觉地迈开脚步继续爬了起来。从那时到现在，那直上直下的石阶始终印刻在我的脑海中。

“薄雾流云千尺画，丹崖翠壑万行诗。”功夫不负有心人，我终于看到了那三个大字——“南天门”。我做到了，我成功了。画一般的景色比我想象中的更加壮丽。此刻，望着眼前壮丽的景色，自己仿佛已经与泰山融为一体。

矗立泰山之巅，望着眼前壮丽的景色，无限感慨油然而生。想到那晚的几个大学生,我羡慕的是他们爬过了寒窗苦读这座“泰山”,我期待的是自己也将爬过这座“泰山”,而我感慨的是年轻真好,还好我还年轻。希望我们每位年轻人都能够不负美好时光,坚持下去,跨越自己的人生之巅。

教师点评:这是一篇游记,记述了与家人登泰山的过程,语言通俗易懂,不事雕琢,将自己登山的感悟融入了潺潺如流水的叙述之中,全文读起来并无登山的乏累之感,如话家常。

同题写作

我的高考,我的春

夏金良

去年四月的一个上午,春光明媚,校园中花香四溢。教室的窗户是打开着的,能闻到校园中沁人的花香,能听到花圃中自在娇莺的恰恰啼叫之声。这样的校园春景,足以让正在讲课的我精气神十足,也足以提高学生学习的效率;事实也的确如此,虽然这节课讲评的是高三二模联考语文试卷,但每个学生的面部情态告诉我,孩子们听课状态很好,紧跟课堂节奏,时而深思,时而奋笔……

此时,我正在分析散文,链接到2006年江苏高考试题《一幅烟雨牛鹭图》。不经意间,我从眼角的余光发现,我的课代表孙逸将目光转向了窗外,而且有点愣神……

为了不影响其他同学听课,我讲课声调语速不变,不动声色地走了过去……还没等我举手提醒,她猛然一愣,就回过神儿来……

下面学生开始分小组讨论问题,我便开始询问课代表刚才为什么愣神了。学生看了看我,毫不掩饰且面带戏谑地告诉我说:“您刚才讲散文《一幅烟雨牛鹭图》,我听着听着就在想象江南的美景,也没见过木犁、更没见过田间地头耕种的老水牛……不由自主地就望向了窗外。春天这么美,我真想去看看……”“要专心听课,等今年高考完后,可以和父母一起去好好儿看看江南美景……”

下课铃响了,回到办公室,老师们正在讨论这次高三联考试题,分析预测今年高考试题热点。讨论完后,不经意间,我也望向了窗外,天地万物正满载喜人的春色扑面而来……想着想着，我做出了一个决定，将今天语文随笔作业改为命题小作文，题目就是“我的高考，我的春”……

教学随想

窗外，春光烂漫，鸟语花香；眼下，高考在即，理想在前，压力如山；世界那么大，春天这么美，我想去转转……

请以“我的高考，我的春”为题，写一个200字左右的片段。

当天下午作业就布置下去了，心中有点小期待，真不知这些孩子能写些什么交上来。第二天清早，课代表早早地抱着作业过来了。当我打开孩子们的随笔时，我心欣然，因为孩子们写得很认真，情真意切，字字肺腑之言，可是，转瞬之间，我心寂然，我心沉重……

学生作品展示：

片段一：

予观乎高考，大事也；人生在世，唯有一次，其之重也，不言而喻，且前人之述备矣！而今日之文，论高考之与春，我心寂也！何为春也？万物复苏，花开叶茂，此之谓春也。

高考之前三百余日，皆为寒冬也，其寒胜于三九之时也；而高考之后时日，皆为春也。春至之时，吾欢而跃，心之境久不能平，此时吾外出而游，见繁花茂草，鸟雀翔集，晴空万里，此乐何极？

此之谓吾高考之春也。

——高三(5)班　方明威

片段二：

为之奈何？春天，我却在“牢笼”里，想去寻你但又不能；因为愧对于父母和自己！出去，若享受了春天的美好，则透支了高考，人生春天还多，而高考的春天是不复的。处课堂，忧不能尽春游之乐；处春之美景，则忧高考之不复。吾心，于此二者间绞缠；余以为，如我之人也有众多；然则何时而乐耶？——金榜题名时也！

——高三(5)班　葛帅杰

片段三：

嗟夫！予尝求，学之于我为何哉？高考又为何哉？

不听师言，不从父命，处教室之中则念春游之乐，于工作之上则悔未学。是学亦忧，不学亦忧，然则如何可两全其美邪？其必曰："书山有路勤为径，学海无涯苦作舟"乎！

噫！微学习，吾何以存世？

——高三(5)班　张　伟

片段四：

然，为能近春之味，放个精致的玻璃小瓶于桌角，折一段芳香存于其间，也算是一种念想吧……

终于，玻璃杯碎了，花枯了，梦，也醒了……

我焉知鱼与熊掌不可兼得之理，高考梦与逐春心果真如此水火不容、遥不可及吗？若心中有春，何处不能为春？

心如春光般和煦，高考亦为春也！

——高三(5)班　郭晓琴

片段五：

只因我们心中有梦，即使处于寒风中，心中依然温暖；只因我们心中有梦，即使身在明媚的春日中，也不被其所吸引。青春年少的我们，充满热情与活力，当然希望在如此美好的世间行走一番。"世界这么大，我想去看看！"古人云："读万卷书，行万里路。"临近高考，已苦读十二载，学业成败在这最后一搏……

身旁弥漫着诱人的春的味道，我选择拒绝！

如果问我为什么？我会说，心中有梦，胸中自有春天……

——高三(5)班　武　澳

片段六：

我曾迷惑高考与梦想是否可以等价，高考应该就是我的梦想吗？就是我日复一日披荆斩浪、勇往直前的终点吗？不，生活才是我的梦想啊！高考是我生活中必不可少的一部分。自生活优而后学业优；人事的尽头总要归于生活。

自生活之中，开出学业之花，欣欣向荣！你看，窗外的校园，春天到了啊……

——高三(5)班　孙　逸

片段七：

人生正值青春，本心向四海，意在天地之间；本欲行走于天地星辰万物之中，观赏春花秋月，听鸟啼蝉鸣……然今日此时居于校园，专心于学业，与外界渐生间隔。我本心向四海，而处于斗室之中，矛盾否？

否！我愿居于斗室以参详天地万物，我愿收己锋芒以厚德行，我愿乘冬日风雪以待春日的到来……

雕琢灵魂，百炼成钢！既然寒冬已至，春天还会远吗？

——高三(5)班　杨志鹏

学生的随笔作业完成很好；但评完学生的写作随笔，我掩卷沉思，心情还是一片沉重。本应第二天上课就点评学生随笔，可是在点评之前，我必须做一个问卷调查，解决一个困惑，所以这次作业点评只能推迟了。

第二天上完课，我便做了这项极其简便又颇有意味的问卷调查："同学们，耽误大家一分钟，没见过耕牛犁地的同学请举手！""好，请放下！17 位……""没见过牛的请举手！""老师，电视里见过算吗？""不算""好，请放下！7 位……"

这个数字是令人心情沉重的！我所生活的地方是一个回民自治县城，学校学生大部分来自县城，少部分来自农村，附近村里不少农户是以养殖牛羊为生的，很多学生对于牛羊应该是见惯不怪的；但让我惊讶的是班里四十位学生竟然有这么多学生没见过耕牛犁地，甚至有七位同学在现实生活中连牛都没见过。

是啊，随着人们物质生活水平的提高，很多学生跟随父母进城务工，经过多年辛苦打拼，然后举家迁到城市生活，远离了乡村、土地，触目所及都是灯红酒绿的现代都市。在这一代，乃至以后的大部分孩子心中，恐怕很难想象到"七九河开，八九雁来，九九加一九，耕牛遍地走"是怎样一番景象了，很难感受到《一幅烟雨牛鹭图》中流露的诗意了。

古人讲，求学之道，须"读万卷书，行万里路"，可是身处校园中的孩子们，校园之外的路究竟走过了多少呢？

其实，当我的课代表望向窗外时，她是很难望见多少春色的，因为教室临窗一面的玻璃上都粘有透明贴膜,更何况,靠近窗户一侧更是有两尺的过道相隔。即使没有那一层薄如蝉翼的玻璃贴膜,没有那两尺有余的过道相隔,驻足在都市的高楼大厦的孩子们,又如何能望见蜿蜒流淌在乡间的那条小河……

第二节　诗意栖居　诗歌创作

我国是一个注重诗教的国度,诗教传统绵延至今已有两千多年。中国古典诗歌是一座巨大的思想、文化、艺术宝库,涉及政治、经济、文化、军事、建筑、宗教等,包罗万象。所以,中国古典诗歌的育人价值是多方面的。孔子曾言:"小子何莫学夫《诗》?《诗》,可以兴,可以观,可以群,可以怨。迩之事父,远之事君;多识于鸟兽草木之名。"孔子认为,学诗可以激发人的情感共鸣,可以观察天地万物、人间百态,可以团结众人,可以讽谏尊上。近一些可以用来侍奉父母,远一些可以用来事奉国君,甚至可以拓宽眼界,辨识鸟兽草木的名字。

立足当代,我们要深入研究中国古典诗歌的育人价值,取其精华去其糟粕,引领青年去继承并发扬光大。那么,目前普通高中语文学科如何继承和弘扬诗教传统,深入发挥中国古典诗歌的育人价值?当前,最常见的方式就是读诗、背诗、赏诗、考诗,能够在一定程度上提高学生的语文学科核心素养,但作用是有限的。在普通高中语文教学过程中,学有余力的师生,可以尝试创作古典诗歌,这是更高层级意义上的传承与弘扬。

诗歌创作,可以怡情冶性益智,是高中语文学科育人的极为关键的一环!其中,中国古典诗歌,尤其是近体诗,是用有韵律的文字再现客观世界、描摹灵魂的艺术,其创作难度较大,不仅需要作者有厚重的人生积淀,还需要有足够的专业知识和创作灵感,具有较强的挑战性。尽管很多师生有着浓厚的诗歌创作热情,但是苦于不懂韵律,不敢动笔。所以,对于创作诗歌这项教学活动,不能统一要求,切忌搞一刀切,要循序渐进,降低创作难度,呵护学生的创作热情。其中,笔者在日常教学中,最常用的方式是:原创+改写。尤其是,师生原创诗歌互评改写活动,很受学生欢迎,对于提高学生的诗歌写作水平也有较大帮助。

教师作品

(一)登　楼

故里风烟旧,
山横暮客愁。
晓看红湿处,
绮月锁重楼!

夏金良
2020年6月25日(端午)
于卢龙滦河畔

注:“绮月”亦作“花月”。

滦河棒槌石

(二)游潭柘寺

山深云不语,
竹茂鸟时鸣。
岩径松扉里,
晨钟动晚城!

夏金良
2020 年 7 月 27 日
于京西潭柘寺

潭柘寺

(三)秋声赋

窗外秋风过，
楼垣虫翅鸣。
抱琴阶下听，
振袖和秋声！

夏金良
2020 年 8 月 9 日
于大厂月阁

大厂书画院

(四)无　题

春光如烟醉花阴，
夏日池荷点绛唇。
秋水潋滟风波定，
吾等冬雪又一年！

夏金良
2020 年 12 月 21 日(冬至)
于大厂一中校园

大观园荷花

(五)校园早春

乍暖还飞雪，
云泥落远鸿。
柳斜春几缕？
只待杏花红！

夏金良
2021 年 3 月 1 日
于大厂一中校园

大厂一中园中玉兰

（六）别　赋

剪烛对窗折桂堂，
题名金榜逸龙香。
此番沧海天高阔，
一世长安一念长！

夏金良
2021 年 6 月 9 日
于大厂一中校园

全体师生合影

注：

今天，

是值得纪念的日子

作为班主任，心中满是幸福与不舍

陪着孩子走过了三年美好时光

可是,今天孩子们毕业了!

感恩

这些可爱的娃

给了我满满的回忆

三年间

千言万语,

早已化作我们的班训:

人生之路以曲为美,求学之路以直为贵。

虑人虑己虑家国,容情容理容天地。

愿君:山高水长,一世长安!

(七)晓过香积寺

古木欲参天,

啼莺入画眠。

晨钟惊远客,

梵刹已千年。

夏金良

2021年6月18日

于西安香积寺

西安香积寺

注:香积寺是中国“佛教八宗”之一“净土宗”祖庭,唐代著名的樊川八大寺之一,全国重点文物保护单位,位于陕西省西安市长安区郭杜镇香积寺村。

唐高宗永隆二年(681),净土宗创始人之一善导大师圆寂,弟子怀恽为纪念善导功德,修建了香积寺和善导大师供养塔,使香积寺成为中国佛教“净土宗”正式创立后的第一个道场。香积寺殿宇庄严整齐,环境优雅,规模广大。唐代著名诗人王维曾写《过香积寺》诗予以赞扬:“不知香积寺,数里入云峰。古木无人径,深山何处钟。泉声咽危石,日色冷青松。薄暮空潭曲,安禅制毒龙。”

香积寺几经修缮,几遭兵火之灾。最近的一次是同治年间,香积寺再度毁于兵火。据传日本浪人趁机盗走大批金石文物,寺僧为了保护文物,曾埋藏若干,但至今这些文物下落不明。

(八)游红螺寺

秀水藏名刹，
高僧隐化中。
倏而千载过，
松下数飞鸿。

夏金良

2021 年 6 月 27 日

于北京红螺寺

红螺寺

注:红螺寺始建于东晋,是我国北方佛教的发祥地,有“南普陀,北红螺”一说。红螺寺得名缘于一神话故事,传说是玉皇大帝两位公主化作一对巨大的红螺,居于寺前泉水中,护佑着寺庙和当地百姓。

虽然已经有近 1700 年的历史,但因破坏严重,寺内大部分建筑都是 20 世纪末复建的。

只有大殿左右两侧的雌雄银杏,依然千年绿荫葳蕤。面向大殿左手的是雄树,右手的是雌树,人称“夫妻树”,保护古树的栏杆上系的都是祈福红绳。

红螺寺还有一宝，就是弘一法师的题字。路上偶遇弘一法师亲题“福禄”二字，“松海慈云”也是弘一所题。

(九)无　题

竹影清风乱梵心，
山光水月动鸣琴。
夏初池间染新绿，
颇似西泠花木深。

夏金良
2022年6月11日
于京郊潮白河畔

拍摄于京郊

(十)无　题

夜半人无寐，
思乡久未归。
凭栏听风语，
候月共芳菲！

夏金良
2022 年 6 月 20 日
书于大厂县鲍丘河畔

爱晚亭

(十一)无　题

漱石枕流亭榭深，
暮云春树藏花魂。
红楼梦觉伊人去，
求解书津大观园。

夏金良
2022年8月1日
于京城大观园

沁芳亭

注：半年了，一直和各位师友谈论《红楼梦》整本书阅读，也一直想看看大观园，还有那把学生们考得晕头转向的“沁芳亭”……

(十二)重游六音山

云壑藏胜境，
松扉隐磬声。
夷齐读书处，
崖迹留贤名。

夏金良
2023 年 5 月 1 日
于卢龙伯夷、叔齐读书处

伯夷、叔齐读书处

注：六音山，坐落于卢龙城南三十里，相传孤竹国伯夷、叔齐两位贤君曾在此读书，有唐代韩愈亲笔摩崖石刻为证！上高中时，全校师生曾组织春游，拜祭圣贤，而今再游已相隔 20 余年……

（十三）无　题

星月千村远，
山河一径深。
无风听花语，
庭树几鸣禽。

夏金良
2023 年 7 月 6 日
于云南龙门

云南龙门

(十四)秋　夕

雨洗千山净，
花飞半槛香。
倚楼秋色远，
燕云莽苍苍。

夏金良
2023 年 8 月 24 日
于北京燕山脚下

燕山脚下

(十五)无　题

云水三千里，
关山几万重。
日流江浦远，
崖外数孤峰。

夏金良
2023年9月12日
于大厂月阁

龙　门

（十六）求学岳麓书院有感

岳麓千年秀，
文枢一脉香。
良才染风骨，
人杰柱天长。

夏金良
2023年10月26日晚
于长沙岳麓书院

岳麓书院

第三章
金声玉振　以声育人

刘勰在《文心雕龙》指出:“至夫子继圣,独秀前哲,熔钧六经,必金声而玉振;雕琢性情,组织辞令,木铎启而千里应,席珍流而万世响,写天地之辉光,晓生民之耳目矣。”简言之,金声玉振,雕琢性情,以声育人;诵读经典,启迪心智,浸润灵魂。

以声育人,是普通高中语文学科育人极为重要的路径之一,具体包括演讲、朗诵、辩论赛、课本剧(剧本杀)等形式,都是学生乐于参与的教学活动。尤其是朗诵,其处理的内容皆是古今中外的经典名篇,可以使学生浸润中华文化美德,弘扬优秀的民族文化,可以培养学生世界眼光,引导学生树立正确的世界观、人生观、价值观,进而自我塑造高尚的人格!

——匠染语文之思

第一节　激活课堂　以声育人

一、立足教学困境，探究解决之道

目前，普通高中语文课堂最大的教学困境在于学生的课堂参与状态不理想。在教学过程中，学生的课堂参与状态受多方面因素影响，包括学生自身学习动机、课堂教学内容、教师授课风格等。对于这个问题，结合自身和其他一线教师的教学体验，我进行了深入的思考。

今年是我教书生涯的第二十个年头，这是一个漫长的旅程，可是回望这二十载教书生涯，感觉又是弹指一挥间。这二十年间，教育了一批又一批学生；一批又一批的学生也深深地促进了我的成长。有时感慨，与前些年相比，现在的学生听课的劲头明显不足，当然，各个学校生源情况、教学状况存在较大差异，学生之间的学习动机、动力也存在很大差异。但是，近十年家长给孩子找补习班的热情却是愈发高涨，广大中小学生课业负担渐渐重了。

为了缓解学生过重的学业负担，促进素质教育发展，国家出台了“双减”政策。在“双减”背景下，有的学生高呼“被解救了”；但是，被解救的孩子却把时间用在了手游、网咖方面，尤其是最近一两年兴起的剧本杀，孩子们甚是追捧。

对于这些变化，我也一直在思考，手游、网咖、剧本杀为什么会如此吸引孩子们呢？为什么学生面对课堂时却无精打采呢？这是很多课堂的现状，不单单是普通高中语文课堂的现状。这是现实版的“有用”被“有趣”打败，究其原因是很多的。诸多原因中我关注一点，那就是无论手游、网咖，还是剧本杀，它们有一些共同特征吸引了我们的学生，就是——情境化、沉浸式、参与式。

然而，这一点恰恰是我们的课堂所缺少的。很多时候，我们认为课时有限，都急于提高学生分数，所以每次上课都想直接给学生上干货，把更多的知识“灌输”给学生，这样的话，教师很容易把自主、合作、探究式的课堂上成一言堂、独角戏。一节课上完，口干舌燥，然后长出一口气，心里边还算踏实，终于把这节课要塞给学生的知识点给讲完了,可是学生的听课状态却是昏昏欲睡,眼神呆滞。遗憾的是,非常用心、卖力的一节课,并没有看到想要的效果,没有看到学生收获满满的幸福表情,没有看到学生闪光的眼神。

二、激活课堂,以声育人

面对这一教学现状,我们要探索通过转变课堂教学方式来激活我们的课堂,由传统的灌输式教学,向情境式、沉浸式、参与式的课堂教学转变。语文课堂源于生活,生活是有情境的,我们每个人都时时刻刻身处其中。教师可以在生活中探索育人渠道,将课堂教学方式由传统灌输式课堂向情境式、沉浸式、参与式课堂转变,诸如名著阅读、演讲、朗诵、辩论赛、课本剧(剧本杀)等活动,都是学生乐于参与的教学活动。我们将这种激活课堂的路径概括为“以声育人”。其中,最受学生欢迎的就是朗诵、课本剧(剧本杀)。对于教材中的优秀篇目或是整本书阅读篇目,我们语文教师每年都会为学生搭建平台,带领学生编排课本剧,演出课本剧。其中,整本书阅读《活着》课本剧,几乎完全是学生自编、自导、自演,效果也不错。多年来,我的语文课堂坚持以声育人,师生之间的关系更近了,课堂也被激活了。在教学过程中,学生通过朗诵作品、开展整本书阅读、演出课本剧等方式走进了作家、作品的精神世界,浸润生命,雕刻灵魂,其思想价值观念得以提升,写作水平也稳步提升,很多优秀读书笔记、习作涌现了出来。

毋庸置疑,在以声育人的教育理念下,普通高中语文课堂被激活了,学生的内心世界丰盈了,笔端也就有了写不完的文章。近几年,学生读书随笔展、课本剧演出、诗歌朗诵会、主题演讲等活动成果涌现,其中也有不少作品被各个报刊刊发,如《和平年代,同样需要英雄》《考前 30 天》连续两年都有学生作品入选;在作文大赛中,也涌现了好多优秀作品,如 2017 年,我校部分学生参加了“叶圣陶杯”全国中学生新作文大赛,有 40 余人次获奖,近 20 人次获得一等奖。

第二节　金声玉振　朗诵指津

在教学过程中，普通高中语文课堂离不开朗诵，朗诵有助于陶冶学生的情操，营造浓厚的书香校园氛围，传承优秀传统文化。从根本上讲，朗诵有助于学生核心素养的养成，具有极其重要的育人作用。那么，我们如何指导学生朗诵呢？其实，朗诵就是朗诵者对选定作品的声音塑造过程，具体包括辨识朗读与朗诵、选定作品、朗诵准备、声音塑造、舞台呈现等环节。

一、朗诵与朗读

朗读与朗诵是有区别的，表现在以下几个方面：

1. 表达目的不同

朗读，它不追求以情动人的艺术表达，只需要清晰、准确、响亮地把文章念出来，其主旨是将书面文字所承载的信息清晰、准确地传递给听众。朗诵则是更高层次的朗读，是有声语言的艺术性表达，要求借助语速、轻重、停顿等表达技巧，对文章进行艺术处理，将朗诵材料转换为一种艺术表演，具有一定的表演成分。相比之下，朗诵追求的是诵之入心、听之入情、品之入魂的艺术感染力，更易于唤起听众的情感共鸣。

2. 使用范围不同

朗读的使用范围极其广泛，无论是唐诗、宋词、元曲、散文、小说、戏剧，还是新闻、广告、法律文书、寻人启事等，无一不可读。朗诵的使用范围则相对较窄，一般以诗歌与散文为主。它对文稿有相对严格的要求，需要有相对浓厚的文学艺术气息。

3. 声音要求不同

朗读对声音再现的要求是接近自然发声，但它又不同于日常生活中的口语。它比口语更准确、更生动，自然地读出轻重、疾徐、抑扬、顿挫等语调语气，不对声音做艺术性夸张处理。然而，朗诵对声音的处理则是艺术性的，极具个性，甚至可以是戏剧化的。它要求朗诵者将自己对作品的体会，通过音量大小、语速快慢、音调

和对朗诵文稿进行艺术性声音塑造时,需要照顾到活动主题、场合氛围、受众群体等因素。如果我们没有选定十分贴合的朗诵作品,我们可以结合朗诵活动需要对既定作品进行删减调整,或是量身创作作品,特别是在专题晚会或主题晚会上更为常见。

对于朗诵作品内容进行再创作,朗诵者要在充分把握朗诵主题、舞台氛围、听众群体特征等因素的基础上,还要考虑到自身的气质、兴趣、年龄、身份、声音条件等特定因素。同时满足这些因素的诗作可能不多,此时便可量身创作诗歌,在最大限度上照顾到这些因素,使朗诵者与作品深度融合,使朗诵者发挥出自己的最大潜能,这样,朗诵起来才会朗朗上口,音韵和谐,听起来才能带给听众艺术美感。

(3)朗诵形式的再创作。朗诵形式众多,自由灵活,可根据活动主题、诵读群体特征、舞台情况等加以选择。朗诵形式大体可以分为独诵、对诵、集体朗诵、组合诵等。

独诵,是指只有一位朗诵者进行的有声语言创作。独诵,适应面比较广泛,选材也方便,各个场合都可以进行,便于和听众互动,深为广大朗诵者喜欢。对诵,是由两位朗诵者进行的有声语言艺术创作。对诵相对也比较自由灵活,可男女搭配、同性搭配、老幼搭配、不同领域代表的搭配等样式。在对诵中,其朗诵的艺术风格可以相近,也可以迥异,其舞台效果相辅相成,和谐统一即可,多给人以耳目一新之感。集体朗诵,是由三个或三个以上的朗诵者进行的有声语言艺术创作。这种形式经常在大型的朗诵会、晚会上采用,其主题一般都比较宏大,内容比较丰富,信息容量大,篇幅较长。此外,还有多人组合诵读,其变化丰富,对比强烈,在大型朗诵会上能掀起高潮,往往能给听众带来强烈的震撼。组合诵读的形式众多,有独诵组合、对诵组合、集体朗诵组合,也有混合型组合,也就是说,在一个组合的朗诵中,多种朗诵形式可以同时出现。尽管其表现形式灵活多变,但各个组成部分之间必须是连贯的,做到“形散而神不散”。

2. 选择合适的配乐

配乐诗朗诵是一种常见的诗歌朗诵形式。配乐要巧妙,否则画蛇添足。在舞台上,朗诵有了音乐的配合,朗诵者的情感更容易被调动起来,诗歌蕴含的氛围更容易被营造出来,让听众在欣赏的过程中更容易进入朗诵者和诗歌作品所营造的

情境之中,使得诵者、作者、听者之间形成情感共鸣。配乐是一门艺术,选定配乐要巧妙,我们可以从以下几方面入手:

(1)关注配乐的乐器。配乐的乐器也是影响诗歌朗诵整体效果的重要因素。不同乐器演奏的音乐具有不同的风格特色,选定配乐要与选定的朗诵作品相统一。就诗歌而言,诗歌可以分为中国诗歌、外国诗歌、古典诗歌、现代诗歌等,其类别不同,与之相配的乐器也应有所不同。比如,朗诵中国的古典诗歌,应配以埙、古琴、古筝、笛箫等乐器,这些乐器演奏的音乐才有古色古韵,与古典诗歌相得益彰;而朗诵外国的爱情诗歌时,配上中国传统乐器演奏的古典音乐就会显得不伦不类。

(2)关注配乐的情感基调。诗歌有自己的情感基调,乐曲也有,这两种情绪要彼此相和,才能形成相对统一的风格。如果一首婉约、恬静的诗歌配上一曲热烈、奔放的乐曲,我们不难想象会是何等令人难以接受。

(3)关注配乐的节奏。一首乐曲会有若干个乐段,各个乐段是不同的,其节奏快慢、情感变化也会随着乐段有相应的变化,也许我们听到乐曲开始部分是舒缓的,但后面却有可能变得激昂热烈。这时我们不能只是关注某个乐段的变化节奏,而是要关注整部乐曲的节奏变化是否能够与选定的作品相和,否则,配乐对于朗诵创作是不利的。

(4)关注配乐的时间长短。配乐的时间长短不一,选定的朗诵稿件内容篇幅也多有变化,如果二者长度不匹配,很难收到良好的朗诵效果。其实,在对诗歌朗诵进行配乐时,令人头痛的不仅是配乐的长短,还要综合考虑情感基调、节奏快慢等,那种高低起伏和节奏变化能够与诗歌完全相和的配乐几乎没有,因此在一些大型的诗歌朗诵会上,许多乐曲都是为诗歌朗诵专门创作的。但是对于大多数朗诵者来说,为诗歌朗诵来专门作曲几乎不可能,因此就需要朗诵者自己剪辑、编配乐曲来为诗歌朗诵配乐,使配乐和选定朗诵稿件可以最大限度地达到统一。

(5)关注音乐空白。有一种配乐可以是无声的,尤其是在某些作品的情感表达达到了某种高度时,任何配乐都是多余的,这时就需要取消配乐,适当制造音乐空白,可以收到“此时无声胜有声”的艺术效果。此外,当一首诗的情绪有较大变化时,靠一首乐曲往往不能很完美地配合,巧妙运用音乐空白也可以转换情感基调。

四、声音塑造

1. 体悟诗歌,确定感情基调

拿到一篇诗歌,首先要深刻理解诗歌的内容,然后反复揣摩,确定用哪一种感情基调去朗诵选定作品。如,李白的《将进酒》应读得豪放率真,李清照的《一剪梅》要读得惆怅婉约。

2. 发音准确、吐字有力、表达清晰、情感充沛

朗诵与阅读不同,其传递信息、表情达意的方式迥异,前者诉诸听觉,后者诉诸视觉,阅读可以反复,朗诵则不可以,所以诵者要做到发音准确、吐字有力、表达清晰、情感充沛。

3. 声音响亮、圆润、自然

声音的品质,对朗诵效果影响极大。清脆、圆润的声音能愉悦身心,聒噪、刺耳的声音会引起听众反感。因此,一定要注意发声训练,要让自己的声音洪亮、动听、朴实而富有表现力,却毫不夸张。

4. 节奏分明、变化有序、起伏有度

随着作品内容、感情变化,朗诵节奏、轻重缓急、抑扬顿挫、高低起伏应有所不同,但以接近自然状态为佳。

5. 停连有度、收放自如

在朗诵过程中,朗诵者要想充分地展现作品的思想情感,还得注意停顿、重音等方面的声音塑造,应当做到停连有度,收放自如。好的朗诵是要适时停顿的,朗诵不是要求一口气不喘地背诵下来,在字词句之间需要适当停顿,不是只在标点处才停顿。一般来说,朗诵不是一直保持一种速度,而是根据心情、境况等时缓时急。例如在表达兴奋、激动、欢快的情感时语速要快一点;而在表达哀伤、痛苦、回忆等情感状态时,语速要慢处理,如柳永的《雨霖铃》的"多情自古伤离别,更那堪,冷落清秋节"便适合用慢一点的语速表达诗人的离愁别绪。

五、舞台呈现

1. 关注形象设计

通常情况,朗诵者的仪表要端庄大方、亲切自然。朗诵者的服饰要和朗诵的主

题、朗诵的舞台、朗诵的内容、朗诵者的体貌相配合。朗诵古典诗词可着古装，朗诵现当代的作品则要富有时代气息。如朗诵于右任先生的诗《望大陆》可穿长衫等民国时期的服饰。

2017 年第三届中国诗歌春晚　朗诵

2. 关注舞美设计

舞台氛围很重要，与选定作品搭配协调的道具、布景、舞蹈、灯光等，能更好地提升舞台代入感，提升朗诵艺术效果。此外，朗诵的舞美设计也要和朗诵活动的主题相匹配，或富有时代气息，或典雅古朴。如朗诵李清照的词《声声慢》，可在窗前摆设一茶案，色调昏黄；朗诵史铁生的《秋天的怀念》，可放一辆轮椅、一张石桌，时而从空中飘洒一些银杏叶为动态背景。

3. 关注舞台动作、表情

朗诵者的舞台呈现尽管带有表演的成分，但毕竟不同于表演，所以舞台动作一定要适度、得体，符合作品的要求，切不可过多、过猛。动作、表情要自然、大方，不可装腔作势、生硬做作。

六、经典篇目示范

（一）乡　愁

余光中

小时候，
乡愁是一枚小小的邮票，
我在这头，
母亲在那头。

长大后，
乡愁是一张窄窄的船票，
我在这头，
新娘在那头。

后来啊，
乡愁是一方矮矮的坟墓，
我在外头，
母亲在里头。

而现在，
乡愁是一湾浅浅的海峡，
我在这头，
大陆在那头。

诵读指导：《乡愁》这首诗是余光中先生以民歌的形式抒发乡愁的经典之作，情真意切，流传甚广，因此余光中先生也被称为“以乡愁之诗撼动亿万华裔”的诗人。诗歌一唱三叹，借助邮票、船票、坟墓、海峡四个意象，从个人之思上升到家国之情，抒发了诗人心中对故乡、祖国的深深眷恋之情。全诗共分四个小节，句式工整，但情感富于变化，逐层递进，诵读时要注意借助重音技巧，突出表达不同的意思。同时，声音要低沉，基调舒缓而深情；情感要饱满，层层推进，至最后一小节，可以创造性地重复一部分文字，将情感推至高潮，随后戛然而止，给听者留下无限回味空间。

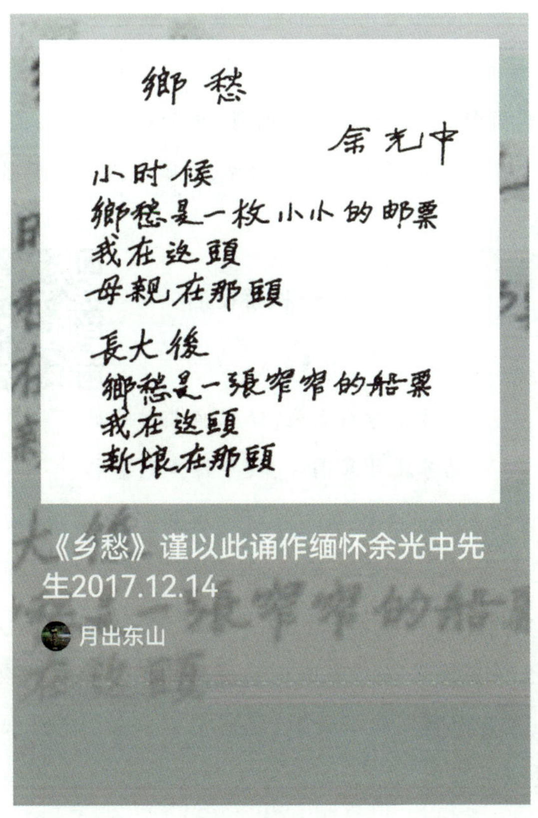

《乡愁》诵读：夏金良

(二)江　雪

〔唐〕柳宗元

千山鸟飞绝，万径人踪灭。

孤舟蓑笠翁，独钓寒江雪。

诵读指导：大雪纷飞的江面上，一个披着蓑衣、戴着斗笠的老渔翁，孤零零地坐在一叶小舟上独自垂钓。全诗遣词精炼，意象清冷，境界空灵浩瀚，透见禅意。诗歌为五言绝句，句式整饬，节奏感强。朗诵时，声音要放低缓；同时，诵者也要置身诗境，走进诗人极为孤独却不孤单的精神世界，准确把握其情感基调。

(三)枫桥夜泊

〔唐〕张　继

月落乌啼霜满天，江枫渔火对愁眠。

姑苏城外寒山寺，夜半钟声到客船。

诵读指导：全诗以一“愁”字统领。前两句意象密集：落月、啼乌、满天霜、江枫、渔火、不眠人，简笔勾勒了一种笔淡愁浓、浑融幽远的审美情境，既描写了江边秋景，又寄寓了思乡之情。后两句意象旷远：夜城、寺院、泊船、钟声，构成了一种空灵、旷寂的意境。全诗描绘了一个客船夜泊者眼中的江南深秋夜景：月落乌啼、霜天寒夜、江枫渔火、孤舟客宿。在诵读时，诵者应以舒缓、细腻、低沉的声音来表达作者在诗中寄寓的深沉情思。

(四)雨霖铃

〔唐〕柳　永

寒蝉凄切，对长亭晚，骤雨初歇。都门帐饮无绪，留恋处，兰舟催发。执手相看泪眼，竟无语凝噎。念去去、千里烟波，暮霭沉沉楚天阔。

多情自古伤离别，更那堪，冷落清秋节！今宵酒醒何处？杨柳岸，晓风残月。

此去经年，应是良辰好景虚设。便纵有千种风情，更与何人说！

诵读指导：“多情自古伤离别”，一曲《雨霖铃》，把离愁别绪写到了极致。词人与情人有千般不舍而又不得不飘然远行，心中愁绪都化作一句句缠绵悱恻、凄婉感人的词行，千古传诵。朗诵时，诵者要批文入境，准确把握词中的情感，然后通过声音传递出来。其中，上阕主要抒发的是离别之难，下阕抒发的是思念之苦。诵读时，感情基调为伤感悲切，缠绵哀怨，语速要舒缓有致，语气要低沉忧伤，甚至可以适时增加颤音、哽咽之声。

（五）春天，遂想起

余光中

春天，遂想起
江南，唐诗里的江南，九岁时
采桑叶于其中，捉蜻蜓于其中
（可以从基隆港回去的）
江南
小杜的江南
苏小小的江南

遂想起多莲的湖，多菱的湖
多螃蟹的湖，多湖的江南
吴王和越王的小战场
（那场战争是够美的）
逃了西施
失踪了范蠡
失踪在酒旗招展的
（从松山飞三个小时就到的）
乾隆皇帝的江南

春天，遂想起遍地垂柳
的江南，想起
太湖滨一渔港，想起
那么多的表妹，走在柳堤
（我只能娶其中的一朵！）
走过柳堤，那许多的表妹
就那么任伊老了
任伊老了，在江南
（喷射云三小时的江南）

即使见面，她们也不会陪我
陪我去采莲，陪我去采菱
即使见面，见面在江南
在杏花春雨的江南
在江南的杏花村
（借问酒家何处）
何处有我的母亲

复活节，不复活的是我的母亲
一个江南小女孩变成的母亲
清明节，母亲在喊我，在圆通寺

喊我，在海峡这边
喊我，在海峡那边
喊，在江南，在江南
多寺的江南，多亭的
江南，多风筝的
江南啊，钟声里

的江南
（站在基隆港，想——
想回也回不去的）
多燕子的江南

诵读指导：朗诵是对文学作品的二次创作，诵者要准确把握作品主题、行文脉络、情感基调等。余光中先生生于江南，长大后他离开大陆移居台湾。多年来，余光中先生始终无法重归故里，因而作品选取了江南的风物，结合往日的回忆，抒发了作者对江南、祖国的浓厚的爱恋之情。在朗诵时，诵者要准确把控诗歌以回忆、叙述语气为主，以抒情为辅的表达特征。同时，注意诵读节奏、情感表达要随着叙述节奏以及情感的变化而变化，比如回忆少年时光要读出天真烂漫之感，引入历史人物和事件时要读出文化底蕴的厚重之感和诗意浪漫之情，想起表妹时要读出情意缱绻之态，想起母亲时要读出思念、失落、哀伤之意。

《春天，遂想起》　诵读：夏金良

(六)春江花月夜

〔唐〕张若虚

春江潮水连海平,海上明月共潮生。
滟滟随波千万里,何处春江无月明。
江流宛转绕芳甸,月照花林皆似霰。
空里流霜不觉飞,汀上白沙看不见。
江天一色无纤尘,皎皎空中孤月轮。
江畔何人初见月?江月何年初照人?
人生代代无穷已,江月年年只相似。
不知江月待何人,但见长江送流水。
白云一片去悠悠,青枫浦上不胜愁。
谁家今夜扁舟子?何处相思明月楼?
可怜楼上月徘徊,应照离人妆镜台。
玉户帘中卷不去,捣衣砧上拂还来。
此时相望不相闻,愿逐月华流照君。
鸿雁长飞光不度,鱼龙潜跃水成文。
昨夜闲潭梦落花,可怜春半不还家。
江水流春去欲尽,江潭落月复西斜。
斜月沉沉藏海雾,碣石潇湘无限路。
不知乘月几人归,落月摇情满江树。

诵读指导:唐代诗人张若虚的《春江花月夜》,被闻一多先生誉为“诗中的诗,顶峰上的顶峰”,千百年来令无数读者为之倾倒。这首《春江花月夜》沿用陈隋乐府旧题,以春江、月夜为时空背景,以端庄、典雅、清丽的文笔,描绘了一幅清邈幽美、惝恍迷离的春江月夜图,抒写了游子思妇真挚动人的离情别绪以及深富哲理的人生感慨,融诗情、画意、哲理为一体,意境空明,想象奇特,语言晓畅隽永,韵律宛转悠扬。南京师范大学吴翠芬先生指出,“全诗共三十六句,四句一换韵,共换九韵。又以平声庚韵起首，中间为仄声霰韵、平声真韵、仄声纸韵、平声尤韵、灰韵、文韵、麻韵，最后以仄声遇韵结束。诗人把阳辙韵与阴辙韵交互杂沓，高低音相间，依次为洪亮级(庚、霰、真)—细微级(纸)—柔和级(尤、灰)—洪亮级(文、麻)—细微级(遇)。全诗随着韵脚的转换变化，平仄的交错运用，一唱三叹，前呼后应，既回环反复，又层出不穷，音乐节奏感强烈而优美。这种语音与韵味的变化，又切合着诗情的起伏，可谓声情与文情丝丝入扣，宛转谐美。”关于《春江花月夜》韵律节奏和诗文情感的变化流动，吴先生予以了深入剖析，这是诵读的重点也是难点。

《春江花月夜》诵读：夏金良

(七)望海潮

〔宋〕柳　永

东南形胜,三吴都会,钱塘自古繁华。烟柳画桥,风帘翠幕,参差十万人家。云树绕堤沙,怒涛卷霜雪,天堑无涯。市列珠玑,户盈罗绮,竞豪奢。

重湖叠巘清嘉,有三秋桂子,十里荷花。羌管弄晴,菱歌泛夜,嬉嬉钓叟莲娃。千骑拥高牙,乘醉听箫鼓,吟赏烟霞。异日图将好景,归去凤池夸。

诵读指导:《望海潮》是柳永词中广泛传诵的名篇。在这首词里,他以生动的笔墨,把杭州描绘得富庶非凡。西湖的清丽,江潮的壮观,杭州的繁华,当地上层人物的享乐,下层百姓生活的安逸,都一一注于词人笔下,涂写出杭州都市的繁华与山川的壮丽。此外,词的语言、音律、格调也与词的内容结合得恰到好处。“怒涛”“霜雪”“天堑”等词句短小,音调急促,极具画面感,仿佛江潮劈面奔涌而来。而词人描写西湖清幽的美景时,文字优美,词句变长,节奏平和舒缓。同时,词脚押“麻”韵,诵读时声音宜清亮,节奏轻快,以略带夸赞、自豪的语气读出杭州城的承平气象。

(八)涉江采芙蓉

〔汉〕佚　名

涉江采芙蓉,兰泽多芳草。
采之欲遗谁?所思在远道。
还顾望旧乡,长路漫浩浩。
同心而离居,忧伤以终老。

诵读指导:《涉江采芙蓉》是一首绝美的情诗,画面感极强:江上芙蓉盛开,主人公手持芙蓉,痴情地望着远方,路途无边无际,想着家乡,想着爱人。这首诗将中国式的乡情、亲情、爱情,以清淡自然的笔触融注于诗文,绝无华美藻饰之词,却以纸墨间的纯洁与美好扣动世人心弦,横亘于历史时空之中。从体裁来看,《涉江采芙蓉》是五言古体诗,采用二三字格式断句,诵读时节奏要跟随诗文情感的流动而变化:首联节奏欢快,要读出主人公涉江采芙蓉时的喜悦之情;颔联节奏略缓,要读出爱人不在身边的悲伤、无奈之情；颈联节奏仍然偏缓，要读出路途遥远、余味悠长的游子思乡之情；尾联节奏缓慢，语速要沉滞，语调要哀伤，读出情真意笃、爱人离居的愁情别绪。总体看来，这首诗描写的场面是欢快的，但却难以掩饰主人公内心的悲伤，以乐景衬哀情，读起来感人至深。

（九）卜算子·黄州定慧院寓居作

〔宋〕苏　轼

缺月挂疏桐，漏断人初静。谁见幽人独往来，缥缈孤鸿影。
惊起却回头，有恨无人省。拣尽寒枝不肯栖，寂寞沙洲冷。

《卜算子·黄州定惠院寓居作》　诵读：夏金良

诵读指导：这首词是苏轼贬谪黄州之时所作，词人以孤鸿自比、以幽人自居，借月夜孤鸿这一形象托物寓怀,表达了词人孤高自许、甘于寂寞、不愿随俗的品格。这首词的境界高妙而空灵、清幽而孤寂,笔触细腻,有去尘绝俗之气。黄庭坚在《山谷题跋》中称此篇:“语意高妙,似非吃烟火食人语。非胸中有万卷书,笔下无一点尘俗气,孰能至此!”诵读时,诵者要准确把握节奏和感情基调,上阕中,“缺月”句节奏放缓,“谁见”句节奏略快,用升调,“独”字音步拉长,稍顿后再徐徐读出“缥缈”句。下阕“有恨无人省”中“恨”字宜重读,“拣尽”句要放缓,读出咏叹之气。

(十)锦　瑟

〔唐〕李商隐

锦瑟无端五十弦,一弦一柱思华年。
庄生晓梦迷蝴蝶,望帝春心托杜鹃。
沧海月明珠有泪,蓝田日暖玉生烟。
此情可待成追忆,只是当时已惘然。

诵读指导:《锦瑟》是唐代诗人李商隐最难释读的作品之一,诗意迷离,主旨难定,但却意境幽美、哀婉、朦胧,卓绝古今,浑然天成。作者在诗中追忆了往日的青春年华,感伤际遇,借用庄周梦蝶、杜鹃啼血、沧海珠泪、良玉生烟等典故,以意象组合的方式,营造了朦胧、凄美、深隐的精神世界,抒发了真挚浓烈而又幽怨深曲的情思。全诗词藻华美,含蓄深沉,情真意长,感人至深。在朗读的时候,诵者要注意节奏和情感的表达,置身诗境,把自己融入其中,体味每一个字所传达的思想情感。同时,语调要低沉,速度要放慢,诗意要充沛,情感流露要自然。

(十一)离骚(节选)

〔先秦〕屈　原

帝高阳之苗裔兮,朕皇考曰伯庸。
摄提贞于孟陬兮,惟庚寅吾以降。
皇览揆余初度兮,肇锡余以嘉名。
名余曰正则兮,字余曰灵均。

纷吾既有此内美兮，又重之以修能。

扈江离与辟芷兮，纫秋兰以为佩。

汩余若将不及兮，恐年岁之不吾与。

朝搴阰之木兰兮，夕揽洲之宿莽。

日月忽其不淹兮，春与秋其代序。

惟草木之零落兮，恐美人之迟暮。

诵读指导：《离骚》是先秦时期楚国诗人屈原创作的诗篇，是一首充满激情的政治抒情诗，也是一首浪漫主义的艺术杰作。全诗前半篇反复倾诉诗人对楚国命运和人民生活的关心，表达了坚持“美政”的理想和不与邪恶势力妥协的意志；后半篇陈述神游天界、追求理想的实现，以及失败后欲以身殉国的表白，反映出诗人热爱国家和人民的思想感情。此节选部分诗人自述高贵的身世，剖白自身具有与生俱来的“内美”，再叙自己的道德和才干，具有先天禀赋，又有后天修养，最后表达了美人迟暮之忧，表达了内心深处的忠君爱国之情。全诗以四句为一节，文言与楚地方言并重，每节由两个用“兮”字连接的上下句组成，行文整饬且富有变化，诵读时要读出端庄典雅之气；同时固定的偶句用韵，使全诗一直在回环往复的旋律中进行，具有很强的节奏感。

（十二）虞美人

〔五代〕李　煜

春花秋月何时了？往事知多少。小楼昨夜又东风，故国不堪回首月明中。

雕栏玉砌应犹在，只是朱颜改。问君能有几多愁？恰似一江春水向东流。

诵读指导：《虞美人》原为唐教坊曲，因项羽宠姬虞美人死后地下开出一朵鲜花而得名，又名《一江春水》《巫山十二峰》等；双调，五十六字，上下阕各四句，皆为两仄韵转两平韵。这首词抒发了强烈的亡国之痛、故国之思，词文明白如话，却有惊天地泣鬼神的艺术效果。“春花”“秋月”这些美好的事物勾起了李煜痛苦的回忆，令其悲痛万分，于是处于困禁之中的词人开篇即劈面叩问苍天：“春花秋月何时了？”诵读时，诵者要读出词人内心的万分悲痛之情。“东风”带来春的讯息，却引起词人“不堪回首”的嗟叹，幽囚在小楼中的不眠之人，不由地凭栏远望，对着故国家园的方向，无限凄楚涌上心头，诵读时要读出词人的无奈、哀痛之情！然后词人自叹：故国江山、旧日宫殿都还在吧，只是物是人非，江山易主。诵读时可以使用叹惋的口气，传达出无限怅恨之感。最后，词人压在心底的满腔悲愤、无限哀愁再难控制，字字血泪，喷涌而出，“问君能有几多愁？恰似一江春水向东流。”诵读此句时，诵者应采用悲慨、咏叹的语气来诵读，进而增强作品的感染力，以无尽的哀思激发听众的共鸣。

《虞美人》 诵读：夏金良

(十三)远征的飞鸿

芦　苇

峰峦层叠,青山不尽处,浮着几朵流云,白白的,轻轻地。一只大雁,翩然飞来,匆忙间又飘过北边的红螺山。雁栖湖畔,我举头眺望:秋雁北征,它要赶往哪里去?

这时就接到了明德兄弟的电话,就有明德兄弟从成都发来的书稿。

而我正滞留京郊怀柔。

已经是凉风乍起的时节,山坡依然披着浓墨般的绿装,梧桐黄叶,却悄悄多了起来。

夜不释卷,先睹为快,废寝忘食,一气终篇。

我追随明德兄弟的笔墨,去到他的故乡西昌:安宁河谷的六月,静静的,绿绿的,美美的;到了多彩的深秋,亮出迷人的风采,又透着醉人的韵味儿。跟着他,去看长村梯田,去品桃花鱼香,在黄昏的炊烟里找寻久违的静穆,在河坝池塘的嬉戏中体味儿时的欢欣。

原来,这些都是童年的故乡。

还有故乡的童年。

枯水季节,河床上露出一块大青石,带着亲人们撬出来,抬到家里,变成小院石桌,供一家人辛勤地劳作之后,品茶,聚酒,夜话。这是一位怎样的母亲！她平坡建屋,开荒种菜,她采药行医,吟诗诵词;她扶持着文弱的书生丈夫,拉扯着苦难中的儿女,负重前行;她操持家务,操心儿女,用柔软的肩膀扛起一家的生计与安危。之余,她又让那一方石桌,承载了温馨与亲情,弥漫了浪漫与理想,在艰辛中呵护希望,在苦难中安顿欢乐！她该有多高的心气,多雅的情致,多广的心怀！

知性,善良,文雅,朴实——母亲这些优秀的品质,连同血脉,一起传递给了明德兄弟。

母亲播在心底的种子,生根发芽;读书,读书！读书增添着无尽的才华。读书,从西昌的青山河谷走出来,走到川北绵阳,走到锦绣蓉城。岁月洗去了青涩,但是没有洗去对美好的向往。昔日放鹅牧牛的少年,历练成了教育栋材。于是,就用艺文勖勉后学,就用情怀点亮航标,就用绿植装点校园,就用风华晕染青春。在别样的原野上,耕耘出了一道靓丽的风景。

明德兄弟,用儒雅的文字,抒写心底的情愫,承载岁月的痕迹,找寻精神的家园。

兄弟的乡贤苏子有诗云:“人生到处知何似,应似飞鸿踏雪泥。泥上偶然留指爪,鸿飞那复计东西。”诚哉,斯言。“宿鸟恋本枝”,幽草惜寸光;心曲托故园,岁月结华章。

《远征的飞鸿》 诵读:夏金良

掩卷,久坐,悠然想起了那只越过红螺山北征远方的大雁。

也许,那是一只背负乡愁的飞鸿,一只寻找家园的飞鸿,一只向往天边彩云的飞鸿。

注:《远征的飞鸿》一文是芦苇先生为沈明德先生散文集《石桌》写作的序文。

芦苇，全国名师工作室联盟常务副理事长，正高级教师，全国模范教师，著有《24夜》。

诵读指导：《远征的飞鸿》是一篇序文，文中充满诗情画意，但却并未浓墨重彩地着意描写自然景物，而是着意刻画了如飞鸿一样志存高远、背负乡愁的明德兄和勤劳持家、知性坚韧的母亲形象，同时把明德兄励志成长、潜心育人的往事与母亲操劳一生的点滴故事，融入了明媚的自然背景之中，进而给读者带来了诗情画意的阅读体验。此外，序文虽然着笔于叙述往事，却不着力于情节的完整和人物的清晰，淡化了明德兄和母亲的外貌、语言等可视化层面的形象刻画，而是站在第三视角以心理独白的方式讲述了明德兄和母亲相依为命的故事，读起来如和作者面对面叙家常，诵读时诵者要准确把握这一叙述特征，节奏要舒缓，语气要亲切、温婉。

（十四）春夜宴从弟桃花园序

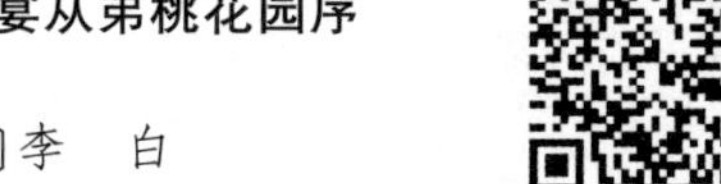

〔唐〕李　白

夫天地者，万物之逆旅也；光阴者，百代之过客也。而浮生若梦，为欢几何？古人秉烛夜游，良有以也。况阳春召我以烟景，大块假我以文章。会桃花之芳园，序天伦之乐事。群季俊秀，皆为惠连；吾人咏歌，独惭康乐。幽赏未已，高谈转清。开琼筵以坐花，飞羽觞而醉月。不有佳咏，何伸雅怀？如诗不成，罚依金谷酒数。

诵读指导：这是一篇骈体的“序”。古代文人聚在一起宴饮，常常作诗唱和，把这些诗合编在一处，由德高才茂之人为之作序。序文生动地记述了李白和众兄弟春夜在桃花芬芳的名园聚会的情景，饮酒赋诗，高谈阔论，同时也寄托了人生苦短、及时行乐的感慨。尽管文章流露出作者“浮生若梦，为欢几何？”的感伤情绪，但其整体思想基调是积极向上的，只寥寥数笔，便把文人学士热爱生活、热爱大自然的情怀抒写了出来。这篇序文，言简意丰，潇洒自然，幽怀逸趣，辞短韵长，再加上精彩的骈偶句式，诵读节奏宜轻松、明快。

(十五)登　高

〔唐〕杜　甫

风急天高猿啸哀,渚清沙白鸟飞回。

无边落木萧萧下,不尽长江滚滚来。

万里悲秋常作客,百年多病独登台。

艰难苦恨繁霜鬓,潦倒新停浊酒杯。

《登高》　诵读:夏金良

诵读指导:《登高》一诗是杜甫在夔州时所写,全诗倾诉了诗人羁旅漂泊、老病孤愁的复杂感情。前两联写登高见闻,勾画出一幅凄冷的夔州秋景图,慷慨悲壮,动人心弦。首联急风、高天、啸猿、清渚、白沙、飞鸟,对仗工整。不仅上下句对,而且句中自对,如上句“天”对“风”,“高”对“急”;下句“沙”对“渚”,“白”对“清”,读来富有节奏感。颔联集中刻画夔州萧萧而下的木叶、奔流不息的江水,诵读时要准确把握诗中沉郁悲凉的感情基调。颈联,集中抒发了诗人离乡万里、人在暮年的感叹,诗情悲凉至极。尾联着力抒发了漂泊潦倒之苦,国难家愁,使自己白发频添,再因病断酒,悲愁就更难以排遣。诵读时情感基调低沉悲凉,语速要滞缓有度,适时可以使用虚声诵读,以塑造此时杜甫年迈久病、哀伤至极的人物形象。

(十六)江城子·乙卯正月二十日夜记梦

〔宋〕苏　轼

十年生死两茫茫。不思量,自难忘。千里孤坟,无处话凄凉。纵使相逢应不识,尘满面,鬓如霜。

夜来幽梦忽还乡。小轩窗,正梳妆。相顾无言,唯有泪千行。料得年年肠断处,明月夜,短松冈。

诵读指导:《江城子·乙卯正月二十日夜记梦》是宋代文学家苏轼创作的一首悼亡词。此词情意哀婉缠绵,字字血泪。上阕实写,抒发了词人对亡妻深沉的思念;下阕虚写,记述梦境,抒写了词人对亡妻难以忘怀的深情。上阕记实,下阕记梦,虚实结合,抒发了词人对亡妻的无尽的哀思。诵读时要注意,全词的情感基调定为凄切、哀伤,而不是哀毁。唐圭璋《唐宋词简释》也曾指出:“此首为公悼亡之作。真情郁勃,句句沉痛,而音响凄厉。”需要注意的是,全词采用白描手法,词文如叙家常,却字字皆出肺腑,晓畅自然而又刻骨铭心,平淡中寄寓着真淳,情致哀婉,为脍炙人口的佳作,诵读时应采用叙述式口吻为宜。

第四章
读行天下　笔底人生

读行思天下，笔底阅人生。普通高中语文教育，离不开名著阅读和生活实践。名著阅读，可以提升学生的思想境界；生活实践，可以丰盈青年的生命积淀。名著阅读与生活实践，可以直击心灵，塑造学生的精神品格。

普通高中语文教育，更离不开写作。古人云："盖文章，经国之大业，不朽之盛事也。"青年学子之笔，应关注时代，关注社会，关心家国！这是当代普通高中语文教育肩负的立德树人的使命，也是高考必考的方向！

——匠染语文之思

第一节　关于名著阅读教学思考

——浅谈在新一轮课程改革中如何推进“整本书阅读”

自1978年恢复高考，我国一直在不断地探索教育改革发展之路。就普通高中语文学科而言，四十多年来，其教学改革风起云涌，蔚为大观；其中，有值得保留的经验，也有亟须修正的不足。随着《普通高中语文课程标准(2017年版2020年修订)》颁发，普通高中语文教学领域掀起了又一轮改革的热潮。在新一轮课程改革中，整本书阅读是新课程改革的一大亮点，是新课程改革人才培养路径的创新，更成为万千师生乃至社会各界关注的焦点！

在新一轮课程改革中，整本书阅读之所以成为万千师生乃至社会各界关注的焦点，原因是多方面的。首先，对于中学生而言，《普通高中语文课程标准(2017年版2020年修订)》开列的阅读篇目多，阅读任务量巨大，让众多学生望而生畏。其中，在“关于课内外读物的建议”中开列了数十部名著，其中《红楼梦》有70余万字，《三国演义》60余万字；编者特意说明“下列篇目仅为举例”，即在推荐阅读篇目之外，还有大量可读、应读的经典篇目。这些全部读下来，学生的阅读量将是一个很大的数字。其次，对于任课教师而言，整本书阅读教学是最难驾驭的。整本书阅读书目涉及领域宽广，而且很多著作是古今中外文化经典，教师要想完成整本书阅读教学任务，不仅要有过硬的教育教学专业素质，还要有深厚的文化底蕴和艺术理论修养，否则无法驾驭。更为棘手的是，这项教学任务根本无成熟经验可借鉴，个别新课改先行省市的教师也是在教学中摸索前行。此外，整本书阅读备受关注最重要的原因是，整本书阅读是普通高中语文学科开展学科育人工作的重要路径。整本书阅读，可以提供学科育人足够宽广的学科认知情境，可以给予学生生命个体足够宽广的生长空间。整本书阅读教学是生命对生命的呼唤、灵魂对灵魂的浸染，但又不是对人性毫无约束的绝对的自由放任！尤其是，普通高中阶段是生命个体成熟的关键阶段，在这一时期，开展整本书阅读教学是培养学生语文学科核心素养、核心价值观念的关键一环。

为更好地践行普通高中语文学科育人使命，在推进整本书阅读教学过程中，广大一线教师需要重点关注以下几方面：

一、开展整本书阅读教学，要处理好教师和学生的关系

在整本书阅读教学过程中，教师是主导，学生是主体。教师要适当指导，不可过多干预学生的阅读过程；同时，要给予学生充足的时间、空间，引导学生真正走进经典名著文本，深潜其中，品味咀嚼，充分释放学生阅读的主体作用。需要注意的是，发挥学生的阅读主体作用，是学生的个体阅读狂欢，但不是放纵式教学，一定要有教师适时启发引导，引领思想的方向，引导学生形成正确的世界观、人生观、价值观。在整本书阅读教学中，教师是课堂的主导，且不可退居幕后，放之，任之；否则，看似开放的课堂，却犯了育人的大忌！自由是相对的，但教育是有方向的，我们培养的是德智体美劳全面发展的社会主义建设者和接班人，我们培养的是拥有正确的世界观、价值观、人生观的红色传人，而不是歪曲历史，丑化、戏谑民族英雄的无德少年。

二、开展整本书阅读教学，要处理好整体规划与微观设计的关系

高中阶段，学生需要阅读的名著数量较多，单部名著阅读量也较大，虽然每部著作育人角度不同，但都是培养学生世界观、人生观、价值观的重要载体，都将浸染学生的灵魂与生命，其育人效果不可复制、无法更改，因此开展整本书阅读教学，广大教师要做到整体规划与微观设计相结合。

1. 从宏观角度看，做好整本书阅读教学顶层设计

(1)研究学情：各阶段整本书阅读书目要符合高中各个年级学生的生理、心理和教学实际情况。

(2)时间规划：高中整本书阅读时间有限，要做系统规划，节省人力，提高效率，形成初、高中联动的整本书阅读育人价值体系。

(3)书目规划：根据整本书阅读育人价值体系，合理确定初、高中各阶段阅读书目，系统推进，避免无效重复的教学工作。

(4)范围规划：整本书阅读书目的确定要兼顾政治、经济、文化、城市、农村、革

命、爱情、诗词、文言、白话、古典、现代、红色、乡土文学等，甚至可以涉猎儒家、道家、佛家部分经典。阅读书目可以涉及多个不同领域，做到兼容并蓄、百花齐放，助推学生全面而又独立的思想与人格的形成。

2. 从微观角度看，要做好每本书的阅读教学课堂设计

（1）合理安排课堂教学环节。整本书阅读教学的课堂设计要以自主、合作、探究的学习方式为主，一般包括的环节有：制定计划，自主阅读；梳理体验，总结表达（读书随笔）；思维碰撞，专题探讨（学生之间、师生之间）；深度交流，引领升华；反思表达，总结归纳；检验达标，展示成果。当然，整本书阅读教学环节不是僵化固定的，要根据著作类别、课型、学情、教学任务等来确定，不能一刀切。

（2）正确处理课堂预设与生成的关系。整本书阅读教学设计需要课堂预设，可以保障课堂按既定设计有序地完成教学任务，是在教学课堂预设框架下对生命个体的引导；教师设计问题不能过高、过深，否则可能会揠苗助长。但是，每个鲜活的生命个体有其独特的阅读体验，课堂随时生成新的问题，教师不能忽视课堂问题生成。

简言之，开展整本书阅读教学，要做好整体规划与微观设计的结合，助推学生形成全面而又独立的思想与人格，形成育人合力。

三、开展整本书阅读教学，要处理好与学习任务群、教材篇目的关系

正确处理整本书阅读教学与学习任务群的关系。整本书阅读教学贯穿学习任务群的始终，学习任务群指引整本书阅读教学的方向。《普通高中语文课程标准（2017 年版 2020 年修订）》对课堂结构设计做出重大调整，整本书阅读教学贯穿整个 25 个学习任务群，学习任务群“不是学科知识逐‘点’解析、学科技能逐项训练的简单线性排列和连接。学习任务群的设计旨在引领高中语文教学的改革，力求改变教师大量讲解分析的教学模式。”所以，我们在设计和评判整本书阅读课堂教学时，要彻底改变传统课堂设计理念和方式，改变传统课堂评判标准。《普通高中语文课程标准（2017 年版 2020 年修订）》的“学习任务群 5　文学阅读与写作”的教学提示还指出：“鼓励和引导学生自主组织诗歌朗诵会、读书报告会、话剧表演等活动，丰富学生的审美体验，创造更多学生作品展示交流的机会或平台。”

整本书阅读作为新课程改革的创新之举，其育人的作用和价值应得到足够的

重视,但是教材篇目的作用和价值,不是某几部名著能取代的。教材篇目是教育教学活动开展的主线,整本书阅读是教材篇目的有效拓展、深度整合。统编版教材的编排体例,是双线组元,每个单元都有相对独立的人文主题和核心素养培养目标,教师可以根据教材编写特点对教材进行整合。但是,如果对整本书阅读教学投入过多时间、精力,就会打破高中三年育人体系。比如,个别教师戏言整个高中阶段就讲一本《红楼梦》或《三国演义》就足以让学生参加高考,是过于偏激的,过于夸大了阅读某部著作的育人力量。

四、指导学生灵活运用整本书阅读方法,是高效开展整本书阅读教学的保障

《义务教育语文课程标准(2022 年版)》提出:“阅读是学生的个性化行为,不应以教师的分析来代替学生的阅读实践。”在整本书阅读教学过程中,教师要高度重视学生的主体地位,引导学生广泛进行课外阅读,领会语言规律,熟练掌握并灵活运用各种整本书阅读方法。在开展整本书阅读时,教师要对学生进行必要的方法指导,主要有以下几方面:

1. 限定时间:教师要引导学生科学规定整本书阅读时间,引导阅读节奏。

2. 划定范围:教师可以划定学生阅读篇目的章节或页数。

3. 阅读方法:针对不同种类的名著和教学目标,教师要引导学生选用科学的阅读方法,包括朗读、默读、精读、泛读、诵读、领读、齐读、分角色朗读等,师生可根据教学需要自由选择、组合。

4. 任务明确:教师要明确整本书阅读任务,合理设置问题,引导学生带着问题阅读。

5. 做到“五到”:眼到、手到、口到、耳到、心到。

“眼到”就是看文本,做到不增字、减字,不读错字、漏字。

“手到”就是要在阅读过程中留下阅读痕迹,记录阅读体验。

“口到”就是要有朗朗的读书声。

“耳到”就是要会听别人读,会听自己读,分享阅读体验。

“心到”就是要置身文本情境,用心领悟作品内涵,边读边思考。

五、深入研究名家名著整本书阅读教学课例，探究整本书阅读指导课的育人规律

前些年，笔者非常荣幸地参加了陕西师范大学基础教育研究院、《中学语文教学参考》编辑部、南通市经济技术开发区教师发展中心举办的“全国‘整本书阅读’精品课堂研讨会”，受益匪浅。肖培东老师执教的《艾青诗选》整本书阅读教学精品课堂给大家做出了精彩示范，其课堂设计新颖，育人方式独特。

1. 三读三境界

肖培东老师在《艾青诗选》整本书阅读教学精品课堂设计中综合运用了多种阅读教学策略，采用渐进式阅读教学法，按照从单篇阅读教学开始，延伸到群文阅读教学，再拓展到整本书阅读教学的设计思路来开展《艾青诗选》整本书阅读教学，课堂设计思路清晰、层次分明；同时教学设计尊重学情，阅读难度、梯度适中，教学效果甚好。

（1）单篇阅读教学之境界一——点燃阅读热情。单篇阅读是群文阅读的基础，群文强调整合，其篇目多以教材、同类名家名篇为主。在《艾青诗选》整本书阅读教学精品课堂设计中，肖培东老师由艾青先生的代表作《大堰河，我的保姆》《我爱这土地》展开单篇阅读教学，通过独诵、合诵、分角色诵读、教师范读等多种诵读形式引导学生加深对单篇阅读文本的理解，激发学生对艾青先生诗歌的阅读兴趣。同时，肖培东老师在执教单篇教学篇目时，注重通过在课内引入作者生平经历和写作背景知识来启发学生，加深对作家、作品的理解，引导学生学会理解运用知人论世的整本书阅读方法解读单篇文本，进而引导学生养成良好的单篇阅读习惯，为高效开展群文阅读打好基础。

（2）群文阅读教学之境界二——延伸阅读纵深。“群文阅读”是“群文阅读教学”的简称，最近几年在国内悄然兴起。群文阅读教学就是师生选择一组文章，围绕核心主题开展文本解读和建构，最终达成阅读共识的教学过程。在精读《大堰河，我的保姆》《我爱这土地》等单篇诗文的基础上，肖培东老师利用多媒体课件大量引入艾青代表诗作，综合运用多种诵读方法，“一篇带多篇”激发学生阅读兴趣，指导学生诵读要领，以“主题阅读”为抓手，围绕主问题设计教学环节，引领学生阅读方向，综合感悟艾青诗歌中的诗人形象的“大”体现在何处。针对这一问题，肖培东老师借助“主题阅读”教学策略,通过多篇同主题的群文解读方式,引导学生深入解读文本,使其对作家作品的理解逐步走向了深入;通过梳理和整合可以提升群文阅读的品质,也可以很好地培养学生语文综合素养。

(3)整本书阅读教学之境界三——拓展阅读视野。整本书阅读是群文阅读的高级阶段,师生在群文阅读的基础上,多围绕一个核心议题来开展整本书阅读教学活动;同时,借助整本书阅读活动,教师可以采用“班级读书会”的形式打通学生课内和课外阅读节点。在《艾青诗选》整本书阅读教学精品课堂设计中,为引领学生对《艾青诗选》整本书的解读走向纵深,肖培东老师巧妙设计课堂教学环节,精心设置教学问题。如,“你觉得最好用什么方式来展示我们的阅读成果?如果我们要举办一台‘艾青诗歌’朗诵会,你准备给这台朗诵会取个什么名?准备分几个部分?准备选择哪几首诗?每首诗前的引导语你又会怎样设计?”通过一系列的教学问题设计,肖培东老师设计的《艾青诗选》整本书阅读教学方案激发起学生强烈的阅读兴趣,也引导学生加深对作家作品的理解,进而拓宽了学生阅读视野。

2. 三问三提升

“整本书阅读需要教师有较强的实践意识和‘任务’意识,要善于把学习内容任务化处理。”课堂提问的教学设计是语文教师组织阅读教学的核心技术,其中课堂提问的主问题又是关系整个课堂教学设计成败的关键。课堂提问的主问题,往往呈现为“话题”形式,所以在解答主问题的教学过程中一般表现为师生之间的“对话”,而非细碎的“问答”;同时,一节课堂的主问题不宜过多,2—3 个为宜,问题之间环环相扣,紧密衔接,使课堂浑然一体。肖培东老师在执教《艾青诗选》整本书阅读教学时,巧妙地设计了三大主问题,助推学生阅读、诵读、鉴赏文本等三方面能力水平的有效提升!

主问题一:在《艾青诗选》名著导读中,牛汉先生曾说:“在中国新诗发展的历史当中,艾青是个大形象。”请同学们借助《我爱这土地》,试着分析艾青的形象“大”吗?请结合《艾青诗选》,再谈一谈,艾青形象的“大”,体现在哪些方面?

师生互动:

生:“大”在爱得伟大、爱得很真。

师:体现在哪句文字里?

生:体现在“连羽毛也腐烂在土地里”,通过这一句可以感受到作者非常爱故乡。

师:艾青先生以“爱”为主题,表达对土地、祖国的爱,所以,其形象“大”。

(师生再一次深情朗诵艾青诗歌)

师:一首诗歌不足以帮助我们触摸诗人形象之“大”,那么让我们共同诵读《艾青诗选》的其他作品……

(本环节采用了教师范读、独诵、接诵、齐诵、男女生对诵等形式)

教师总结:艾青的形象,“大”在对祖国的爱、对未来的期望、对黑暗社会的批判……

主问题二:在《艾青诗选》名著导读中,聂华苓先生曾说:“艾青的诗,好在那雄浑的力量,直截了当的语言,强烈鲜明的意象。”结合聂华苓先生的话,请你谈一谈,读《艾青诗选》,你觉得要注意什么?诗歌的表现形式,诗歌的语言,诗歌的意象,诗歌的情感,还是诗歌的理性美?……

主问题三:请同学们思考一下,你觉得最好用什么方式来展示我们的阅读成果?如果我们要举办一台“艾青诗歌”朗诵会,你准备给这台朗诵会取个什么名字?准备分几个部分?准备选择哪几首诗?每首诗朗诵前的引导语你又会怎样设计?

“开展整本书阅读活动,要想方设法引导学生读书,真读,细读,用心读。读整本书要细致入微地读,原生态地读,让学生聚焦于语言细节,融入自己独特的情感体验,梳理情节,把握人物,关注细节,从而实现对文本的深入解读。”在《艾青诗选》整本书阅读教学设计中,针对三大主问题,肖培东老师引导学生深入研读文本,层层剖析,师生互动,充分激发了学生的阅读热情,引领学生将阅读走向深入。在解答三大主问题时,肖培东老师通过反复诵读、分角色诵读、合诵、独诵等方式从不同角度深化了学生对整本书的阅读理解,加强了学生的思想、情感、价值观的培养,增强了学生的阅读情感体验,做到智育与美育完美结合。

主问题是教师在深入细致地研读阅读文本、锤炼教学技艺的基础上提出的具有高度概括性的课堂提问。肖培东老师设计的三大主问题,站在培养学生语文学科核心素养的高度,借助艾青的“大”形象,雕刻学生的灵魂,培养了学生的爱国之情,培养了学生的整本书阅读能力、诵读能力和审美鉴赏能力。总体来看,本节课主问题教学设计具有吸引学生深入品读文本的牵引力,能够支持师生长时间研读文本、提升品读能力的板块支持力,具有触发师生共同参与、广泛交流的凝聚力,具有激发学生阅读热情、静心思考、踊跃发言、积极交流的课堂活力。

在新一轮课程改革中,整本书阅读教学是摆在全国师生面前的一个新课题,需要广大语文教育工作者在摸索中前行,不断总结经验教训,在理论与实践的探索中形成新的教育教学成果。那么无疑,肖培东老师执教的《艾青诗选》整本书阅读精品课堂观摩课给大家打开了一扇通向未来的窗!

第二节　名著阅读教学指导课例

问答式教学课例:

名著导读《战争与和平》之十问十答①

名著导读十问十答之一——世界名著《战争与和平》是在什么背景下创作的?

《战争与和平》是俄国作家列夫·尼古拉耶维奇·托尔斯泰创作的长篇小说,也是其代表作,创作于1863—1869年。作品以1812年的卫国战争为中心,反映了从1805到1820年间的重大历史事件,以鲍尔康斯、别祖霍夫、罗斯托夫和库拉金四大贵族的经历为主线,在战争与和平的交替描写中把众多的事件和人物串联起来。

名著导读十问十答之二——世界名著《战争与和平》主要讲了什么内容?

1805年,在征服欧洲之后,法国与俄国之间也发生了战争。此时,俄国上层社会的人们,依旧过着恬静悠闲的生活,社交舞会也照常举行。青年公爵安德烈将怀有身孕的妻子交给了退隐于领地"秃山"的父亲及妹妹玛丽娅,然后就向前线出发了;在军中,安德烈公爵开始担任库图佐夫将军的副官,他希望这次战争能为自己带来辉煌与荣耀。

---

① 本专题学生回答以百度百科为依据。

安德烈刚刚留学归来的好友皮埃尔·别祖霍夫，是莫斯科数一数二的资本家，是社交界的宠儿。居心叵测的监护人库拉金公爵筹谋把美貌但品行不端的女儿爱伦嫁给他，结果计谋顺利达成，可这桩婚事实在不幸之至。同年 11 月，安德烈所属的俄军在奥斯特里茨之役战败。安德烈历尽种种艰难后回到秃山。是日夜晚，妻子莉沙正好产下一名男婴，但她却在分娩时死去了，因此安德烈陷入了孤独和绝望中。此时，婚后不久的皮埃尔发现妻子爱伦与好友多勃赫夫之间存在暧昧关系，为了保护自己的名声，他与多勃赫夫进行决斗。在幸运地击倒对方后，皮埃尔即与妻子分居，他也陷入了善恶和生死问题的困扰之中。不久，皮埃尔加入了共济会，得出了一套生活的哲学。他又怀着宽宏大量之心，接回了妻子。

1807 年 2 月，俄奥联军在埃尔劳与法军进行了一场残酷的鏖战，双方损失都很惨重。6 月拿破仑与沙皇签署了和平协定，暂时的和平生活开始了。1809 年春天，安德烈因贵族会之事而去拜托罗斯托夫公爵。在公爵家里，他被美丽动人的公爵女儿娜塔莎吸引，向她求婚。娜塔莎答应了他的求婚。但秃山老公爵认为她不够富有，年龄太小，所以便加以反对。最后双方相约一年后成婚。不久，安德烈出国了。娜塔莎后来结识了爱伦的兄弟阿纳托尔。在他的诱惑下，两人决定私奔。至此，她与安德烈的婚约宣告无效。这对安德烈骄傲的性格是一次极其沉重的打击，为此他痛苦不堪。

1812 年，拿破仑率先撕毁和平协定，率领军队跨过涅曼河，俄法两国再度交战，年迈的库图佐夫将军决心阻止法军继续向前推进。战役还不断进行着，双方损失都很惨重。最后，俄法军队在博罗狄诺展开了一场异常激烈的争夺战。这是俄军所进行的最令人痛心的战役。库图佐夫不得不宣布军队无力保卫莫斯科，拿破仑则作为胜利者拿下了又一座空城。安德烈在博罗狄诺战役中身负重伤。罗斯托夫家将原本用来搬运家产的马车，改派去运送伤兵。娜塔莎意外地在伤员中发现了奄奄一息的安德烈。她向他谢罪，彼此间又旧情重萌，但为时已晚。安德烈伤口恶化，不久即在睡梦中逝去。

皮埃尔留在莫斯科，决意做一名民族英雄。他化装成农夫，想伺机刺杀拿破仑，但在解救一位遭受法国士兵凌辱的俄国妇女时，不幸被捕而沦落为俘虏。皮埃尔的妻子爱伦也因误食堕胎药而死亡。拿破仑的军队在空城莫斯科分崩离析，在通往斯摩棱斯克的途中，法军彻底瓦解，成为一群落荒而逃、恣意抢掠的乌合之众。

在哥萨克人的不断骚扰下,大量俄国战俘被解救,皮埃尔也重获自由。俄国终于赢得了战争的胜利。

皮埃尔又回到了莫斯科,恢复了同罗斯托夫和保尔康斯基一家的友谊。娜塔莎吸引了他,而他也突然意识到娜塔莎已长大成人,他恭请她父母同意他们的婚事。与此同时,娜塔莎之兄尼古拉也正在考虑娶安德烈之妹玛丽娅为妻。皮埃尔与娜塔莎结为伉俪,生活幸福。这位曾经单纯而轻浮的女子变成了一个勤劳能干的妻子。他们结婚 8 年后,养育了 4 个可爱聪敏的孩子。娜塔莎完全把自己的一切献给了丈夫和孩子们。他们悉心地经营生活,实现了过去的梦想。尼古拉虽然无法完全肯定自己对玛丽娅的爱,却懂得这桩婚事恰是最好的结合;他们收养了安德烈的儿子尼古路什卡,生活也十分快乐幸福。

名著导读十问十答之三——世界名著《战争与和平》的作者是谁?

列夫·尼古拉耶维奇·托尔斯泰,19 世纪中期俄国批判现实主义作家、思想家、哲学家,代表作有《战争与和平》《安娜·卡列尼娜》《复活》等。托尔斯泰出生于贵族家庭,1844 年考入喀山大学,1847 年退学回故乡在自己领地上尝试农奴制改革。1851—1854 年在高加索军队中服役并开始写作。1855 年 11 月到圣彼得堡进入文学界。1857 年托尔斯泰出国,看到资本主义社会重重矛盾,但找不到消灭社会罪恶的途径,只好呼吁人们按照"永恒的宗教真理"生活。

1863—1869 年托尔斯泰创作了长篇历史小说《战争与和平》。1873—1877 年他经过 12 次修改,完成其第二部里程碑式巨著《安娜·卡列尼娜》。

晚年,托尔斯泰的创作是多方面的,有戏剧、中短篇和长篇小说、民间故事等。在作品中,他一方面揭露社会的各种罪恶现象,另一方面表达自己的新认识,宣传自己的宗教思想。特别是 1889—1899 年创作的长篇小说《复活》是他长期思想、艺术探索的总结,也是对俄国社会批判最全面深刻的一部著作。

名著导读十问十答之四——世界名著《战争与和平》为什么备受推崇?

在整个俄国文学的发展历史中,《战争与和平》是第一部具有全欧洲意义的小说。俄国文学史家米尔斯基曾说:"这部作品同等程度地既属于俄国也属于欧洲,这在俄国文学中独一无二。"此外,屠格涅夫、高尔基、毛姆等文坛巨匠也都从不同角度阐述了自己推崇这部巨著的原因,如:

人们读了托尔斯泰的《战争与和平》,就不再是原来的人了。仅凭《战争与和平》这一部作品,托尔斯泰就可以雄踞世界文坛的奥林匹斯山巅。

——〔英〕朱利安·赫胥黎

《战争与和平》使我们能够更直接、更准确地了解俄罗斯人民的性格和气质,以及整个俄罗斯的生活,这会胜过读几百部民族学和历史学的著作。

——〔俄〕屠格涅夫

《战争与和平》是十九世纪世界文学中最伟大的作品。

——〔英〕高尔基

《战争与和平》是世界上最伟大的小说,它的场面广阔、人物众多,不但以前没有人写过这样的小说,以后也不会有人再写,是当之无愧的"史诗"。

——〔英〕毛　姆

在《战争与和平》中,人物多达559个,每一个都是活生生的血肉之躯,各有其独特的个性,且充满了生命的悸动,人的欢乐、痛苦、各种内心思绪——在这幅画里都应有尽有,而书中史诗般的辉煌节奏与宽阔视界,也只有荷马的作品可以相提并论。

俄国作家巴别尔说:"人一生其实不用读太多的书,有个七八本便足矣;但是,为了找到这七八本最值得读的书,则必须先读完两三千本。在数以千计的俄国文学名著中,《战争与和平》这部最伟大作家的最伟大作品,无疑就是最该读的那几本书之一。"所以,你心动了吗?

名著导读十问十答之五——世界名著《战争与和平》属于鸿篇巨制,我们如何梳理作品的情节脉络?请用思维导读(鱼骨图)加以展示。

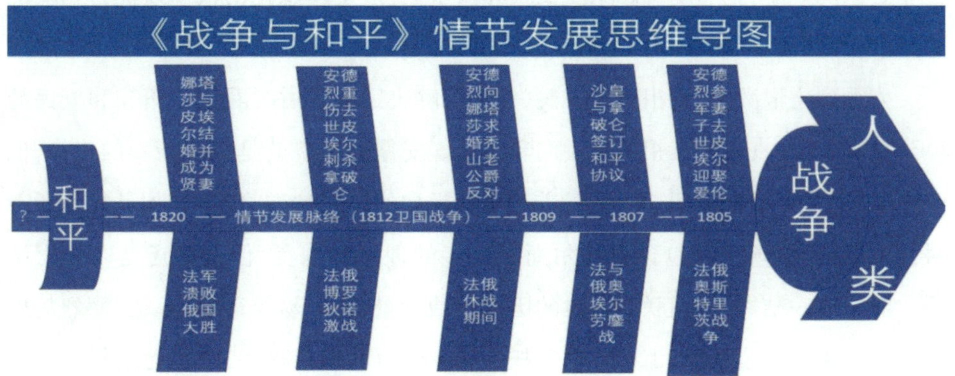

注：鱼骨图因其形似“鱼骨架”而得名，主要是针对问题的特性梳理产生的因素，从不同角度找出问题原因或构成的要素，从而形成条理分明、层次清晰的鱼骨图，助力问题的分析与解决。

名著导读十问十答之六——世界名著《战争与和平》刻画了众多人物形象，哪些典型人物给你留下了深刻的印象？

娜塔莎是小说中最为动人的女性形象，她热爱祖国人民、热爱生命生活，充满活力又勇于牺牲自己，娜塔莎的形象与宫廷贵族妇女爱伦之流形成鲜明的对照。欢快开朗、朝气蓬勃的娜塔莎这一形象是托尔斯泰在妻子塔吉雅娜·别尔斯身上找到灵感从而创作的，是小说中的最动人的形象。16 岁清纯可爱的娜塔莎深深向往真挚的感情，充满生命活力又热爱生活，她让厌世悲观的安德烈重新振作。她与安德烈一见钟情，这是她朦胧的情感，经受不起挫折。当父亲罗斯托夫伯爵带着她去拜见安德烈的父亲老包尔康斯基，谈论婚事受到冷遇后，年轻的娜塔莎为受侮辱感到委屈。安德烈出国后，单纯的她受到花花公子阿纳托尔的诱骗，并决定抛弃安德烈与他私奔。在人生的选择中误入歧途，但是她还是经受住了灵魂的考验。娜塔莎一家在撤离时遇见了很多受伤的士兵，富有爱国心、热爱人民的娜塔莎在战场上救治伤员，把自己与祖国的命运紧紧联系在一起，表现出高尚的品德。遇到安德烈，他们不在乎过往，彼此更加相爱。后来安德烈因伤势严重而去世，是彼埃尔陪伴她度过悲伤、哀痛的日子。经过战争的磨难，她变得坚强和理性，与彼埃尔产生了新的爱情，获得一生的幸福。曾经单纯而轻浮的少女娜塔莎，婚后变成一位勤劳能干贤惠的妻子，把一切都献给了丈夫和孩子们，这是理想化的俄罗斯优秀妇女的形象。

安德烈憎恨敌人，爱祖国爱人民，在亲身解决民族矛盾时看到了贵族和人民的一致性，而且一直在探索祖国的去向和命运。安德烈似乎就是托尔斯泰的化身，他一直思考“俄罗斯向哪里去？它的前途和命运如何？”毋庸置疑，安德烈是托尔斯泰钟爱的角色，他倾注和包含了托尔斯泰太多的理想和抱负，但最后还是以死亡结局。对于这一结局，我们联系当时的历史政治背景，也容易获得答案。安德烈的思想探索如果进一步发展，那必将突破托尔斯泰当时的思想极限，他也无法驾驭和掌握这种思想探索实现的结果,他不得不忍痛割爱中断他的思想。

总之,这部巨著以俄国历史发展为背景,将人民的生活和斗争与虚构的主人公融为一体,成功地塑造了众多人物形象,构成一部史诗性、历史小说和编年史特色的传世之作。整部小说如海洋般宏大、气势磅礴,时而风平浪静,时而波澜壮阔,引人入胜。

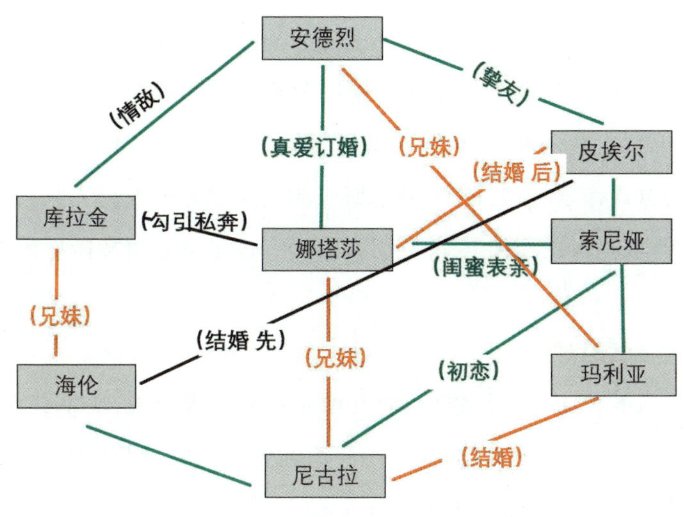

人物及其关系图

注:渔网图,因其形似“渔网”而得名,用来阐释系统形态、系统思想及其相互构成要素间的关系,便于将抽象、复杂的关系可视化,应用极为广泛。

名著导读十问十答之七——世界名著《战争与和平》揭示了怎样的主题?

《战争与和平》的基本主题是肯定这次战争中俄国人民正义的抵抗行动,赞扬俄国人民在战争中表现出来的爱国热情和英雄主义。作者将“战争”与“和平”的两种生活、两条线索交叉描写,构成一部百科全书式的壮阔史诗。但作品的基调是宗教仁爱思想和人道主义,作家反对战争,对战争各方的受难给予了深切的同情。

名著导读十问十答之八——世界名著《战争与和平》具有怎样的艺术特色?

托尔斯泰创作的世界名著《战争与和平》最突出的艺术特色就是运用了强烈的

对比手法,除了“战争”与“和平”这一贯穿全书的宏大主题与时空背景对比之外,还有其他很多角度,如:

1. 人物形象(阶级)的对比

小说在塑造人物形象时,注重人物随着时间、事件而发生的变化,关注人性的升华与沦丧;同时,小说也深入关注阶级、阶层内部的形象对比。如小说塑造了娜塔莎这一动人的人物形象,她热爱祖国、热爱生活,满怀怜悯之心,充满活力又勇于牺牲自己,娜塔莎的形象与宫廷贵族爱伦之流形成鲜明对比。作品塑造了体现人民意志的俄军统帅库图佐夫的形象,他正义为民,按照人民的意愿、民族的需要担当起指挥作战的责任;而违背人民意愿的侵略者拿破仑和俄亚历山大一世的罪恶行径不得人心。再如,在国家危急关头,宫廷贵族库拉金之流漠视国家命运,畏惧敌人,远离人民,寻欢作乐,积聚私产;而京城外的庄园贵族罗斯托夫家族和包尔康斯基家族热爱祖国,与人民相接近,关注祖国命运。这是宫廷贵族阶层内部的强烈对比。

2. 战场与大自然的对比

作品中有大量的关于战争场景的描写,如波罗金诺大会战,法军进入莫斯科,莫斯科大火,法军内部瓦解、全面溃退等广泛而细致的描写;同时作者在作品中也用优美细腻的笔触描绘大自然和谐迷人的风光,如奥斯特里茨的天空、春天的白桦林、冬猎等场景。两个场面形成鲜明对比,也是对人性之恶的无言控诉。

名著导读十问十答之九——世界名著《战争与和平》有哪些经典语录值得铭记?

《战争与和平》书中人物众多,每个人都有着鲜明的性格特色,充满了生命的悸动。他们的欢乐、痛苦以及内心的百般思绪,都一一展现在这幅画卷中。他们共同见证、思考战争与和平情态下的人生百态。

1. 关于爱情与幸福

人要幸福,必须相信能获得幸福。

幸福的源泉在我们自身,而不在外界。

人生有两大真正的不幸:悔恨和疾病。没有这两种不幸,就是幸福。

我的爱只有一个目的,那就是使我所爱的人得到幸福。

2. 关于人性与成长

每个人都会有缺陷，就像被上帝咬过的苹果，有的人缺陷比较大，正是因为上帝特别喜欢他的芬芳。

没人对你说“不”的时候，你是长不大的。

如果不经受一番痛苦，人就不知道自己的限度，就不了解自己。

没有人想到，承认与是非标准不相符合的伟大，不过是承认他自己没有价值和无限的卑劣。

3. 战争与正义

斗志最强的人总是具有最有利的战斗条件。

战争，是人类自由对上帝法律的服从，而且是最困难的服从。

如果那些邪恶的人聚集在一起，能够成为一种力量的话，善良正义光明的人，也应该这么做。

名著导读十问十答之十——阅读完世界名著《战争与和平》，给我们带来怎样的深刻思考或是启发？请撰写一篇读后感，题目自拟，不得抄袭，不少于800字。

专题式教学课例：

遇见红楼梦中人

——王熙凤人物形象专题

教学目标：

1. 准确把握人物形象刻画技法，赏析小说中性格鲜明的人物形象。

2. 结合社会生活时代特征，分析人物悲剧命运成因及现实意义。

一、初步感知

任务：自主学习，温故知新。

提问a：林黛玉常听母亲说，他外祖母家与别家不同。那么，贾府有哪些与众不同之处呢？

明确：钟鸣鼎食之家　诗书簪缨之族（敕造）

硬件:外观宏伟 布局讲究 陈设华贵

软件:等级森严 礼数繁多 奢靡无度

提问 b:结合祥林嫂、林冲的人物形象刻画,回顾小说人物形象刻画的技法。

明确:包括正面描写和侧面描写

正面描写:肖像、语言、动作、心理、神态、服饰等。

侧面描写:以人衬人、以景衬人、以场面衬人等。

二、深入学习

任务一:结合课文,运用所学知识分析文中刻画了怎样一个王熙凤形象。

明确:王熙凤,封建大家族的实际统治者。华贵与俗气在她身上得到统一。她外美内贪,干练狡黠,惯弄权术。对上阿谀奉承,对下刁难欺压,“明是一盆火,暗是一把刀”。贾母叫她“凤辣子”,这种戏称,既表明贾母的宠爱,也概括了凤姐的性格特征。

任务二:根据《红楼梦》的写作体制(判词),结合本节课关于王熙凤人物形象分析,我们设想王熙凤的命运结局。

明确:王熙凤在贾府里的地位鲜少有人能及。她聪明凌厉,泼辣能干,作风强悍。曹雪芹对这个“一人之下,万人之上”的王熙凤,其实是在明褒暗贬。这从第五回里的曲子不难看出,第十支《聪明累》曾言:“机关算尽太聪明,反算了卿卿性命!”

第五回凤姐的判词,其判曰:“凡鸟偏从末世来,都知爱慕此生才。一从二令三人木,哭向金陵事更哀。”

关于这句“一从二令三人木”的解读,红学界普遍的观点是:一从,是说贾琏开始对王熙凤“言听计从”;二令,是拆字法。两字合起来是个“冷”字,也即贾琏对她转而冷淡疏远了。直至最后,忍无可忍,终于干脆“三人木”——休了她。最终,王熙凤被人用一卷破席子裹了抛尸乱葬岗。这就是这个贾府女强人的悲惨结局。

三、迁移运用

任务:快速阅读导学案补充材料,对比分析王熙凤与李纨二人的出场与结局,我们如何看待二人不同的命运遭际,请用一段简短的话加以评述,字数 100 字左右。

	出场		结局	
	王熙凤	李纨	王熙凤	李纨
身份	长房孙媳 凤辣子 琏嫂子	长孙媳妇 先珠大哥的媳妇 珠大嫂子	阶下囚	守祠人
方式	未见其人 先闻其声	极其低调 默默无闻	羁押入狱 抛尸荒野 巧姐被卖	得以保全 寡居教子 贾兰中兴
…	…	…	…	…
评价	勿以善小而不为,勿以恶小而为之。 积善之家,必有余庆;积不善之家,必有余殃。			

四、作业设计

1. 请同学们阅读原著相关章节,再次深入分析王熙凤的性格特征,完成下表。

第三回《林黛玉进贾府》节选　第十二回《王熙凤毒设相思局》节选

第十三回《王熙凤协理宁国府》节选　第十五回《王熙凤弄权铁槛寺》节选

第四十四回《变生不测凤姐泼醋》视频片段　关于王熙凤的人物评论节选

材料＼性格	性格中好的方面	文中依据	性格中不好的方面	文中依据	主要特征（表现角度）
林黛玉进贾府					
毒设相思局					

续表

材料＼性格	性格中好的方面	文中依据	性格中不好的方面	文中依据	主要特征（表现角度）
协理宁国府					
弄权铁槛寺					
凤姐泼醋					

2. 阅读下面材料，根据要求写作。（60 分）

《红楼梦》是中国古代小说的艺术高峰，其思想内容博大精深，文化内蕴极其丰富。每一次捧卷，我们都会有所领悟，常读常新。

盛衰之理，虽曰天命，岂非人事哉？——〔宋〕欧阳修

与人以实，虽疏必密；与人以虚，虽戚必疏。——〔汉〕韩婴

积善之家，必有余庆；积不善之家，必有余殃。——《易经》

请同学们结合自身关于《红楼梦》的阅读感受，从以上思考角度中任选其一谈谈自己的理解。要求自拟标题，不要套作，不得抄袭，不少于 800 字。

探究式教学课例：

横看成岭侧成峰（第 3 课时）

——探讨《雷雨》剧中人物的“幸福”人生

本节课全面贯彻新课标的理念，重点放在了借助戏剧冲突，从“人”的角度对作品的主题探究上，以期通过师生的合作、交流、探讨来共同提升对作品的把握，更重要的是，要通过这节课的交流探讨，使学生树立正确的人生观、价值观，在“幸福是什么？怎样的人生才幸福？”的问题上，让学生有自己的、正确的、高尚的认识和理解，思想境界得到提升；力争让学生学以致用，在课堂上运用一段优美的文字表达出来，课后再通过训练（如写作等形式）加以巩固。

一、教学目标(立德树人)

1. 核心素养

(1)语言建构与运用

①了解、识记有关戏剧的文学常识(尤其是戏剧冲突)。

②学生要认真阅读文章,把握剧中主要人物形象和主要冲突。

(2)思维发展与提升

①熟练运用已掌握的阅读方法技巧,进一步培养提高学生阅读较长文学作品的能力。

②学会换位及多角度思考,掌握知识迁移运用能力。运用所学的戏剧知识,尤其是运用有关戏剧人物和戏剧冲突的知识,从“人”的角度来对作品的主题进行分析探讨。

(3)审美鉴赏与创造

①感受戏剧舞台艺术魅力。

②运用所学的戏剧知识,借助戏剧冲突分析人物形象,把握戏剧主题。

(4)文化传承与理解

通过话剧表演或人物台词对白,传承话剧舞台艺术。

2. 德育目标

借助经典名著《雷雨》对学生进行思想道德教育,引领学生树立积极健康的世界观、人生观和价值观。通过这节课要让学生懂得“人生幸福的真谛”:幸福不能停留在物欲、权利的满足,更是精神层面的契合;不仅要接受别人给予自己的“幸福”,还要学会感受和追求幸福,让自己和他人共同分享“幸福”,为别人创造“幸福”……

二、教学重难点

培养学生知识迁移运用能力,让学生学会换位及多角度思考。引导学生运用所学的戏剧知识,尤其是运用有关戏剧人物和戏剧冲突的有关知识,从“人”的角度来对作品的主题进行分析探讨,来培养学生分析把握作品主题的能力。

三、教学方法

1. 讨论法:通过讨论调动学生的主动性,引导学生自主分析作品。

2. 点拨法:教师适时点拨,使学生熟练运用阅读方法,对作品主题的认识更深入。

3. 思维导图法:借助画思维导图,提升学生思维品质,使其更具条理,更加严密。

四、教具准备

多媒体及其他相关视频。

五、课时安排

1 课时。

六、教学步骤

1. 温故知新

同学们,大家好!今天我们继续学习中国现当代文学史上的经典著作——话剧《雷雨》。《雷雨》是曹禺先生的代表作,深受国内外广大读者喜欢,在中国话剧史上具有极其重要的地位!

其实,《雷雨》诉说的是一场人间悲剧,这场人间悲剧震撼所有读者的心灵。通过整本书的阅读和前两节课的学习,我们置身于作品中跌宕起伏、撕心裂肺的情节,共同分析了作品中众多性格鲜明的人物形象,认识了周朴园、鲁侍萍、周萍、繁漪、四凤;同时,我们也探讨了这部话剧的主题,了解到众多人物之间复杂而激烈的矛盾冲突,给我们带来巨大震撼。

那么,今天我们继续深入研究这部作品,探讨剧中人物的幸福人生。首先,请同学们回顾上节课所讲内容,回答以下问题。

(1)作品主题

《雷雨》通过描写__________、__________两家的错综复杂的关系,揭露了资产阶级__________、__________、__________、__________的阶级本质;反映了__________和__________之间的阶级矛盾,以及劳动人民的__________命运。

答案:《雷雨》通过描写周、鲁两家的错综复杂的关系,揭露了资产阶级冷酷、残忍、伪善、奸诈的阶级本质；反映了工人阶级和资本家之间的阶级矛盾（戏剧冲突），以及劳动人民的悲惨命运。

（2）戏剧冲突

①戏剧冲突指____。

②____________________的冲突是构成戏剧冲突最基本的内容。

③____________________，在本质上是性格冲突，是各种不同性格的人，在一个特定的时空环境中遭遇的由于相互的差距而产生的抵触、摩擦和撞击。因而，______________也就成为推动情节向前发展的重要动力，也就成为把握戏剧主题的重要突破口。

答案：①戏剧冲突，指剧本中人物与人物之间，人物与环境之间，人物内心的各种动机之间的抵触、摩擦和撞击。

②人物与人物的冲突是构成戏剧冲突最基本的内容。

③人物之间的戏剧冲突，在本质上是性格冲突，是各种不同性格的人，在一个特定的时空环境中遭遇的由于相互的差距而产生的抵触、摩擦和撞击。因而，戏剧冲突也就成为推动情节向前发展的重要动力，也就成为把握戏剧主题的重要突破口。

2. 导入新课

通过上述知识的回顾，我们找到了深入把握戏剧思想内涵的金钥匙——戏剧冲突；但我们也会发现，上述早已成为定论的《雷雨》的主题只是单独从社会阶级的角度去分析，我们很少从一个普通的"人"的角度去探讨本文的主题，去关注剧中人物命运——生、死、喜、怒、哀、乐。

那么，下面我们就从戏剧冲突入手，站在"人"的视角来把握作品，首先，请大家思考下面的问题。

3. 赏析探究

提问：《雷雨》剧中矛盾冲突主要集中在哪些人物身上？他们之间是什么关系？请结合思维导图加以分析。

明确：

（1）指导学生分组讨论；

(2)师生合作;

(3)归纳总结。

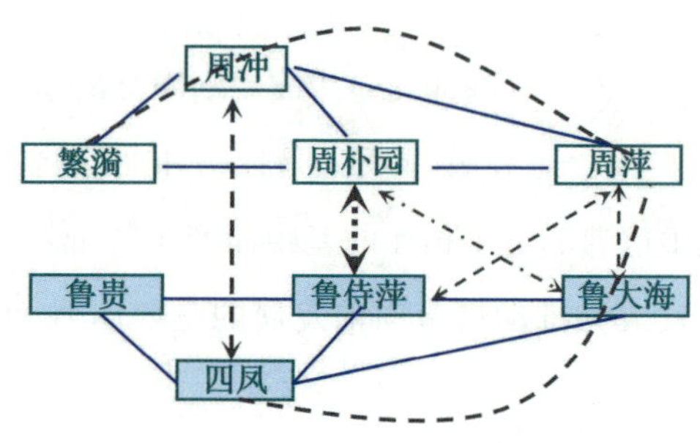

剧中人物及其关系导图

关于思维导图,相信各位同学会经常使用;它自20世纪80年代传入中国内地,是一种有效的思维模式。思维导图曾被有关专家形象地称为有助于记忆、学习、思考的思维导航地图,我们可以借助思维导图,清晰、形象地展示出剧中人物之间的复杂关系。

不过,同学们要想将人物之间的关系梳理清楚,前提是需要把剧本中事件的前后始末梳理明白。

我们不妨一起梳理一下整个剧本的主要情节。

明确:《雷雨》讲述了20世纪20年代某年夏日的一个午后,从济南来到周公馆看望女儿四凤的鲁妈,在这里和周公馆的主人周朴园不期而遇,周公馆中所有人物的命运由此发生了巨大变化。因为三十多年前,周朴园和鲁妈曾经是一对恋人,迫于家庭的压力,周朴园抛弃了鲁妈,改娶了一个富家女子。鲁妈的到来,引发了这个家庭的巨大危机:名为母子实为情人的繁漪和周萍、名为恋人实为兄妹的周萍和四凤,这几个人物之间的关系,最终暴露了真相!

下面请同学们根据剧本画出剧中人物关系的思维导图。

(停顿20秒)

现在,估计同学们已经绘制出了思维导图,请同学们以小组为单位在组内交流展示思维导图，并互相点评。

下面请同学们跟老师一起分析探讨屏幕中老师所绘制的剧中人物关系思维导图。

明确：

①主仆关系：鲁贵、鲁侍萍、四凤是周家的仆役。

②夫妻关系：周朴园—鲁侍萍（前）；周朴园—繁漪（后）；鲁贵—鲁侍萍（后）。

③血缘关系：

周萍—鲁大海：同父同母兄弟。

周萍—四凤：同母异父兄妹。

周萍—周冲：同父异母兄弟。

鲁大海—四凤：同母异父兄妹。

鲁大海—周冲：同父异母兄弟。

④不正当的男女关系：周萍—四凤；周萍—繁漪。

在众多复杂的关系之下，还隐藏着不为人知的、灰色的、不伦的关系，各种关系交织、纠结在一起。主要有：

周朴园—鲁侍萍：前夫妻关系、主仆关系等。

周朴园—鲁大海：父子关系、资本家与工人关系等。

繁漪—周萍：继母子关系、情人关系等。

周萍—四凤：同母异父兄妹关系、情人关系等。

鲁大海—周萍：兄弟关系、下人与少爷关系等。

鲁侍萍—周萍：母子关系、下人与少爷关系等。

周冲—四凤：下人与少爷关系、恋爱关系。

教师小结：通过以上分析，我们各自画出了剧中人物关系思维导图，细心的同学也会发现老师绘制的思维导图有的用的是蓝色实线，有的用的是灰色虚线，蓝色实线代表的人物关系都是为世人所知的、能被人们正常接受的、积极的世俗伦理关系，灰色虚线代表的是不为世人所知的、非正常的、见不得人的、灰色的、不伦的、隐秘的关系。

通过以上分析，我们看清了这个大家庭的人与人之间的关系，错综复杂，乱如线麻。大家都知道,错综复杂的关系,无法调和就成了矛盾!有的矛盾可以调和,有的矛盾积聚到一定程度就会成为主要矛盾,甚至会引爆!后果不仅严重,有时还会很惨烈!

下面,请各位同学继续思考:

提问:《雷雨》剧中都有哪些矛盾冲突?主要集中在哪些人物身上?(请试举例分析)哪些人物身上有哪些无法化解的矛盾?结局又如何?(观看视频)

明确:

(1)指导学生分组讨论;

(2)师生合作;

(3)归纳总结。

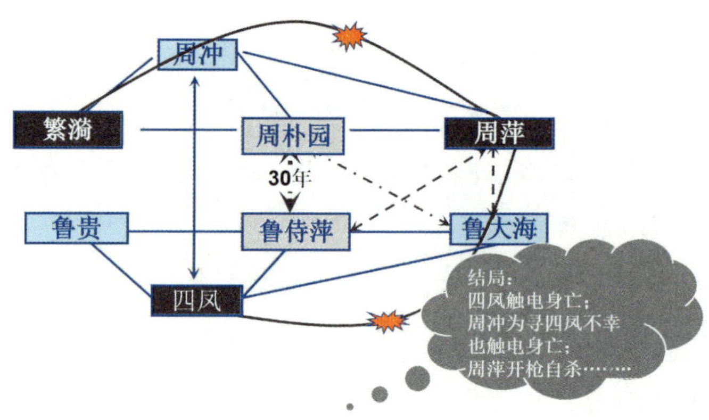

剧中人物矛盾导图

明确:周朴园和鲁侍萍之间,主要是社会阶级矛盾和家庭矛盾,这些矛盾以及二人之间的30年的感情纠葛是最深层、最核心的矛盾冲突,这对矛盾无法调和,也埋下了产生其他矛盾的祸根。

周萍和繁漪,二人之间是继母与养子的关系以及不伦的情人关系,这二人之间的矛盾冲突是无法大白于天下的,是见不得光的,也是最容易引爆的危险关系之一。

周萍和四凤,二人之间是男女恋爱关系和事实上的同母异父之间的兄妹关系,这二人之间的矛盾冲突是无法大白于天下的，是无法弥补的不伦关系，也是最容易引爆的危险关系之一。

而在众多的矛盾之中，周萍成为矛盾的核心、焦点，四凤成为矛盾冲突中最容易断裂的一环，繁漪成为矛盾冲突中最容易引爆的一环。老师在他们的灰色关系线上标注了一个红色引爆标志，这是最危险的关系，最终也成为剧中一系列家庭、社会矛盾冲突的导火索，引燃了周、鲁两家之间莫大的人生悲剧。

教师小结：错综复杂的人物关系，不见硝烟却又剑拔弩张的矛盾冲突总是牵引着观众的心。夫妻、母子、兄妹这种被我们儒家文化称为人伦，有着血脉的关系；可是在《雷雨》里人物内心全都被爱与恨充斥着，在混乱中人性变得扭曲，在扭曲中逐渐变成绝望，在绝望中陆续毁灭。一家人疯的疯、痴的痴、傻的傻，一场人间悲剧震撼着我们的心灵。

4. 探究、小结与提升

提问：按照戏剧冲突的性质的不同，戏剧可以分为悲剧、戏剧和正剧；通过观看视频，请同学们谈谈自己对剧中的结局（高潮）部分的人物命运的看法和认识。

明确：

（1）指导学生分组讨论；

（2）师生合作；

（3）归纳总结：

站在一个“人”的角度，我们真切地感受到了那份刻骨铭心的爱情、撕心裂肺的痛苦、扯不断的骨肉亲情，这些无法化解的矛盾经过一番激烈交锋，上演了一场生死爱恨的人间悲剧。

难道剧中人物被命运安排的人生就此结束了吗？其实不然，请大家再次快速阅读（2—3 分钟）剧本的序幕和尾声。

通武廊说课比赛

提问：请同学们运用恰当的阅读方法，迅速浏览剧本并回答以下问题：

剧本中序幕和尾声是发生在何时、何地？主要围绕何人、何事展开的？他们的生存境况如何？请同学们加以分析。

明确：

时间：十年后一个冬天的下午3点；

地点：某教堂附设医院内；

人物：老人、鲁奶奶和周太太；

鲁侍萍：头发斑白，神情木讷呆滞，身体极度虚弱，可以看出在精神上她也曾受到重创，俨然一个疯子。

繁漪：未见其人，只闻其声。铁链声声，足以证明她所受到的肉体上的折磨；摔打、破坏，狂笑、发泄，足以感受到她内心充满了永远也发泄不完的压抑和愤恨。

周朴园：服饰考究，但面容苍老憔悴；神情悲伤忧郁；身体衰弱；可以看出在精神上他曾受到的极为沉重的打击。

周朴园曾说："我的家庭是我认为最圆满、最有秩序的家庭，我的儿子我也认为都还是健全的子弟，我教育出来的孩子，我绝对不愿叫任何人说他们一点闲话的。"

提问：周朴园自认为他的家庭是最幸福、最圆满的家庭，可事实上生活在这个家庭中的每个成员真的幸福吗？面对十年后的此情此景，反观他当年所建立的所谓的幸福的家庭，周朴园他还幸福吗？毋庸置疑，答案是否定的！

——可是，是什么力量毁掉了让周朴园引以为自豪的幸福家庭？让我们共同寻找其中的原因。

明确：

(1)指导学生分组讨论；

(2)师生合作；

(3)归纳总结。(板书如下)

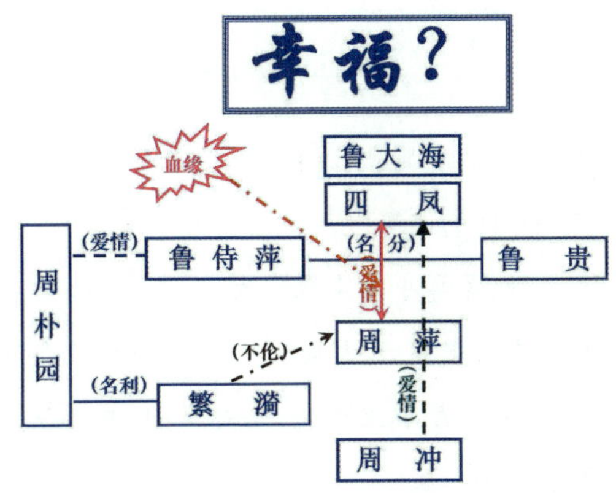

作品主题解读导图

小结：通过分析剧中情节及人物关系，我们不难发现造成这场人间悲剧的最致命的两个环节：一是周朴园和鲁侍萍之间的爱情关系被金钱、名利、等级观念及封建思想深重的周家家长给拆散了；二是在畸形社会、家庭之下，周萍和继母繁漪发生了不伦的男女关系，生活在这个家庭中的人们追求名利、身份地位，忘记了幸福生活该有的样子。最终，剧中人物摧毁了手中的幸福，走向了让人撕心裂肺的人间悲剧。

5.课堂讨论

提问：那么，下面请同学们谈一谈，在你眼中什么是“幸福”？怎样才能把握好自己的“幸福”？

明确：

(1)指导学生分组讨论；

(2)师生合作；

关于“幸福是什么？”相信每个同学都有不一样的答案！一千张面孔，有一千种幸福！就像一千个读者就有一千个哈姆雷特一样！即使是同一个人，在不同的年龄、人生阶段，关于幸福的看法也不尽相同！就像有的同学所说的那样：

小时候，幸福是一件东西，得到了就感到很幸福；

长大了，幸福是一个目标，达到了就感觉很幸福；

成熟后，幸福是一种心态，满足了就感觉很幸福。

…………

(3)归纳总结。

幸福是母亲的关怀，父亲的责骂，朋友的关心，妻子的问候；

幸福是清晨醒来在那林间的小路漫步；

幸福是那鲜花开满原野，是那小草染绿了大地；

幸福是一个人时也会偷偷发笑，幸福是时时刻刻对爱人的关心呵护，幸福是父母双全能使你有机会回报，幸福是事业顺利、儿女孝顺、身体安康，幸福就是那么平淡简单却又是可遇不可求……

无论豪富或者赤贫，也许都不会感觉很幸福。因为，幸福无关乎金钱、名利、地位……

其实，幸福就在身边，像影子跟随着你，很多时候，心态决定了幸福的程度和幸福的多少……

6. 课堂总结

越过百年，我们共同与曹禺先生在《雷雨》中所塑造的鲜活的人物形象对话交流，使我们懂得幸福的真谛，要万分珍惜眼前的幸福！所以，让我们借助海子的诗《面潮大海，春暖花开》来表达我们的心声：

从明天起，做一个幸福的人

…………

给每一条河每一座山取一个温暖的名字
陌生人，我也为你祝福
愿你有一个灿烂的前程
愿你有情人终成眷属
愿你在尘世获得幸福
我只愿面朝大海，春暖花开

作业：请以“我想握住你的手”为题，写一篇文章，文体不限，800 字左右。

任务式教学课例：

惊天动地人间悲剧　胸怀悲悯叩问良知

——《窦娥冤》整本书阅读策略及任务设计

【推荐理由】

《窦娥冤》的故事已经流传千百年，想必大家并不陌生，爱好戏曲的同学更是耳熟能详。鲁迅先生说：“悲剧是把人生有价值的东西毁灭给人看”。《窦娥冤》是元杂剧的典型代表，是关汉卿最被大众所知的作品，位列中国十大古典悲剧之首。窦娥，是元代剧作家关汉卿创作的杂剧《窦娥冤》中的主人公。窦娥，原名端云，是一个出身于社会下层，具有强烈反抗意识的青年寡妇。她从小被卖入蔡家做童养媳，生活本来安稳，然而后来窦娥丈夫过世，窦娥和蔡婆婆媳两人遭到流氓张驴儿父子的胁迫和诬陷，在严刑逼问下，窦娥为救蔡婆自认杀人，被判斩首，临刑前发下三桩誓言以证明自己清白，死后誓言果然应验。三年后其父做官到此，才为窦娥平反冤案。

在中国戏剧史上，《窦娥冤》是一部里程碑式的杰作，形象地揭示了民不聊生、贪腐黑暗的元朝社会必然灭亡的历史命运。今天，就让我们一起走进这部悲剧，来认识当时的社会现实。

【思维导图】

剧情及人物关系：

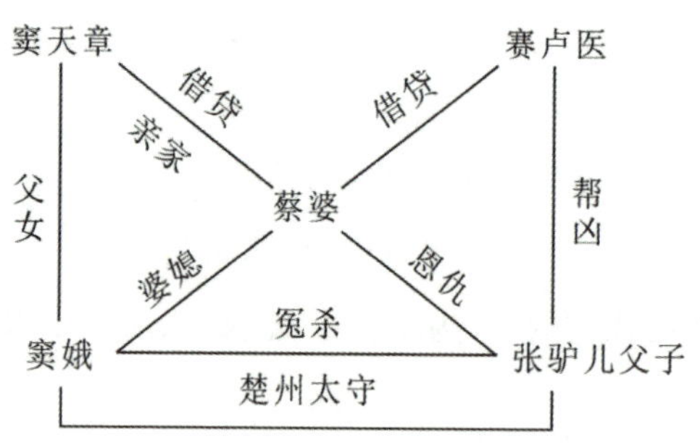

剧中人物关系导图

【设计框架】

惊天动地人间悲剧　胸怀悲悯叩问良知

——《窦娥冤》整本书阅读设计架构

一、观世事，何为人间悲剧

二、叹人间，冤沉六月飞雪

三、怀悲悯，悟尽世态炎凉

四、鉴今昔，人间正道是沧桑

【阅读策略及任务设计】

阅读策略一：整体感知——观世事，何为人间悲剧

开展整本书阅读的第一要务就是要引领学生对整部戏剧有一个概括性的、相对系统的认知，包括戏剧的文学常识等，这是引领学生深入解读戏剧冲突、戏剧人物、戏剧主题的基础。在阅读整本书之前，教师用一些时间去讲解与《窦娥冤》相关的信息很有必要。师生在梳理剧本时，要重点把握作者简介、创作背景、文体知识、剧情概要、人物简介、名家评价等，学生可以通过图书馆、网络等多种途径获得相关资料，这有利于激发学生的阅读兴趣，培养学生利用多种媒介解读作品的能力，帮助学生掌握深入解读戏剧文本的基础储备。梳理文本，就是帮助学生扫清阅读障

碍，有利于学生更好理解作品中的人物和主题。

阅读任务一：请同学们自由阅读《窦娥冤》整部名著，借助导学案、互联网等，认真梳理作者生平简介、创作背景、文体知识等，并在熟读剧本的基础上，概括整部戏剧的主要内容(150字左右)。

示例：

1. 作者简介

关汉卿，号已斋叟，金末元初大都(现在北京市)人。他一生“不屑仕进”，生活在底层人民中间，是当时杂剧界的领袖人物，与郑光祖(代表作《倩女离魂》)、白朴(代表作《墙头马上》)、马致远(代表作《汉宫秋》)四人共称为“元曲四大家”。元代的阶级矛盾和民族矛盾十分尖锐，关汉卿不满社会现实，借杂剧来揭露社会黑暗面，寄托自己的社会理想。他的戏曲作品题材广泛，大多暴露了封建统治的黑暗腐败，表现了古代人民特别是青年妇女的苦难遭遇和反抗斗争，人物性格鲜明，结构完整，情节生动，语言本色而精练，对元杂剧和后来戏曲的发展有很大影响。他一生创作杂剧众多，现仅存15部。《窦娥冤》《救风尘》《望江亭》《单刀会》等流传很广。其中的《窦娥冤》是我国十大古典悲剧之一。

2. 创作背景

《窦娥冤》的故事背景设定在元朝，元代统治者是蒙古贵族和官僚，被统治者是劳苦大众。元朝统治者不仅对劳动者残酷盘剥，而且实行民族分化、种族歧视政策，以利于巩固统治地位。他们将全国人口分为四等：蒙古人、色目人、汉人和南人。统治者和地主阶级紧密勾结，共同压迫各族人民，可以说，劳动人民与统治者的阶级矛盾，是元朝社会的主要矛盾。杂剧《窦娥冤》反映的就是元朝社会的黑暗现实。

3. 戏剧知识

(1)元代杂剧

元杂剧一本通常有“四折一楔子”。角色大致可以分为末、旦、净、杂四类。一本杂剧只限一个角色唱，其他角色只能念白。动作和效果称为“科”，凡需演员表演某一动作，剧本上都标明“××科”。

结构：元杂剧一般是一本四折演一完整的故事，个别的有五折、六折或多本连演。

“折”是音乐组织的单元,也是故事情节发展的自然段落,它不受时间、地点的限制,每一折大都包括较多的场次,类似于现代戏剧的“幕”。有的杂剧还有“楔子”,通常在第一折之前起交代作用,相当于现代剧的序幕,用来说明情节、介绍人物。

角色:有末、旦、净、杂等。

元杂剧每本戏只有一个主角。男主角称“正末”,女主角称“正旦”。正末主唱的剧本叫“末本”,正旦主唱的剧本叫“旦本”。

男角色称“末”,分正末(男主角)、副末(又叫冲末,男配角)、外末(老年男子)、小末(少年)等。

女角色称“旦”,分正旦(女主角)、副旦(女配角)、外旦(老年女子)、小旦(少女)等。

净,俗称“大花脸”,有男有女,大都扮演性格、相貌上有特异之处的人物,如张飞、李逵。

杂,包括细酸(穷秀才)、孛(bó)老(老头儿)、卜儿(老妇人)、孤(官员)、徕儿(小厮)等。

剧本的构成:剧本由唱、科、白三部分构成。

唱词,也叫“曲词”,是按一定的宫调(乐调)、曲牌(曲谱)写成的韵文。元杂剧规定,每一折戏,唱同一宫调的一套曲子,其宫调和每套曲子的先后顺序都有惯例规定。

“科”是戏剧动作的总称,包括舞台的武打和舞蹈。如“做哭科”“做笑科”等。

“白”是“宾白”,是剧中人的说白部分。宾白又分为四种:

对白,即人物对话;独白,即人物自叙;旁白,即背过别的人物自叙心里话;带白,即唱词中的插话。

元杂剧的唱词按一定的宫调写成。共分“五宫四调”:正宫、中吕宫、南吕宫、仙吕宫、黄钟宫,大石调、双调、越调、商调。元杂剧中一折限于一调一韵。

(2)中国十大古典悲剧

《窦娥冤》	〔元〕关汉卿	《赵氏孤儿》	〔元〕纪君祥
《精忠旗》	〔明〕冯梦龙	《清忠谱》	〔清〕李　玉
《桃花扇》	〔清〕孔尚任	《汉宫秋》	〔元〕马致远

《琵琶记》	〔明〕高则诚	《娇红记》	〔明〕孟称舜
《长生殿》	〔清〕洪　昇	《雷峰塔》	〔清〕方成培

4. 剧情概要

落魄书生窦天章要进京赶考，无奈欠下蔡婆的高利贷，被迫将 7 岁的女儿端云抵给蔡婆做童养媳，蔡婆将其改名为窦娥。窦娥 17 岁成婚，不到两年丈夫亡故，与婆婆相依为命。流氓张驴儿父子从赛卢医手中救下窦娥婆婆之后，要霸占婆媳俩为妻，窦娥坚决不从。张驴儿想用毒药害死蔡婆，不料蔡婆临时作呕，让与张父吃了，张父吃完后便毒发身亡。于是张驴儿嫁祸于窦娥，告到官府，将窦娥判成死罪。临刑时窦娥指天发出三桩誓愿都一一应验。后来窦天章做了大官，终于为窦娥昭雪冤狱，报了冤仇。

阅读策略二：重点赏析——叹人间，冤沉六月飞雪

戏剧人物，是戏剧构成的核心要素，是深入把握戏剧主题、梳理戏剧情节（冲突）的关键。在开展《窦娥冤》整本书阅读时，师生要重点关注全剧灵魂人物——窦娥这一人物形象，通过戏剧人物与人物之间冲突、戏剧人物内心冲突、戏剧人物与环境的冲突，来深入解读主人公形象。

阅读任务二：重点赏析人物形象。

1. 快速浏览《窦娥冤》全剧，结合戏剧情节梳理主人公窦娥的命运轨迹。请同学们通读文本并进行圈点勾画，也可查阅相关文献资料，整理完成下列表格。

示例：

情　节	人物命运遭际	人物形象
楔　子	窦端云，自小因父亲窦天章无钱还债，被送到蔡家当童养媳，并改名窦娥。	自幼悲苦 被卖为媳 ……

续表

情节	人物命运遭际	人物形象
第一折	婚后不到两年,窦娥丈夫去世;窦娥与蔡婆相依为命。后来,窦娥婆媳被迫与张驴儿父子成亲,窦娥严词拒绝。	命途多舛 寡居被辱 忠贞洁烈 ……
第二折	窦娥被张驴儿诬告毒死其父。在太守桃杌严刑逼供之下,窦娥不忍心婆婆连同受罪,便含冤招认药死张驴儿父亲,被判斩刑。	屈打蒙冤 心地善良 敢于反抗 ……
第三折	窦娥被押赴刑场。临刑前,窦娥为表明自己冤屈,指天立誓(死后将血溅白练而不沾地,六月飞雪三尺掩其尸,楚州亢旱三年),结果全部应验。	孝顺善良 安分守己 贞烈反抗 ……
第四折	三年后,窦娥冤魂向担任廉访使的父亲控诉;其冤案得以昭雪。最后,窦娥的冤魂拜托其父替己尽孝,其父应允,全剧结束。	沉冤昭雪 忠贞孝顺 ……

2. 圆形人物与扁平人物的鉴赏理论,是英国评论家福斯特对文学作品人物类型的划分。圆形人物性格丰满、复杂、立体,这些人物通常具有不同的性格侧面和性格层次,其性格是在发展中展现的(是动态的和发展的),但其性格轴心比较稳定。扁平人物性格单一、特征鲜明,具有类型化的特点,是围绕着单一的观念或素质塑造的,易于漫画化、抽象化、理想化,他们一出现,人们就能轻易地认出他们。这类人物性格是一种静态的封闭结构(没有变化),给读者的印象是不变的。其中,窦娥就是典型的圆形人物形象,请结合作品加以分析。

示例：

<table>
<tr><th colspan="2">情　节</th><th>性格</th></tr>
<tr><td>楔　子</td><td>窦端云，自小因父亲窦天章无钱还债，被送到蔡家当童养媳，并改名窦娥。</td><td rowspan="5">性格轴心：贞洁孝顺

动态性格：反抗精神</td></tr>
<tr><td>第一折</td><td>婚后不到两年，窦娥丈夫去世；窦娥与蔡婆相依为命。后来，窦娥劝说婆婆解除和张驴儿父子的婚姻。</td></tr>
<tr><td>第二折</td><td>在太守桃杌严刑逼供之下，窦娥不忍心婆婆连同受罪，便含冤招认是自己药死张驴儿父亲，被判斩刑。</td></tr>
<tr><td>第三折</td><td>窦娥被押赴刑场途中，不走前街走后街，怕婆婆伤心，临刑前叮嘱婆婆。</td></tr>
<tr><td>第四折</td><td>窦娥的冤魂拜托其父替己尽孝，其父应允。</td></tr>
</table>

归纳小结：窦娥是一个生活在封建社会的命运多舛的女性。她不仅安分守己，朴实善良，而且遵守封建伦理思想，孝顺婆婆，坚守贞洁。她具有顽强反抗的精神，面对张驴儿的逼婚誓死不屈，面对昏官屈打成招，在刑场上指天斥地发下三桩誓愿，让世人知道她被迫蒙冤，忍怒，背负屈辱，希望感动天地，惩治邪恶，沉冤得以昭雪！

阅读策略三：深入挖掘——怀悲悯，悟尽世态炎凉

阅读任务三：解析戏剧冲突，挖掘悲剧的根源。

戏剧冲突，是在时空上高度集中的舞台艺术，可以更加深刻地揭露矛盾冲突，探究问题的根源。在戏剧中，忠孝贞烈、安分善良的窦娥，却蒙冤入狱，身赴法场，最后含冤而死。那么，造成这种人间悲剧的根源在哪里？请同学结合剧本加以分析。

示例：

<table>
<tr><th>章　节</th><th>情节概要及人物遭际</th><th>探究根源</th></tr>
<tr><td>楔　子</td><td>窦端云，幼年丧母，与父亲窦天章相依为命。因其父窦天章无钱还债，被送到蔡婆家当童养媳，并改名窦娥。</td><td rowspan="5">个人层面：首先，流氓地痞人性狡诈、贪婪；其次，其父欠下高利贷，卖女抵债，是造成窦娥悲剧的近因。
社会层面：社会黑暗，民不聊生，高利贷的压迫，是酿成窦娥悲剧的远因。
吏治层面：吏治的腐败，是造成窦娥冤案的直接原因。
制度层面：元朝的社会制度及其黑暗统治，是造成窦娥悲剧的根本原因。</td></tr>
<tr><td>第一折</td><td>婚后不久，窦娥丈夫去世；窦娥与蔡婆相依为命。蔡婆向赛卢医讨债，反被其算计几近被勒死，被张驴儿父子俩所救。然而张驴儿实乃泼皮无赖，趁机搬进蔡家后，逼迫窦娥婆媳二人与他们父子成亲，窦娥严词拒绝。</td></tr>
<tr><td>第二折</td><td>张驴儿想借羊肚汤毒死蔡婆，然后霸占窦娥，不料羊肚汤被其父误食而毒发身亡。张驴儿反而予以诬告。张驴儿逼迫窦娥承认药死自己父亲，太守桃杌严刑逼供，窦娥不忍婆婆连同受罪，含冤招认，被判斩刑。</td></tr>
<tr><td>第三折</td><td>窦娥被押赴刑场。临刑前，窦娥为昭示冤屈，指天立誓（死后将血溅白练而不沾地，六月飞雪而掩其尸，楚州亢旱三年），结果全部应验。</td></tr>
<tr><td>第四折</td><td>三年后，窦娥冤魂向担任廉访使的父亲控诉，其冤案得以昭雪，将赛卢医发配充军，昏官桃杌革职，张驴儿斩首，窦娥冤情得以昭雪。最后，窦娥的冤魂拜托其父替己尽孝，其父应允，全剧结。</td></tr>
</table>

解析：

个人层面：首先，流氓地痞人性狡诈、贪婪，张驴儿父子欺压；其次，其父欠下高利贷，卖女抵债，是造成窦娥悲剧的近因。家境窘迫，流落他乡；其父窦天章向蔡婆婆借了高利贷而无力偿还，将7岁的女儿窦娥卖予蔡婆婆家当童养媳。

社会层面：高利贷的压迫，生活贫困，是酿成窦娥悲剧的远因，也是造成人间悲剧的社会层面的问题。比如，赛卢医谋害债主蔡婆婆，同样是难以忍受高利贷的重压，其罪行的深层缘由是元代社会高利贷的盘剥与管理失序。更有甚者，流氓地痞游手好闲、不务正业之徒在光天化日之下敲诈勒索，为所欲为。

吏治层面：吏治的腐败，是造成窦娥冤案的直接原因。窦娥本来以为官府主持公道，没料到官吏贪赃枉法，听信无赖流氓的诬告，严刑逼供，屈打成招，并且一审结案，即处死窦娥。

制度层面：元朝的社会制度及其黑暗统治，是造成窦娥悲剧的根本原因。窦娥的个案恰恰反映了元朝社会的普遍问题。无论是高利贷泛滥、流氓地痞横行还是吏治腐败，其根源在社会制度，统治黑暗，民不聊生。

一个没有公道良知，秩序混乱、清浊不辨、善恶颠倒的社会，社会悲剧怎会少呢？窦娥的悲剧，是人性的悲剧，是社会的悲剧，是时代的悲剧，是元朝黑暗统治及其制度的悲剧。

阅读策略四：引领提升——鉴今昔，人间正道是沧桑

阅读任务四：从元朝到民国，从有形的黑暗势力到无形的封建礼教，从窦娥到祥林嫂，人间悲剧一再重演。虽然身处不同时代，但窦娥与祥林嫂的命运遭际却是同样的悲惨。作为新时代的青年，你有怎样的感受？请结合文本谈一谈。

示例：

窦娥与祥林嫂命运遭际及性格比较：窦娥与祥林嫂的一生，都以悲剧为结局。祥林嫂丧夫守寡，被婆婆卖掉；儿子被狼吃掉，叔伯收房地；四叔、柳妈等封建卫士的冷漠与践踏，这些促使祥林嫂不得不走向悲惨的命运结局。而窦娥则是年幼丧母，家境贫寒，父亲落魄，债务缠身，被迫卖给蔡婆为童养媳，张驴儿逼婚，被昏官屈打成招，最终含冤而死。这无不是吃人的旧社会对普通劳动妇女的无情摧残，恰恰说明了封建制度及礼教杀人于无形。

祥林嫂是被封建礼教吞噬的，她的身上所带有的旧中国普通劳动妇女的勤劳、善良、朴实等这些优秀品质，并未让其幸免于难；祥林嫂尽管也有过反抗，但更多时

候是软弱、逆来顺受。窦娥,忠孝善良、安分守己、贞烈不屈而富有强烈的反抗精神,但最终也没有摆脱封建礼教、黑暗社会、丑陋人性的魔爪,最终含冤而死。

祥林嫂是想通过捐门槛等鬼神思想来救赎自己,而窦娥则是怒斥天地神佛,呼唤天地惩治贪腐的官吏和地痞流氓,期待天地神灵为其昭显冤屈,伸张正义。这是旧时代的悲剧、人性的悲剧,她们期待公平、公正,但在那个时代是根本无法实现的奢望。

作为新时代的青年,我们生活在富强、民主、文明、和谐、自由、平等、公正、法治的社会主义社会,社会拥有良知,我们满怀无尽的悲悯之情抚慰逝去的灵魂。新时代,人们讲求爱国、敬业、诚信、友善,我们相信,如果窦娥与祥林嫂生活在这幸福的新时代,她们定会用自己的双手,创造属于她自己的岁月静好,拥有自己的幸福人生。

第三节　名著阅读随笔写作指导

普通高中语文教学要注重读写结合的教学策略,通过读书和写作相结合的方式来提高学生的语文学科核心素养。一个完整的整本书阅读教学过程,不仅要实现从语言(阅读)到思想(素养)的提升,还要实现从思想(素养)到语言(写作)的沉淀。其中,阅读是读者获取信息、感知世界、提升思维品质、获得审美体验的重要途径,而写作则是关照内心、梳理信息、思想沉淀、输出信息的过程。

在整本书阅读教学过程中,教师可以通过引导学生阅读经典著作提升阅读和认知水平,培养学生的审美情趣和文学素养;同时,教师也可以引导学生进行写作训练。写作训练,是提高学生的思维能力、表达能力、写作能力的重要路径。在学生对经典著作进行深入思考的基础上,教师可以引导学生通过写作来展示对作品的认知、理解和感悟。其中,最受师生欢迎的写作方式就是撰写名著阅读随笔。名著阅读随笔是读书时摘记的要点和心得,其形式自由灵活,内容较少约束,便于学生展示名著阅读的认知成果。其具体写作式样包括:

提纲式。以梳理整本书的主要内容为目的。通过编写内容提纲,明确主要和次要的内容。

摘录式。主要是为了积累词汇、句子。可以摘录优美的词语、精彩的句段，供日后熟读、背诵和运用。

评论式。主要是对整本书中的人物、事件等加以评论，或肯定，或批判其思想、艺术价值等。

心得式。为了记下自己感受最深的内容，梳理作品，联系实际写出自己的感受。

存疑式。主要是记录读书中遇到的疑难问题，边读边记，便于将来再进行深入研读，找到问题的症结。

下面，我们重点关注评论式读书随笔、心得式读书随笔。

一、评论式读书随笔

评论式读书随笔主要是对作品中的人物、事件、艺术技巧等加以评论。撰写评论式读书随笔，一般要先确定评论视角，然后根据一定的评判标准进行评论，或评语言，或评人物，其观点态度要正确，旗帜鲜明。

写作示例：

《活着》名著阅读随笔

任思儒

余华说，人是为活着本身而活着，而不是为了活着之外的任何事物所活着，生活是属于每个人自己，不属于任何人的看法。

——题　记

活着是为什么？我们每个人一生都在努力思考这个问题，但真正能回答清楚这个问题的又能有几人？也不过寥寥，也许就是一份信念，一份默默承受。

首先，初看《活着》这部小说的标题，我以为这是一本励志小说，但事实并非如此，这部作品不仅讲述了主人公福贵在极端情况下的不幸，更让我认识到活着有时也是一场身历万劫而平静接受的修行，是一份坚定的信念。余华的文字并不华丽优美，我甚至认为《活着》这部小说，以如此悲惨的结局收尾，以如此平静的文字刻画人间苦痛，是对文学的大不敬，但正是这样质朴的语言让我们感同身受……

其次，《活着》这部小说是围绕主人公福贵展开的，年少荒唐的他从有名的阔少爷到家业败光、一贫如洗的“华丽”转身，一生经历了大跃进、饥荒、所有亲人一个接着一个离他而去,垂暮之年的福贵和那头瘦弱的老黄牛用痛苦、磨难的经历诠释了活着的意义。这些苦难并非常人所能接受、感受到的,不曾流血怎能感受到那切肤之痛,尽管如此,福贵仍选择坚强地活下去。夕阳下福贵孤单站立的身影,让我们感受到了"活着"的难能可贵。

接下来,让我们来分析《活着》的情节脉络。福贵为还赌债不得不将祖祖辈辈的家业抵押出去,祖辈的基业毁于一旦,备受打击的老父亲一气之下撒手人寰。岳父不忍女儿陪着穷困潦倒的福贵,强行带走身怀有孕的家珍,数月后,妻子带着足月的儿子有庆回到茅屋。生活虽然拮据但尚可糊口度日。何曾想,屋漏偏逢连夜雨,年迈的母亲突然病重,福贵带着妻子仅剩的补贴上城里请郎中。郎中还没请到,途中却被抓往前线做炮兵,曾几次试图逃跑未果,最后被俘虏返乡已是数年以后。回到家中,母亲早已病逝,女儿凤霞也因一场高烧而成聋哑。数年后,儿子有庆又被抽干血没了心跳,妻子家珍重病缠身离世,女婿二喜在工地被钢筋板压死,外孙苦根吃豆子撑死……故事的最后,年迈的福贵牵着一头老牛相依为命。福贵的一生,遍尝人间苦痛,让我们感悟到生命的脆弱,活着的辛酸、无助。

正如作者在书中所述的,活着不为别的,只是为了活着本身而活。在那个世事无定、战火纷飞的年代,福贵由地主家的阔少爷到败光家产,只有强迫自己接受痛苦的现实。福贵的一生启示我们,无论生活的打击有多么沉痛,活着本身就是最大的意义,要站立着迎接明日的太阳……

"人是为活着本身而活着,而不是为了活着之外的任何事物而活着。"这是福贵一生的信念,也是《活着》这本书最震撼我的一句话。每次看他在困难面前坚强地站起来,我的心就为之感动,泪流满面。

即使明天的曙光还未曾到来,也请你要相信,天边的太阳终会升起,让我们好好活,不只为自己活,也为了一切可为的……

教师点评:本文属于评论式读书随笔,文章分别从名著《活着》的标题、主要人物、情节脉络等角度予以深入细致地梳理、点评,其评价结合切身体悟,尤其是对作品中的人物、事件的思考,具有一定高度和借鉴意义。

二、心得式读书随笔

心得式读书随笔主要是为了记下自己感受最深的内容。撰写心得式读书随笔,首先要简要概述阅读了什么书,然后要阐述对整本书的深刻认知,最后要敢于超越书本上的思想表达自己感触最深的观点。需要注意的是,撰写心得式读书随笔的关键在于生活中要随时记录心得感悟,要善于抓住自己的思想火花、灵感,及时梳理积累以备写作之用。

苦难与新生

——读《包身工》小札

张志远

"包身工",我以前从未听到过的一个名词。当我读到《包身工》这篇课文,我才认识到,在那样一个时代,有那样一个阴暗的角落,有那样一个群体,过着令人无法忍受的非人生活。掩卷沉思,我思绪万千,有好多好多的感受一股脑地涌入了我的心田。

在那个时代,包身工的苦难生活,是我们今天的年轻人所难以置信的。

朋友,请问:在你的心中苦难是什么?也许你会说,学习压力山大,考试成绩不理想,接踵而至的就是父母的批评,老师的教导……是啊,我的答案几乎跟你一样。但是,旧时的包身工可没有我们这么幸福了,他们没有学习压力如山的苦难,最起码连烦恼都不算:因为他们连上学的机会都没有,他们有的是清晨四点一刻天还未亮时的工头的吆喝与责骂,他们会被工头像赶"猪猡"似的叫喊起来,从那像猪圈一般肮脏的工房里挣扎着走出来,像牲畜一般做着异常繁重的工作,去为别人挣钱。可怜的包身工们一天的苦难生活就这样开始了。

包身工没有山大的学习压力,而其身负的苦难山大。然而,我们生在红旗下,长在春风里;父母、老师从小就教导我们,"努力就会有回报""劳动最光荣""人民有信仰,国家有力量"……这是新时代每一位国人的信念。但是,"芦柴棒"的命运是可怜的,工头手中的皮鞭告诉他们,"只有劳动没有选择""不劳动,可能被打死""劳动,可能被累死"……包身工,不仅工作强度极其繁重,其住宿环境、饮食状况更是惨不忍睹。"两粥一饭"是他们的伙食,所谓的"粥",是乡下人用来喂猪的豆腐渣加上很少的碎米、锅巴等煮成的。这不禁让人惊呼,同学们喂养的宠物都不吃的东西怎么给人吃?如今,我们衣食无忧,和包身工相比简直是生活在天堂里。

包身工与我们生在同一片热土,但生活在新时代的中国人获得了幸福与新生!

诸如“芦柴棒”一样的包身工是痛苦的。自由、平等、公正、法治的文明之光并未照耀到他们身上,他们非但没有享受到人身自由等种种权利,反而被强迫着劳动,就连得重病也不能够逃脱,他们忍受着封建势力与帝国主义的残酷压迫,他们悲惨的命运充满苦难。在那个时代,包身工似乎看不到未来,何谈“新生”?

想到这旧社会的黑暗与苦难,我们更应感谢伟大领袖毛主席,感谢无数革命先辈,在苦难中奋勇前行,在黑暗中开辟新的天地。

生于新时代,那就让我们莫忘过去,珍惜现在,携手共进,共创更美好的未来!

教师点评:本文属于心得式读书随笔,文章重点关注“包身工”这一人物群体和主要人物形象“芦柴棒”的苦难,对以“芦柴棒”为代表的包身工人物群体命运给予了深刻同情;同时,以当代中学生的现状为参照,与《包身工》中的人物命运进行对比分析,深刻地揭示了“苦难与新生”这一时代重大命题。

在《离骚》中深味人生之幸与不幸

张睿贤

披发行吟于泽畔,怀石投江以报家国。千百年来,无数国人为屈原的不幸的人生结局扼腕悲叹。手捧《离骚》读了数十遍,我也曾为之掩面涕泣;在痛心之余,我努力在屈原万般不幸的命运之中找寻一丝幸运的慰藉……

屈原的人生,在幸与不幸之间。孟子曾言:“天将降大任于是人也,必先苦其心志,劳其筋骨,饿其体肤,空乏其身……”我想,这个过程是煎熬,是磨难,更是一种淬炼!正是因为有了这般经历,屈原才得以走向自我,走向心灵。这个漫漫人生路,在你我眼中确实是不幸的。但在李白眼中却是另一番见地:“屈平辞赋悬日月,楚王台榭空山丘。”李白毕竟是李白,一眼就看破了政治得失的虚空与易逝,对人生之幸与不幸多了一份释怀与坦然,三言两语道破了屈子人生价值的伟大与永恒。无论怎样的人生,到底幸与不幸,皆要看你我站在怎样的视角去审视。

屈原的人生,何其幸又何其不幸。屈原的人格是伟大的,是高尚的。其人格的形成,与楚国灭亡,自己被放逐的经历有关,与他内心追求美好的政治理想有关,与光明无法照见奸佞丑恶嘴脸的现实有关。这人生何其不幸!伟大并不是苦难造就的,这正像泥潭中也能筑起高塔,但并不是泥潭本身就能造就高塔。世上饱受磨难的人那么多，而伟大的文学家却那么少，两者并没有直接关系。但不幸的苦难会使得英雄的形象更加伟岸，使得正义之剑的光芒在黑暗的世界令奸佞之徒心惊胆寒！这人生又是何其有幸！

屈原人生之幸与不幸，皆要归因其忠君报国的理想与追求完美的高洁品质。寅年寅月寅日降生的他，出生时彩虹贯顶，这不凡的出身也就形成了他在《离骚》中引以为傲的资本。天命所归，血统高贵，品质高洁，他与楚王同宗，是注定要把入世忠君作为人生最高理想的。这种高贵的姿态，成为他人生的姿态，也同样是他进入政治生活的姿态。这是与政治生活的现实格格不入的。他会因为坚持理想而不趋炎附势，理想的洁癖使他在心态上缺少弹性。他一生忠于自己的理想，在与现实发生剧烈矛盾冲突时，他选择了孤独，选择了精神上的颠沛流离，选择了山河断裂式的壮美，选择了悬崖峭壁式的决绝，这是通向伟大的必要程序，现实中极其不幸，却在历史长河中铸就了文人骚客的人生之大幸。

掩卷沉思，试问人生何其为幸？亦或是何其为不幸？我想，每个人都会有自己的回答。每个人，但凡追逐内心的脚步做出的选择，无论结局如何，他一定是幸福的！

教师点评：本文写作目的明确，重点关注我国古代最长的抒情诗《离骚》，通过研究《离骚》进入我国伟大爱国诗人屈原的精神世界，进而探究“人生幸与不幸”这一重大话题，带有明显的研究性，文章论述具有一定的高度、深度。同时，全文行文布局谋篇得体，语言准确严密，逻辑性强；但全文理论性偏强，缺少必要的论据，读起来略显艰深晦涩。

读《雷雨》有感

张宇辰

父子仇视，兄妹相恋，继母爱子。直至看完剧本，我依然不肯相信，世间竟有如此悲哀之事。在拜读的过程中，我的心头压抑着愤怒与同情，戏剧的结局击溃了心里的底线，悲痛充实了整个胸膛。

不得不承认，在那个充斥着黑暗与腐败的社会，人是愚昧贫乏的，但我依然不愿相信会有如此的靡靡不堪。剧中有无人性的继父，有为爱癫狂、扭曲的继母和可以冷血到舍弃、甚至残害亲生儿子的父亲。原本我信以为真的美满世界,因为这突如其来的故事,击得粉碎。

命运总是爱捉弄人,让两个应该像平行线一样生活的人有了交集;即使他们碰擦出爱情的火花,却也只会越走越远,此后再也不会相交。我可怜周萍、四凤的爱情,他们有地位之差、身份之别,却又无法分开,两情相悦。即使深爱周萍的继母有意阻拦,即使情迷四凤的周冲,有意追求,都无法分割这对恋人,他们所扮演的双重关系,无不让人心生同情;命运的车轮之下,人生的悲剧无解,可怜的周萍终于遇到令他心动的女子后,悔恨过去与继母的偷情,他在痛苦与甜蜜的周遭徘徊。谁会知周萍、四凤二人竟是同母异父的兄妹?他们的母亲鲁侍萍,一位伟大善良的母亲,她背负着所有的压力,看着相爱的孩子竟会不忍心分开他们,但悲悯也无法遮掩真相,所有的悲剧尽在雷雨之夜上演。

剧中人物的人生苦痛也绝不仅限于有情人终未成眷属。剧中周萍自杀,四凤、周冲惨死,这一系列悲剧足以令人五内俱裂,悲痛不已。还有,鲁大海,四凤之兄,周朴园之弃子,竟会深恨自己的父亲,痛打自己的兄弟。在他眼中,那对形同陌生人的父子,是自私狠毒的刽子手和含着金勺子出生的富家少爷。当鲁大海知道,他一直痛恨的人是自己的父亲时,愁与敬,爱与恨的猛烈碰撞,让他选择逃避。也许对于死去的人,痛苦是一时的,但活着的人需要在痛苦中深味人生的无奈与悲凉。这是对世人最深刻的警醒。

雷雨,也许寓意着哀号与泪水;不,是在雷雨交加下的哀号与泪水……

深味并走进剧中那漆黑、悲哀的世界,曹禺先生为剧中人物铺设的结局,将我打入到痛苦的深渊,心中涌过不知名的寒流……

教师点评:本文重点关注话剧《雷雨》中的人物形象,通过分析周家、鲁家两代人之间种种无法化解的矛盾纠葛,进而走进剧中人物的内心世界,更加深入地解读了剧中扭曲的人性、人伦,并从这一视角回答了悲剧发生的深层原因。文章论述具有一定的高度、深度,思想见解深刻,视角独特。